KB203120

한 권으로 읽는
화엄경 이야기

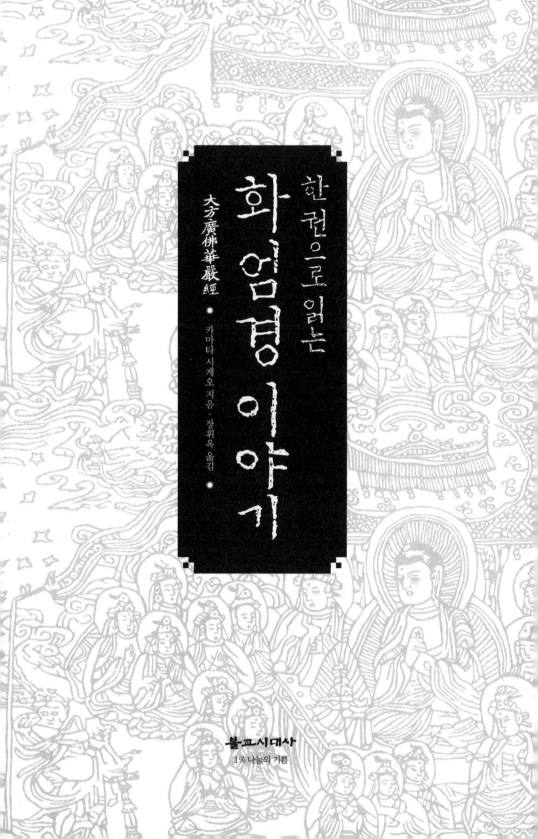

한 권으로 읽는

大方廣佛華嚴經

화엄경 이야기

카마타 시게오 지음 · 장휘옥 옮김

불교시대사
1% 나눔의 기쁨

고 은(시인)

불교학자 장휘옥이 그의 스승이 쌓아올린 학문적 성과를 이 땅의 열린 불교 수용의 과제로 인식해서 옮기는 충실성을 나는 사랑해마지 않는다.

그 가운데서도 그는 이 책을 거의 용맹정진의 자세로 우리에게 읽을 기회를 만들어 놓은 것이다. 축복 있을진저!

《화엄경》은 석가모니불의 세계이기보다 비로자나불의 세계가 아닌가 하고 생각할 때 우주의 경전이라고 할 수 있다.

또한 이는 이 세계 구석구석의 무명과 어둠을 눈부시게 밝혀 주는 것으로 본다면 태양의 경전이다. 어디 이뿐인가!《화엄경》의 결집 과정으로 본다면 그것은《화엄경》의 세계가 이미 고대의 여러 난관에도 불구하고 인도 아시아 대륙과 인도양 아라비아 바다와 아라비아 사막과 고

대 그리스에 이르기까지의 여러 사상의 흔적들이 총합되고 그것이 다시 경전 번역의 실크로드와 중국 대륙을 망라하고 있을 때 과연 국제의 경전이기도 하다.

또한《화엄경》의 세계는 부처님의 10대 제자들도 요해하지 못할 만큼, 부처님이 깨달은 세계 그 자체의 내용일 경우 실로 험준한 경전이 아닐 수 없다.

이런 경전에 대해서 나는 소설로 다가선 바 있거니와, 이 화엄교학의 선구자인 학자에 의해서《화엄경》을 그 손닿을 수 없는 천상으로부터 땅위로 끌어내려 그것을 뜻있는 사람들의 이해의 대상이 되게 함으로써 《화엄경》은 이제야 그 관념의 운명으로부터 벗어날 수 있게 된 것이다.

말하자면 이는《화엄경》이 아니다.《화엄경》의 해탈이다.


나는 이 책의 교정쇄를 서둘러 읽고 나서, 아! 이제 화엄경은 더 이상 이 세상의 사람들을 소경이나 귀머거리로 만들지 않게 되어서, 그것이 저 천태(天台)의 절망을 이제야 극복케 된 바라고 말하고자 한다.

특히 이 책은 중국 대륙과 한반도 그리고 일본뿐 아니라 인도 여러 지역의《화엄경》연고지의 실감을 가중시킴으로써 살아 있는 경전의 세계를 구현해 주고 있다.

그렇다고 해서 이 책은 그야말로 이야기에만 그치지 않는다. 내가 읽은 어떠한 연구 업적보다 책임 있는 과학성과 당위성을 깊게 하고 있다.

이제 21세기의 세계 문명과 인류의 사상적 지향은 이제까지의 가능성이나 특수성만으로 그 의의가 이어져 온 사실과는 달리 불교가 전

세계적 보편성을 획득하게 되리라는 것은 이미 예언을 넘어서고 있다.

여기에서 이런 종류의 책은 한 권의 책이 아니라 바로 그 세계에 대한 가장 독실한 기여이다.

밤새도록 읽는 것은 재미있는 소설만이 아니다. 바로 이 책이기도 하다.

나는 이 책을 낸 데 대해서 무척 기쁘게 생각하지 않을 수 없다. 이런 책을 내는 것이야말로 정진이 아니겠는가.

자타일시성불도 여기 있으렷다!

중국 운남성 곤명시의 교외에 있는 옥안산에는 살아 움직이는 듯한
오백 나한의 조상(造像)으로 유명한 공죽사가 있다. 공죽사는 당나라 남
소국시대(649~937)에 창건되었다고 전해지지만, 중원의 선종(禪宗)이 최
초로 운남에 전래되었던 사찰이라고도 한다. 이 공죽사에는 문수보살을
모시는 거대한 화엄각(華嚴閣)이 있다.

또한 곤명시의 근교에는 안녕 온천이 있으며, 이 안녕에는 오래된
선종 사찰로서 유명한 조계사가 있다. 이 조계사는 육조 혜능(慧能)이 있
던 소주(韶州)의 조계(曹溪)와 깊은 관계가 있다고 한다. 조계사의 대웅전
은 남송의 대리국시대(1127~1253)에 건립된 것으로서, 현재 남아 있는 전
형적인 송나라시대 건축으로 유명하다. 또한 이 조계사에는 귀중한 문
화재로서 송나라시대에 나무로 만든 화엄의 세 성상(華嚴三聖像)이 있다.

숭성사의 세 탑이나 대리의 오래된 성, 눈에 덮힌 창산(蒼山), 고원의

8

얼음같이 차고 투명한 담수호, 이해(洱海)가 있는 대리의 백족(白族) 자치주 등은 당나라시대 남소국의 불교문화를 지금까지도 전해주는 별천지다. 이 주(州)의 북쪽 변두리에 있는 것이 석종산석굴(혹은 劍川石窟)이다. 석종사구(石鐘寺區)의 제4굴에도 화엄의 세 성상이 있다. 중앙의 연화대 위에는 비로자나불이 안치되어 있으며, 좌우에는 코끼리를 탄 보현보살과 사자를 탄 문수보살이 모셔져 있다.

석종산석굴의 조상(造像)에는 티벳불교의 영향을 받은 팔대명왕(八大明王)의 조상이나 파사인(波斯人: 현재의 이란인), 인도 승려 등 인도불교의 영향을 받은 조상도 있지만, 이 화엄의 세 성상은 사천불교의 영향을 받아 만들어진 것이다. 이 성상들은 사천성 안악석굴의 화엄동(華嚴洞)을 위시하여, 중룡산석굴, 대족(大足)석굴 등 많은 석굴에 분포되어 있으며, 이 운남의 비경(秘境)에서도 발견할 수 있다.

《화엄경》의 조상으로는 거대한 용문의 봉선사 대불(大佛)인 비로자나불이 유명하며, 그 외에 화엄의 세 성상 등《화엄경》에 관한 조상은 먼 변두리의 땅인 운남성에서도 발견된다. 또한 현재 아미산 복호사에 남아 있는 화엄보탑(華嚴寶塔)에는《화엄경》의 전문(全文)이 새겨져 있다.

《화엄경》은 방대한 경전이다. 문장 전체를 독송하고 그 내용을 이해하기란 그리 쉬운 일이 아니다. 부처님의 광명으로 장엄된 세계가 반복적으로 설명되어 있는《화엄경》은 사람들에게 간단히 이해되는 것을 거부하는 듯하다. 더구나 그 고매하고도 웅혼한 사상은 도대체 무엇을 말하려고 하는지 파악하기 어렵다는 생각만 들 뿐이다.

나는 대학원 시절부터 화엄교학의 연구에 뜻을 두었다. 그런데 교학

9

을 공부하는 사람이 빠지기 쉬운 결점은 그 교학이 근거로 삼고 있는 경전을 한 자, 한 자 주의 깊게 읽지 않는 것이다. 한마디로 말하면 교리를 연구하는 학자가 교리의 근본이 되는 경전을 제대로 모르는 것이다. 나는 그 결함을 없애기 위해서 오래 전부터《화엄경》의 경문을 이해하려고 노력해왔으며, 경문의 강의를 매월 1회씩 지금도 계속하고 있다.

이 책은《화엄경》의 각 품(品)의 내용을 간결하게 소개하기 위해 쓴 책이다.《화엄경》의 가르침은 단지 심원한 철학으로 그치는 것이 아니다. 〈정행품〉에는 불교도가 반드시 외워야 할 '삼귀예문(三歸禮文)'이 있으며, 청정한 생활이나 불교도가 수행하는 데, 필요한 실천덕목이 설해져 있다. 또한 〈입법계품〉에는 선재동자의 구도이야기가 전개되어 있다.

중국의 불교인들 가운데는《화엄경》을 독송하거나 베껴 쓰면서《화엄경》의 가르침을 실천한 구도자들, 다시 말하면 화엄의 수행자들이라고 불릴 만한 사람들이 많다. 이 책에서는 그들이《화엄경》의 가르침을 어떻게 받아들이고, 어떻게 실천했는가를 밝히기 위해 각 품의 내용을 설명하기 전에《화엄경》의 가르침을 실천한 사람들의 행적을 부각시키려고 노력하였다. 그러므로 이 책의 제목을 '화엄경강화(華嚴經講話)'라고 하지 않고 '화엄경 이야기'라고 부치게 된 것이다.

이 책은 월간지《대법륜(大法輪)》의 1989년 1월호(56권 1호)에서 1990년 12월호까지 연재한 것을 다소 수정하여 만든 것이다. 이 책의 집필을 권했을 뿐만 아니라 편집과 교정의 어려움까지도 맡아서 해주신 대법륜 각의 쿠보타 노부히로(久保田展弘) 씨에게 깊은 감사를 드린다.

동아시아 불교권에 속하는 중국 · 한국 · 일본의 불교와 깊은 관계가 있는 대승경전을 들어 보라면 중국에서는《원각경》, 한국에서는《화엄경》, 일본에서는《법화경》을 들 수 있다. 특히 한국불교의 근저에는 신라시대의 원효 · 의상대사 이후부터《화엄경》의 사상이 맥맥이 흐르고 있다고 말할 수 있을 것이다.

신라의 의상대사는 태백산 부석사, 비슬산 옥천사 등 화엄 10찰을 창건하였으며, 이러한《화엄경》의 가르침은 한국불교 속에 면면히 흘러내려, 고려시대의 도선국사는《화엄경》을 독송하였고, 현준대덕(賢俊大德)은《화엄경》 결사를 결성하였으며, 구례 화엄사의 각황전에는《화엄경》석경(石經)이 소장되어 있다.

태백산 부석사 일주문의 현판 뒷면에는 '해동화엄종찰(海東華嚴宗刹)'이라고 쓰여 있으므로 부석사야말로 한국 화엄의 근본 도량인 것이다.

부석사의 장경각에는《화엄경》의 판목(版木)이 소장되어 있다. 그 판목은 동진시대 불타발타라(佛馱跋陀羅)가 번역한 60《화엄경》으로 고려시대의 원융국사 때 만들어진 것이라고 한다.

경북 안동에 있는 천등산 봉정사의 대웅전 왼쪽에는 화엄강당이 있다. 신라의 의상대사가 창건했다고 하는 봉정사도 초기에는 화엄종의 도량이었으므로 이 화엄강당에서《화엄경》이 강의되었는지도 모른다. 이 강당은 조선시대 선조 21년(1588)에 중창되었다.

의상대사가 창건한 사찰이라고 불리는 고운사도 신라시대 말에 중국 화엄종의 대성자인 법장의 전기를 쓴 최치원이 승방을 재건한 사찰이므로 화엄종과 인연이 깊다.

《화엄경》은 그 양이 방대하므로 경전 전체를 독송하거나 그 내용을 파악하기란 그리 쉬운 일이 아니다. 그러나 중국이나 한국의 불교인들 가운데는《화엄경》을 독송하거나 베껴 쓰고,《화엄경》의 가르침에 따라 실천 수행한 구도자들이 많다. 이른바 화엄행자(華嚴行者)라고 불릴 만한 사람들이다. 그들 행자가《화엄경》의 가르침을 어떻게 수용하고, 어떻게 실천했는가를 밝히기 위해 각 품의 내용을 설명하기 전에《화엄경》의 가르침을 실천한 사람들의 행적에 관해 간략히 언급하였다. 그러므로 이 책의 제목을 '화엄경강화(華嚴經講話)'라고 하지 않고 '화엄경 이야기'라고 하게 된 것이다.

이 책은 1991년 11월에 대법륜각(大法輪閣)에서 간행된 것이다. 이 책의 한국어판 간행을 승낙해 준 대법륜각의 이시하라 메이타로오(石原明太郞) 사장 및 이 책의 일본어판의 편집과 교정을 맡아서 해주신 부편집장

쿠보타 노부히로(久保田展弘) 씨에게 감사를 드린다. 마지막으로 힘든 한
국말 번역을 열심히, 단기간에 완성시킨 동국대학교 불교대학 강사 장
휘옥 박사에게 깊은 사의를 전한다.

1992년 3월

日本 東京 世田谷 梅岑洞에서

카마타 시게오

## 1. 한국문화와 화엄사상

《화엄경》이 우리나라에 전래된 것은 신라시대로서, 이후 화엄사상은 우리의 문화와 활발한 접목을 꾀하면서 한국불교 교학의 중추적 역할을 해왔다. 신라시대에는 원효나 의상과 같은 고승들에 의해 해동화엄으로서 신라불교의 중심이 되었고, 고려시대에는 화엄교학을 중심으로 한 하나의 종파로 성립하게 되었다. 또한 불교의 모든 종파가 선종(禪宗)과 교종(敎宗)으로 통합된 조선시대에도 화엄은 교종의 중심교학으로, 강원의 승려는 물론 참선하는 승려들에 의해서도 끊임없이 계승되어, 오늘날 한국불교사상을 지탱하는 하나의 뿌리가 된 것이다.

그리고 화엄사상은 한국의 문화발전에도 큰 영향을 미쳤다. 예를 들면 한국의 문화재로서 중요한 불국사나 해인사와 같은 한국의 큰 사찰들 가운데는《화엄경》의 교주인 비로자나불을 본존불로 모시는 화엄사찰이 많으며, 또한 한국 각처의 명산을 두루 다녀 보면 비로봉이라는 이름을 곧잘 들을 수 있는데, 이것도《화엄경》의 주불인 비로자나불을 상징하여 붙인 이름이다. 이와 같이 화엄사상은 예술적인 아름다움의 형태를 통해서도 우리들에게 깊이 관계되고 있는 것이다. 그러므로 불교를 믿던 믿지 않던 그것은 별개의 문제로서, 적어도 과거 천년 이상의 오랜 세월 동안 이렇게 큰 비중을 차지하면서 한국문화 속에 면면히 흘러내려온 것을 생각해보면, 화엄사상을 모르고서 과거의 한국사상이나 문화를 제대로 표현한다는 것은 무리일 것이다.

이와 같이 현재 우리들은 알게 모르게 화엄사상을 간직한 채 생활을 하고 있으면서도, 막상 "《화엄경》이 어떤 경전이냐?"라는 질문을 받았을 때 명확히 대답할 수 있는 사람은 그렇게 많지 않은 것 같다. 여기에는 여러 가지 이유가 있겠지만, 가장 주된 원인은《화엄경》의 방대함과 난해함에 있다고 할 수 있을 것이다.《화엄경》을 펼쳐 보았을 때 우리들은 먼저 반복적으로 이어지는 교설(敎說)에 당혹감을 느끼게 되고, 다음으로는 그 심원하고 포괄적인 사상에 망양의 탄식을 품게 된다. 그러고는 미처 몇 줄도 읽기 전에《화엄경》의 내용은 난해해서 전문적으로 불교를 연구하는 사람이 아니면 접근하기 어렵다고 단정을 내리고《화엄경》에 대해 알기를 포기하는 사람이 많다. 그러면《화엄경》은 과연 우리의 감각으로는 이해하기 힘든 경전일까?《화엄경》은 도대체 무엇을 말하기 위해서 저렇게 반복적으로 수많은 형용사만을 나열하고 있는 것일까?

15

## 2. 《화엄경》의 종류와 그 의미

현재 우리들이 접하고 있는 《화엄경》은 처음부터 하나로 묶어진 것이 아니라 각 장(章)들이 독립된 경전으로 성립되었다가 4세기경에 중앙아시아의 우전국(于闐國) 혹은 그곳에서 그리 멀지 않은 서북인도의 어느 지역에서 집대성된 것으로 추정되고 있다.

이렇게 집대성한 경전을 한문으로 번역한 것에는 3종류가 있다. 첫째는 중국 동진시대에 불타발타라가 번역(418~420)한 60권 《화엄경》이고, 둘째는 당나라시대에 실차난타에 의해 번역(695~699)된 80권 《화엄경》, 셋째는 같은 당나라시대에 반야삼장에 의해 번역(795~798)된 40권 《화엄경》이다. 여기서 40권본은 60권본과 80권본 중의 〈입법계품〉만을 따로 독립시켜 만든 것이므로, 완전한 《화엄경》은 60권 및 80권 《화엄경》뿐이라고 할 수 있다.

《화엄경》의 정확한 제목은 《대방광불화엄경(大方廣佛華嚴經)》이다. 일반적으로 '대방광'이란 대승(大乘), 즉 진리를 의미하고, '불화엄'이란 아름다운 연꽃으로 옥대(玉臺)를 장식하듯이 보살이 여러 가지 꽃으로써 부처님의 세계(연화장세계)를 장식한다는 의미이다. 이 경의 교주는 비로자나부처님으로서, 바이로차나(Vairocana)라는 범어를 발음대로 번역한 것이다. 뜻은 태양의 광조(光照)작용을 신격화한, 소위 '광명의 부처님'을 말하는 것으로서, 마치 태양이 일체 세간의 어둠을 없애고, 일체의 만물을 생장시키는 것과 같이, 우주에 두루 가득하고 우주의 구석구석까지 무한한 빛을 비추는 우주의 통일체를 상징하는 것이다.

## 3. 《화엄경》의 구성과 내용

　《화엄경》은 일반적으로 석가모니부처님이 보리수 아래서 성도한 후 그 두 번째 되는 7일(14일째)에 금강보좌를 떠나지 않고 바로 그 자리에서 해인삼매(海印三昧)라는 삼매에 든 채, 문수보살·보현보살과 같은 상근기의 보살들을 위해 스스로 깨달은 내용을 설한 것이라고 한다. 그러므로 사리불이나 목건련과 같은 부처님의 제자들(聲聞)은 그 자리에서 함께 들었어도 이해할 수 없었으며, 따라서 석가모니가 성도하신 후 제자들을 위해 최초로 설법하신 내용을 수록해 놓았다는《아함경》으로도 전해질 수 없었다고 한다. 이와 같이《화엄경》은 언어로 묘사할 수 없는 부처님의 깨달음의 경지를 언어로 표현해 내었다고 하는 데 그 특색이 있는 것이다.

　이러한 이유에서인지《화엄경》은 부처님 자신이 설하는 것이 아니라 부처님 주위에 모인 수많은 보살들이 삼매에 들어 부처님이 깨달은 내용을 감득한 후 부처님의 가피력을 받아 설하는 것이다. 그 골자가 되는 것은 부처님의 세계와 거기에 이르기 위해 닦아야 하는 보살의 수행과정(보현행)을 나타내는 데 지나지 않지만, 그것을 7처 8회(60권《화엄경》에 의함. 일곱 장소에서 여덟 번의 법회를 열었음을 의미함)로 나누어 마치 한 편의 대가극(大歌劇)을 전개시켜 나가는 듯한 구상의 웅대함이 있다. 특히 제8회의 〈입법계품〉에서 선재라는 어린동자가 깨달음을 얻기 위해 여러 가지 직업을 가진 53인의 스승을 찾아 여행을 떠나는 구도(求道)이야기는 이 경을 유명하게 만드는 결정적인 역할을 하였으며, 이 품은 특히 한국 사람들에게 많은 사랑을 받아왔다.

《화엄경》의 구성은 60권《화엄경》에 의하면 7처 8회 34품(80권《화엄경》은 7처 9회 39품)으로 되어 있다. 여기서 7처 8회라고 하는 것은《화엄경》의 무한한 내용들은 지상에서 천상으로 다시 지상으로 장소를 옮겨가면서 우주적인 규모로서 설해졌지만, 이것을 요약하면 7군데의 장소에서 8번의 법회를 가진 것이 된다(1번은 장소가 중복)고 하는 것이며, 34품이란 그때 설법한 내용을 34개의 항목으로 나누어 편집했다는 의미이다. 7처 8회 34품의 관계를 정리하면 다음과 같다.


　　1) 적멸도량회 ― 마가다국적멸량장

　　　　(1) 〈세간정안품〉, (2) 〈노사나불품〉

　　2) 보광법당회 ― 보광법당

　　　　(3) 〈여래명호품〉 ~ (8) 〈현수보살품〉


이상의 2품은 지상에서의 설법이다.


　　3) 수미산정회 ― 수미산정의 제석천

　　　　(9) 〈불승수미정품〉 ~ (14) 〈명법품〉

　　4) 야마천궁회 ― 야마천의 보장엄전

　　　　(15) 〈불승야마천궁자재품〉 ~ (18) 〈보살십무진장품〉

　　5) 도솔천궁회 ― 도솔천궁의 일체보장엄전

　　　　(19) 〈여래승도솔천궁일체보전품〉 ~ (21) 〈금강당보살십회향품〉

6) 타화천궁회 — 타화자재천궁의 마니보전

    (22) 〈십지품〉 ~ (32) 〈보왕여래성기품〉

이상은 모두 천상에서의 설법으로서, 불교의 세계관에서 보면 낮은 천계에서 점차로 높은 천계로 옮겨가게 구성되어 있다.

7) 보광법당중회 — 보광명전

    (33) 〈이세간품〉

8) 중각강당회(서다원림회) — 기수급고독원의 중각강당

    (34) 〈입법계품〉

마지막 2회의 설법은 재차 지상에서 열린다. 제7의 보광법당중회는 제2회와 같은 장소이므로 법회가 열린 것은 8회지만 법회장소로서는 7군데(7처)가 되는 것이다.

## 4. 맺는말

한국 사람들이 《화엄경》 가운데 특히 〈입법계품〉의 선재동자 구도 이야기를 좋아하는 이유는 선재동자의 구도 자체에 매료되어 미지의 세계에 대한 동경의 마음을 품게 된 때문이기도 하겠지만, 한편으로는 인간의 가치는 출가나 재가 등 외형적인 구별에 있는 것이 아니라 오직 보

리심을 발하느냐 않느냐에 의한 것으로서, 우리와 같은 범부도 종교적인 원심(願心)만 가지고 있으면 일상의 하찮은 일들까지도 모두 종교적 향상을 위한 수행이 된다고 하는 가르침에 있을 것이다.

끝으로 이 책을 읽는 독자들이 《화엄경》의 웅대하고 심원한 사상에서 삶에 대한 강한 의욕과 가치를 발견하여, 현재의 생활을 보다 진취적이고 생동적인 삶으로 이끌어 갈 수 있게 되기를 바란다. 아울러 불교시대사 사장님과 편집부 여러분께 심심한 사의를 표한다.

1992년 6월 20일
옮긴이

# 차례

# 제1화

# 사막의 오아시스에 핀
# 《화엄경》

항상 부처님을 따라 다니며 설법을 듣는 대중과
십이천왕을 열거하여 증득한 해탈문을 게송으로 말하는 장면

## 사막의 오아시스 – 우전

신강(新疆) 위글 자치구의 타림분지 서남쪽에 있는 화전현(和田縣)은 곤륜산맥의 북쪽과 접해 있는 마을이다. 일찍이 우전현(于闐縣)이라 불렸지만 1959년에 화전현으로 개칭된 이 사막의 오아시스는 옛날 우전의 땅이다.

화전현은 곤륜산맥에서 북쪽으로 흐르는 백옥강과 흑옥강 유역에 있는 큰 오아시스다. 백옥강에서는 백옥이, 흑옥강에서는 흑옥이 채집되는 것으로 유명하다. 이 옥들은 예부터 우전의 특산물로서 서쪽으로는 이란이나 이라크 방면에, 동쪽으로는 중국에 무역품으로 보내졌으며, 이 무역으로 인해 우전은 부를 축적할 수 있었다. 그 외에 비단이나 아름다운 문양이 새겨진 깔개 등도 귀중하게 취급되었다.

우전은 동서무역의 중개시장으로서 번영했기 때문에 동서 양쪽 문화를 받아들여 독특한 문화를 형성하였으며, 이란 계통의 조로아스트교는 물론 불교도 수입되었다.

《북사(北史)》의 제97의 〈서역전(西域傳)〉에 보면, 우전에서는 모든 백성이 불법(佛法)을 소중히 여겼으며 사찰과 탑과 승려들이 대단히 많았다. 특히 왕은 불교를 신봉하여 육재일(六齋日)을 지키고 제단에 바칠 곡물이나 과일을 손수 씻었다고 한다.

성의 남쪽 50리 되는 곳에 찬마사(贊摩寺)라는 절이 있었다. 옛날 나한(羅漢)의 노전(盧旃)이라는 비구(毘盧舍那羅漢)는 이곳에 왕을 위해 화분을 엎어 놓은 듯한 불탑(佛塔)을 만들었으며, 또한 불족석(佛足石) 위에는 부처님 양쪽 발의 족적(足跡)이 선명하게 남아 있다고 한다.

또한 우전의 서쪽 500리 되는 곳에 비마사(比摩寺)라는 절이 있었는데, 이 절은 중국 도가(道家)의 시조인 노자(老子)가 서역 사람들을 교화하기 위해 성불(成佛)한 장소라고 전해지고 있다.

이와 같이 불교가 번창했던 옛날 우전국의 흔적은 현재 화전현의 남쪽 약 25킬로미터에 있는 옛 성의 유적지로서 남아 있다. 역사책이 전하는 서역이 바로 이곳인 것이다. 현재 유적지에는 많은 흙무더기와 건축용 기둥이 남아 있다. 성의 남쪽에는 높이가 6미터, 주위가 60미터 되는 석탑이 있으며, 사방에는 진흙으로 만든 조각의 파편들이 여기저기 흩어져 있다. 석탑 근처에는 방사(房舍)의 유적지가 있지만 모래로 덮여 있다. 오래 전에 여기서 진흙으로 만든 불상의 머리가 발견되었으므로 이 방사는 사찰의 유적지임이 분명하다. 1978년 겨울, 이 사찰의 유적지에서 한나라시대의 화폐 저장소가 발견되었는데, 그 속에서 오주전(五鑄錢: 한나라시대의 화폐 이름)이 90개 정도 출토되었다고 한다.

이러한 점으로 미루어 보아 이 사찰의 유적지는《법현전(法顯傳)》에 나오는 구마제(瞿摩帝: Gomati) 대사찰이 아닐까 추정되고 있다.

## 사찰의 찬란함과 행상

노비구 법현이 율장(律藏)의 빠진 부분을 구하기 위해 장안을 출발한 것은 진(晉)나라 융안 3년(399, 일설에는 400)이었다. 그때는 구마라집(鳩摩羅什)이 장안에 들어오기 직전이며, 《화엄경》의 번역자인 불타발타라(佛馱跋陀羅)가 장안에 들어오기 7, 8년 전이었다.

법현은 혜경(慧景), 도정(道整), 혜외(慧嵬) 등과 함께 계율을 구하기 위해 여행을 떠났다. 현재의 감숙성 서녕(西寧)을 거쳐 장액(張掖)을 지나 돈황에 이르렀으며, 거기서 다시 강을 건너 선선(鄯善: 樓蘭)에 도착하였다. 이 나라는 4,000여 명의 승려가 있는 불교국으로서 소승불교를 신봉하고 있었다. 선선에 1개월간 체류한 법현 일행은 다시 서쪽으로 15일간 여행하여 오이국(烏夷國)에 도착하였다. 이 나라도 4,000명 정도의 승려가 있는 소승불교국이었다. 여기서 다시 35일간 여행하여 겨우 우전에 도착할 수 있었던 것이다.

《법현전》은 400년 전후의 우전의 불교를 소상히 알려 주고 있다. 그것에 의하면 우전은 부유한 나라로서, 국민들은 불법을 신봉하고 수만 명의 승려들이 대승불교를 배우고 있었다. 선선이나 오이국보다 열 배나 더 큰 대국이었던 것이다. 사람들의 집 앞에는 높이가 6미터 정도 되는 작은 탑이 세워져 있었으며, 여행하는 승려들을 위해 승방도 마련되어 있었다.

법현 일행이 온 것을 알게 된 우전의 국왕은 일행을 구마제사(瞿摩帝寺)로 초청하여 머물게 하였다. 이 사찰은 3,000명의 승려가 거주하고 있는 대승불교의 사찰이었다. 식사도 계율에 정해진 대로 행하였기 때문에 말소리가 들리지 않을 뿐만 아니라 식기 소리도 나지 않게 조용히 하였으므로 이것을 본 법현은 감탄하지 않을 수 없었다.

혜경 등 다른 세 명은 먼저 갈차국(竭叉國)으로 출발했지만, 법현은 이 나라의 불교의례에 큰 매력을 느껴 얼마 동안 더 머물기로 하였다. 그 이유는 행상(行像)의 축제를 보기 위해서였다. 행상이란 꽃이나 보석으로 장식한 수레에 불상을 싣고 성 안을 천천히 행진하는 것을 말하는데, 석가여래의 탄생을 축하하는 행사의 하나이다. 이 행사는 인도·서역·중국으로 전해졌으며, 4월 8일을 중심으로 거행되었다.

우전에서는 4월 1일부터 성 안의 도로를 청소하고 거리를 장식하였으며, 왕과 왕비, 시녀들이 앉을 성문 위는 큰 막을 쳐서 장엄하였다. 대승불교를 배우고 있는 구마제사의 승려들은 왕으로부터 깊은 존경심을 받고 있었으므로 행렬의 제일 선두에 서서 걸었다.

행상의 수레는 성에서 3, 4리쯤 떨어진 곳에서 제작되었다. 수레는 바퀴가 4개, 높이가 9미터 정도로서 왕이 사는 궁전처럼 크고 칠보로 장식한 깃발을 드리웠다. 수레의 한가운데는 불상을 싣고 그 양 옆에는 보살상 2구를 배치하였으며, 부처와 보살을 보좌하기 위해 금·은으로 만든 비천상(飛天像)을 공중에 매달았다.

행상의 수레가 성문으로 100보 정도 가까이 오면 왕은 왕관을 벗고 새 옷으로 갈아입은 후 맨발로 꽃과 향을 가진 사람들과 함께 성문을 나가 행상을 맞이하여, 머리를 불상의 발에 대고 예배하고 꽃을 뿌리며 향을 피웠다.

행상이 성 안으로 들어오면 성문의 누각에 있던 왕비와 시녀들은 많은 꽃을 뿌렸는데, 그 흩날림은 마치 하늘에서 꽃비가 내리는 것 같았다고 한다.

우전에는 14개의 대사찰이 있었으며, 한 사찰을 행상하는 데 하루가 걸렸다. 그러므로 모두 14개 사찰의 행상이 끝나는 것은 4월 14일이었다. 이 14일 동안 성 안에는 석가의 탄생을 축하하는 행상의 행렬로 붐볐던 것이다.

《법현전》은 우전의 또 하나의 사찰인 왕신사(王新寺)에 관해서도 기록하고 있다. 왕신사는 성의 서쪽으로 7, 8리 되는 곳에 있으며, 창건한 지 이미 80년이 되었다고 한다. 3대의 왕에 걸쳐 건립된 이 사찰은 탑의 높이가 75미터나 된다고 하므로 그 규모가 대단히 컸다는 것을 알 수 있다. 건물은 금·은으로 칠해져 있고 여러 가지 보물로 장식되어 있었으며, 탑 뒤쪽에는 불당이 있는데, 그 기둥과 창문도 모두 금으로 칠해져 있었다고 한다. 또한 아름답게 장식된 승방도 있었다고 한다. 이것으로 5세기 초에 우전의 사찰이 얼마나 장관이었는가를 알 수 있다.


## 사막을 가는 지법령과 바다를 건너는 각현

우전의 불교가 전성기였을 무렵, 중국인 구도자 지법령(支法領)이 대승경전을 구하기 위해 우전으로 왔다. 그는 우전에 대승불교가 성행하고 대사찰이 많은 것에 놀랐다.

우전에 머물고 있던 지법령은 하나의 정보를 얻었다. 그것은 이 나라의 동남쪽 20리 되는 곳에 험한 산이 있는데, 그곳에 많은 대승경전이 숨겨져 있으며, 더구나 그것은 나라의 관리가 지키고 있어서 국외로 가지고 나가는 것이 금지되어 있다고 하는 것이었다.

이 이야기를 들은 지법령은 우전국왕에게 어떻게 해서라도 《화엄경》을 중국에 전하고 싶다고 청원하였다. 당시 우전국왕은 대승불교를 신봉하고 왕 스스로 대승경전을 공양하고 있었다. 국왕은 지법령의 열렬한 구도정신에 감격하여 이를 허락하였다. 이리하여 그는 《화엄경》의 앞 부분 3만 6천 게송의 범본(梵本)을 입수하여 장안으로 당당히 돌아올 수 있었던 것이다.

한편, 법현과 함께 인도로 구법여행을 떠났던 지엄(智嚴)은 계빈(罽賓)으로 갔다. 거기서 계율을 지키는 승려들의 청정한 생활을 본 지엄은 자신의 나라인 중국에서의 생활을 반성하고 "중국 승려들은 도(道)를 구하고자 하는 뜻은 있지만 진정한 스승이 없기 때문에 깨달음을 열 수가 없다"고 하며, 계빈국의 승려들 가운데서 중국 사람들을 교화해 줄 사람을 찾았다. 그러자 이구동성으로 불타발타라를 추천하였다. 그는 인도의 야가리성(耶呵利城)에서 태어났으며, 석씨(釋氏)의 성을 이어 대대로 불교학을 존중한 사람이다. 8세에 출가하여 불대선선사(佛大禪禪師)로부터 선법(禪法)을 전수받았으며, 마침 이 계빈국으로 오게 되었다고 한다. 지엄은 이 사람이야말로 중국에 가서 계율과 선법을 전할 사람이라는 것을 확신하였다.

지엄의 간청을 받은 각현(중국에서는 불타발타라를 각현이라고 불렀으므로 이하

각현이라고 부른다)은 중국으로 갈 결심을 하였다. 그는 실크로드를 통하지 않고 해로(海路)로 중국에 가고자 하였다. 총령(蔥嶺: 파미르고원 일대)을 넘는 길 외에 인도에서 육로를 통해 중국으로 들어가는 길은 두 가지가 있었다. 하나는 현재의 네팔을 경유하여 히말라야 산맥을 횡단하고, 티벳을 거쳐 청해성(靑海省)을 지나 난주(蘭州)에 이르러 다시 장안으로 가는 길이며, 다른 하나는 미얀마를 경유하여 운남성에서 사천성(四川省)으로 들어가, 다시 장안이나 낙양으로 통하는 길이다. 이 둘 중 어느 길을 택한다 하더라도 설산(만년설로 뒤덮인 높은 봉우리)를 넘지 않으면 안 되므로 각현은 이 두 길을 단념한 것이다.

이에 각현은 갠지스강을 따라 남쪽으로 내려가 강의 하구에서 배를 타고 당시의 통상로를 따라 항해했음이 틀림없다. 버어마로 건너온 각현은 태국을 거쳐 캄보디아에 도착하였으며, 거기서 다시 해로로 인도지나 반도를 따라 하노이와 광주(廣州)로 통하는 길을 택했다고 생각된다. 《고승전》이 교지(交趾)에 상륙했다고 하는 의미는 도중에 잠시 들린 항구를 나타낸 것이거나 혹은 버어마 남부에 상륙한 후 인도지나 반도를 육로로 횡단하여 교지에 도착하고, 다시 교지에서 해로로 중국으로 갔다고 생각할 수 있다.

교지를 출발할 때 각현은 초능력을 유감없이 발휘하였다. 배가 어느 섬 근처에 왔을 때 각현은 선장에게 이 섬에 잠시 들렀다 가는 것이 어떠냐고 물었다. 선장은 이와 같은 순풍은 좀처럼 만나기가 어렵기 때문에 정박할 수 없다고 대답했다. 배가 200여 리 정도 나아가자 바람의 방향이 바뀌어 선장은 할 수 없이 배를 되돌려 조금 전의 그 섬으로 접근했다. 그런데 다시 순풍이 불어오는 것이었다. 모두들 출발하자고 아우성이었지만 각현은 끝내 반대했다. 순풍을 타고 먼저 출발한 배들은 모두 전복되었다. 어느덧 밤이 되어 각현은 배를 출항시키자고 했지만 아무도 그의 말을 따르지 않았다. 할 수 없이 각현은 손수 배의 밧줄을 풀어 자신이 타고 있던 배 1척만 출발시켰다. 그때 남아 있던 사람들은 모두 해적에게 약탈당하고 살해되었다고 한다.

이 설화는 각현이 신통력을 가지고 있었다는 것과 항해술에 익숙해 있었다는 것을 말해주고 있다. 교지를 출발한 배는 이윽고 청주(青州)의 동래군(東萊郡)에 도착했다. 산둥반도의 등주항(登州港)은 예부터 동아시아 각지의 해상교통의 중심지였다. 교지를 출발하여 광주(廣州)에 상륙해야 할 배가 먼 산둥반도까지 표류한 것이었다. 법현도 마찬가지로 표류하여 산둥반도의 청도(青島) 부근에 있는 뇌산(牢山)에 상륙하였다.


## 계율을 잘 지킨 각현과 파계한 구마라집

등주에 상륙한 각현은 구마라집이 장안에 있다는 소문을 듣고 다시 장안으로 떠났다. 그가 장안에 도착한 것은 406년, 혹은 408년경으로 추정된다.

각현이 장안에 도착하자 이미 401년에 장안에 와 있던 구마라집은 매우 기뻐하였다. 서역에서 양주(涼州)로 오랜 세월 동안 유랑의 여행을 계속했던 구마라집은 인도의 계빈국에 대한 최신 정보를 듣고 싶어서 각현에게 접근했던 것이 아니었을까. 그러나 당시 구마라집을 중심으로 하는 장안의 교단과 각현 사이는 그렇게 원만하지 못하였다. 각현은 원래 계율을 지키고 선관(禪觀)을 닦는 선자(禪者)였다. 이에 비해서 구마라집은 여자를 가까이 한 파계승이었다. 구마라집의 교단에서 볼 때 각현은 그렇게 좋아할 인물이 아니었다. 구마라집 교단의 승려들은 후진(後秦)의 국왕인 요흥(姚興)의 권력에 아부하여 궁중에도 출입했음에 반해, 각현은 궁중에 들어가는 일이 없을 뿐만 아니라 오직 홀로 고고했기 때문에 상당히 불쾌하게 받아들여졌을 것이라고 생각된다. 구마라집이나 그 교단의 사람들, 혹은 정치 권력자들로부터 이단시된 각현은 언젠가는 장안에서 추방될 운명에 놓여 있었다.

마침내 각현은 40여 명의 제자들과 함께 장안을 떠났다. 서역에서 귀국한 보운(寶雲)도 동행하였다.

이윽고 각현 일행은 여산(廬山)의 혜원(慧遠)을 만나기 위해 여산으로 향했다. 혜원은 옛 친구처럼 따뜻하게 맞아 주었다. 여산에 들어간 각현은 411년에 선경(禪經)을 번역하였다.

각현은 1년 정도 여산에 머문 후 산을 내려와 서쪽의 강릉(江陵)으로 향했다. 413년 2월, 유유(劉裕: 南朝 宋나라의 武帝)가 강릉에서 건강(建康)으로 돌아올 때 유유는 각현에게 동행할 것을 요청했다. 유유와 동행한 각현은 동진(東晉)의 수도 건강의 도장사(道場寺)로 갔다. 건강의 승려들도 각현의 고고한 인품을 좋아하며 그를 존경하였다.

## 지법령과 각현의 만남 – 60《화엄경》의 번역

우전에서《화엄경》의 범본(梵本)을 구해 장안으로 돌아온 지법령도 장안을 떠나 건강으로 갔다. 각현이 도장사에 거주하고 있다는 것을 들은 지법령은 각현에게 범본《화엄경》을 중국말로 번역해 줄 것을 요청하였다. 요청을 받은 각현은《화엄경》을 번역하기로 결심했다. 이리하여 진(晉)나라 의희 14년(418) 3월 10일에 시작된 60《화엄경》(晉經, 혹은 舊經이라고도 함)의 번역은 원희 2년(420) 6월 10일에 완성되었다. 실로 2년 3개월에 걸친 힘든 번역사업이었다.

다시 범본과의 대교(對校)·교정작업이 시작되어 영초 2년(421) 12월 28일에 모두 끝났다. 이때 받아 적는 일을 맡은 사람은 법업(法業)이었는데, 그는 중국 사람으로서는 처음으로《화엄경》을 이해한 사람이라고 할 수 있다. 계율을 엄격히 지키고, 소승불교에 정통해 있던 법업은 지금까지 들어보지도 못했던 가르침을 설하는《화엄경》을 접하고 매우 당황했을 것이다.

도장사의 승려들은 새로운 대승경전인《화엄경》의 내용을 보고 지금까지의 경전들과는 그 내용이 너무나 다른 것에 경탄했다. 비로자나 부처님, 그것은 바로 광명(光明) 그 자체라고 한다. 그렇다면 지금까지 불교에서 설한 내용과는 너무도 다르지 않은가?('광명'이라고 하는 것에서 조로아스터교의 영향을 받은 것이 아닐까라고 생각하는 사람들도 있다.)

소승교학에 정통해 있던 법업은 이 놀라운 가르침의 내용을 읽고 그 요지를 정리하였다. 그것이 바로 법업이 지은《화엄지귀(華嚴旨歸)》2권이다. 중국 사람들에게 이 경을 이해시키고 싶다는 정열이 이 책을 저술하게 된 동기이다. 그러므로 후에 화엄종의 대성자인 법장은 "대교(大敎)의 출발은 법업에서부터 시작된다."《華嚴經傳記》권2)라고 하였던 것이다.

도장사의 승려들은 지금까지의 불교에서는 보지 못한 경탄스러운 가르침을 설한 《화엄경》의 범본을 그대로 책상 위에 놓아두면 벌을 받게 될 것 같은 생각에 이 범본을 모실 장소를 고안하였다. 그리하여 건립한 것이 화엄당(華嚴堂)이다. 도장사의 한쪽 편에 세워진 화엄당에는 지법령이나 법업뿐만 아니라 도장사의 승려나 일반 신도들도 참배하였다.


## 사막에서 발견한 제2의 《화엄경》 - 비로자나나한과 실차난타

400년경, 법현은 우전에서 불탑(佛塔)과 불당(佛堂), 승방(僧房)이 완비된 왕신사(王新寺)를 보았는데, 그 후 200여 년이 지나 현장(玄奘)도 이 절을 방문하였다. 현장이 왕신사를 방문하였을 때는 그 절 이름이 바뀌어 사마야사(娑摩若寺)라 불리고 있었다. 절 안에는 높이가 300여 미터나 되는 탑이 있었으며, 그 탑에서는 자주 신령스러운 서기(瑞氣)가 나타나고 신광(神光)을 발하는 일도 있었다.

그 무렵, 왕성의 남쪽 10리 정도 되는 곳에 비로자나사(毘盧舍那寺)라고 하는 큰 사찰이 있었다《北寺》권97에는 贊摩寺라고 되어 있다). 이 사찰은 우전국의 선왕(先王)이 비로자나나한(毘盧舍那羅漢)을 위해 세운 절이라고 한다. 이 나한은 계빈국에서 들어와 삼림 속에서 입정(入定)하고 있던 비구로서, 왕에게 사찰을 세워 불법을 널리 알릴 것을 진언하였다. 여기서 그의 이름이《화엄경》의 교주인 비로자나와 똑같다고 하는 것은 재미있는 일이다.

현장의 기록에 의하면, 7세기 전반에 우전에는 사찰이 100여 개, 승려가 5000여 명 정도 있었고, 400년 무렵과 마찬가지로 대승불교가 성행하였으며, 국왕은 불법을 존경하여 스스로 비사문천(毘沙門天)의 먼 후손이라 했다고 한다.

또한 왕성의 서남쪽에 있는 우두산(牛頭山) 벼랑 끝의 한 사찰에 안치된 불상은 때때로 광명을 발하였는데, 그것은 옛날에 여래(如來)가 이곳에 와서 천인(天人)을 위해 법요(法要)를 설했기 때문이라고 한다. 우두산에는 석실이 있었는데 멸진정(滅盡定)에 들어 미륵불의 하생(下生)을 기다리고 있는 아라한상은 수백 년이 지나도 그 모습이 변하지 않았다고 한다.

마침 이때, 당나라의 측천무후(則天武后)가 대승불교를 신봉하여《화엄경》의 완전한 범본(梵本)을 구하고 있었다. 무후는 우전에 이 경의 범본이 있다는 소식을 듣고 우전에 사람을 보내어《화엄경》의 범본과 번역자를 구해 오게 하였다. 그때 범본을 가지고 장안으로 온 사람이 실차난타(實叉難陀: 學喜, 652~720)였다.

695년에 동도(東都)의 대편공사(大遍空寺)에서 번역이 시작되었다. 무후는 몸소 번역 장소에 나가 서문을 지었다. 보리유지(菩提流志)와 의정(義淨)이 범본을 읽고, 복례(復禮)와 법장(法藏)이 번역을 도왔다. 완성된 것은 699년, 불수기사(佛授記寺)에서였다. 이것이 새로 번역된 80《화엄경》

(《唐經》이라고도 함)이다.

80《화엄경》을 60《화엄경》과 비교하면 문장이 거침이 없고, 내용도 60《화엄경》이 8회 34품인데 반해 9회 39품으로 완전한 형태를 갖추고 있다.

704년 실차난타는 연로한 어머니를 뵙기 위해 한때 우전으로 귀국했지만, 708년에 중종(中宗)의 초청으로 다시 장안으로 되돌아 왔다. 710년 10월에 59세로 세상을 떠났으며, 화장을 했을 때 혀만 타지 않고 남았으므로 그 혀를 우전으로 보냈다. 화장을 한 장안성(長安城)의 북쪽 문 밖에 있는 고연등대(古燃登臺) 근처에 7층탑을 세웠는데 사람들은 이 탑을 화엄삼장탑(華嚴三藏塔)이라 불렀다고 한다.

《화엄경》은 불가사의한 경전으로 60《화엄경》과 80《화엄경》 모두 대승불교가 성하고 대승경전을 많이 보관하고 있던 우전에 있었다. 798년에 반야삼장(般若三藏)이 번역한 40《화엄경》은 완본(完本)이 아니라 〈입법계품(入法界品)〉만이다. 이 40《화엄경》은 795년에 남인도 오차국(烏茶國)의 사자왕(師子王)이 손수 베껴 쓴 《화엄경》의 범본을 당나라의 덕종(德宗)에게 보낸 것이다.

방대한 60《화엄경》과 80《화엄경》 모두가 우전에서 발견되었다는 것은 이 《화엄경》들이 우전에서 편찬되었을 가능성을 강하게 시사해주고 있다. 더구나 앞에서 설명한 바와 같이 우전의 전설에는 《화엄경》의 교주와 같은 이름인 비로자나나한이라고 하는 나한이 있었다.

사막의 오아시스였던 우전이 지금은 화전현으로 바뀌고 옛날의 성터나 절터도 모두 폐허가 되었지만, 예전에는 이곳에 대승불교를 신봉하던 불교국가가 존재했으며, 또한 많은 대승경전을 소장하고 있었던 것이다. 그 대승경전 중의 하나가 바로《화엄경》이다. 더구나 이 경의 범본은 300년의 긴 세월 동안 우전국에서 잠자고 있다가 하나는 420년에, 다른 하나는 699년에 중국말로 번역되었던 것이다.

# 제2화
# 부처님을 찬송하는 노래

### 세간정안품(世間淨眼品)

연화장 정토세계를 설하고 있다.
상서로운 구름이 피어나고 금은보화를 흩날려 화엄장엄세계를 묘사했다.

## 하늘나라의 병사와 아수라의 싸움

타클라마칸 사막의 오아시스 도시 우전에 반야미가박(般若彌伽薄, 이하 '반야'라고 약칭)이라는 한 사미승(막 출가한 견습 승려)이 있었다. 반야는 계율을 엄격히 지키며 언제나《화엄경》을 독송하였다. 우전에서는《화엄경》을 항상 경장(經藏)에 넣어 보관하였으므로 반야는 어느 절의 경장에서《화엄경》을 구하여 읽었음에 틀림없다.

《화엄경》은 워낙 방대하므로 처음부터 끝까지 다 읽는다는 것은 결코 쉬운 일이 아니었다. 그러나 반야는 몇 년간 일심(一心)으로 읽고 있었으므로 때때로 신비스러운 영험을 느낄 수가 있었다.

어느 날이었다. 이상하게 생긴 낯선 두 사람이 반야 앞에 나타나 예배·합장하며 앉았다. 반야는 도저히 인간이라고는 생각할 수 없는 이상한 이 두 사람을 괴이하게 여겨 어디에서 왔는지 물었다. 그러자 두 사람은 하늘을 가리키면서 자기들은 하늘에 살고 있는데 당신을 모시러 왔으니 조용한 하늘나라로 가지 않겠느냐고 말했다. 그러면서도 다시 "실은 천제(天帝)께서 우리들에게 법사님을 모셔오라고 하셨습니다." 라고 말하는 것이었다.

반야는 너무나 불가사의한 일이라 놀라고 무서워서 망연자실하였다. 그러자 하늘에서 "두려워할 것 없다. 눈을 감아보아라."하는 소리가 들려왔다. 반야는 시키는 대로 눈을 감았다.

잠시 후 이상한 두 사람과 함께 천상으로 올라갔다. 거기에는 화려한 궁전이 있었으며, 그 안에는 천제가 앉아 있었다. 천제는 반야 앞에 무릎을 꿇고 "지금 하늘나라의 병사들과 아수라가 전쟁을 하고 있는데 우리 병사들이 격퇴될 위기에 처해 있습니다. 제발《화엄경》을 독송하셔서 그 법력(法力)으로 하늘의 병력을 이끌어 저 아수라를 물리쳐 주시기 바랍니다"라고 간청하였다. 반야는 그 청을 기꺼이 받아들였다.

이에 반야는 하늘의 전차를 타고 깃발(幢幡)을 흔들면서, 마음속으로는《화엄경》의 미묘한 가르침을 외웠다. 하늘나라의 병사들도 모두 용감히 적과 맞서 싸웠다. 이것을 본 아수라들은 놀라서 흩어져 도망갔다.

하늘나라의 사람들은 기뻐서 "이것은 모두 당신 덕분입니다. 무엇이든 원하는 것이 있으면 말씀해 주십시오. 당신이 원하는 것이라면 무엇이든 바치겠습니다."라고 말했다. 반야는 "나는 다른 어떠한 것도 필요 없습니다. 다만 위없는 깨달음을 얻을 수만 있으면 좋겠습니다."라고 대답했다. 하늘나라의 사람들은 고마워하며 "당신의 소원은 우리들의 능력으로는 불가능합니다. 그 외에 우리들이 해드릴 수 있는 것이 없겠습니까?"라고 거듭 묻자 반야는 위없는 깨달음 외에는 아무 것도 구할 생각이 없다고 말했다.

얼마 후 반야는 지상으로 내려왔다. 입고 있던 의복에는 향기로운 하늘의 향내가 배어서 그가 죽은 후에도 의복의 향내는 없어지지 않았다.

반야가 지상으로 내려온 지 수년이 지나자, 아무런 병 없이 부처님과 마찬가지로 오른쪽 옆구리를 아래로 향하게 누운 채 세상을 떠났다. 그는 죽을 때 "나는 청정한 불국토에 태어날 수 있게 되었다."라고 말했다.

영창 원년(689) 2월 4일, 우전국의 삼장법사였던 인다라파야(印陀羅波若)가 중국 장안의 위국동사(魏國東寺)를 찾아왔다. 당시 위국동사에는 마침 화엄종의 대성자인 현수대사 법장(法藏)이 거주하고 있었다. 삼장법사는 법장에게 천상에 올라간 반야의 이야기를 하면서, 그것은 지금부터 35년 전에 실제로 우전에서 일어났던 일이라고 말했다.《화엄경전기》

하늘나라의 병사와 아수라가 싸웠을 때《화엄경》을 독송하여 아수라를 퇴치했다는 이 이야기는《화엄경》에 악마를 물리치는 힘이 있다는 것을 말해 주는 것이다. 또한 이것은 우전국의 사건이므로《화엄경》과 우전국의 관계가 밀접하다는 것을 증명해 주고 있다.

한편, 한국의 화엄관계 문헌, 즉 고려 균여(均如)의《석화엄교분기원통초(釋華嚴敎分記圓通鈔)》와《법계도원통기(法界圖圓通記)》및《법계도기총수록(法界圖記叢髓錄)》에서는 5중(五重)의 해인삼매(海印三昧)를 설하는데, 그것은 모두 제석천과 아수라의 싸움이다. 우전에서 일어난 하늘나라의 병사와 아수라의 싸움은 화엄종의 제2조 지엄(智儼)이 설한 것으로서, 이것이 한국에 전래된 것이다. 물론 천제(天帝)와 아수라의 싸움은《정법념처경(正法念處經)》권18에도 나오지만 5중의 해인삼매에 대한 설명은 없으므로 참으로 불가사의한 일이다.

# 갖가지 꽃으로 장식

60《화엄경》은 34품(品이란 章을 의미한다)으로 구성되어 있다. 제1품은
〈세간정안품(世間淨眼品)〉으로서, 세간을 비추는 청정한 눈인 부처님이 출
현하신 것을 설명하고 있다. 그것은 마갈타국의 니련선하(尼蓮禪河) 강가
깨달음의 장소에서의 모임이었다.

먼저《화엄경》은 부처님이 처음으로 정각(正覺)을 이루신 적멸도량의
보리수 아래 금강보좌의 정경을 묘사하면서 시작한다.

> 그 땅은 금강(金剛)으로 되어 있으며 엄숙하고 깨끗함을 갖추었다. 온
> 갖 보배와 갖가지 꽃(雜華)으로 장식하였으며, 최상의 묘한 보배 바퀴
> (寶輪)는 원만하고 청정하며, 한량없는 묘한 빛깔로써 여러 가지로 장
> 엄하여 마치 큰 바다와 같았다.

참으로 찬란한 세계가 묘사되어 있다. 이 중에서 "갖가지 꽃으로 장
식하였으며"라고 하는 것이 화엄의 의미인 것이다. '화엄'을 범어(梵語)
로 말하면 '간다 – 뷰하(Ganda-vyūha)'이며, 이것을 중국말로 번역하면 '잡
화엄식(雜華嚴飾)', 즉 '갖가지 꽃으로 장식하다'는 의미이다. 일조삼장(日
照三藏)에 의하면 '뷰하'라고 하는 것은 서역지방에서 사용하는 부처님을
공양하는 도구를 말한다. 그 모양은 6단으로 되어 있는데, 아래쪽이 넓
고 위쪽으로 올라갈수록 좁아지며 꽃과 보석으로 장식되어 있고, 각 단
에는 불상을 안치하였다고 한다.(《探玄記》 권1)

갖가지 꽃으로 장식하는 것이 화엄의 의미이다. 목련처럼 품위 있는 꽃도 국화와 같이 가련한 꽃도 모두 이 속에 포함된다. 갖가지 꽃으로 장식된 곳이 깨달음을 연 부처님이 계시는 도량인 것이다.

이 도량은 꽃이나 보석으로 장식되어 있을 뿐만 아니라 한량없는 보석이 비처럼 내려 흩날리고 광명이 온 천지에 가득하였다. 부처님이 앉아 계시는 자리의 뒤쪽에 있는 보리수는 빛을 발하여 시방세계를 비추며, 그 둥치는 맑고 투명한 유리(琉璃: 靑玉)로 되어 있고, 줄기와 잎과 꽃도 보석으로 장식되어 있었다. 부처님이 앉아 계시는 사자좌(獅子座)는 큰 바다처럼 넓고, 보석과 꽃으로 장식되어 빛을 발하였다.

우전국의 반야가 천상에서 본 궁전도 경전에서 설하는 것과 같이 장엄된 세계였을 것이다. 그것은 보화(寶華)ㆍ보륜(寶輪)ㆍ묘색(妙色)ㆍ당(幢: 깃발)ㆍ향만(香鬘)ㆍ보망(寶網)ㆍ우보(雨寶)ㆍ화수(華樹)ㆍ불력(佛力)ㆍ기특(奇特)의 10가지 장엄으로 장식된 것이었다. 천상계의 장엄도 지상계의 장엄과 같았다.

그 국토의 지하는 바람의 바퀴(風輪)와 향기로운 바다(香海)와 연꽃으로 장식되고, 지상은 묘한 보배와 광명과 향기로운 강과 온갖 나무들로 장식되어 있었다.

옛날 오아시스의 도시 우전에는 강에서는 보석이 채집되고, 푸른 수목은 여행자의 눈을 쉬게 해 주었다. 또한 보석이 채집되는 향기로운 강에도 찬란한 태양광선이 내리비치고 있었으므로 이 우전의 국토도 경전의 내용과 같았는지 모른다.

## 청정한 눈을 뜨다

부처님은 이 장엄된 적멸도량의 보리수 아래서 깨달음을 열었다. 보리수의 둥치는 맑고 투명한 유리로 되어 있고, 줄기는 갖가지 묘한 보석으로 장식되었다. 잎은 구름처럼 드리우고 열매는 마니보주(摩尼寶珠)로 되어 있으며, 나무에서 발하는 빛은 시방세계를 비추었다.

지금 부처님은 사자좌에 앉아 계신다. 부처님은 사람들 가운데 사자(獅子)이기 때문에 부처님이 앉는 자리가 삼림 속에 있든, 지상에 있든 모두 사자좌라고 부르는 것이다. 부처님은 이 자리에 앉아서 두려움이 없는(無畏한) 사자후(獅子吼)의 가르침을 설하신다. "불가사의한 사자좌는 마치 큰 바다와 같다."고 하는 것처럼, 이 사자좌는 일체의 모든 사람들이나 시방의 모든 부처님들을 포함할 수 있는 불가사의함을 나타낸다.

부처님은 이 사자좌에서 정각(正覺)을 이루셨다. 과거 · 현재 · 미래 삼세의 법이 평등함을 아는 지혜의 몸은 일체 세간의 몸에 두루 들어가고, 묘한 음성은 모든 세계에 울려 퍼지며, 지혜는 허공에 가득 찬다. 일체의 모든 중생을 평등하게 구제하고, 지혜의 광명은 어두운 밤을 비추며, 무한한 광명으로 가득 차서 방편의 문을 열어 중생을 교화하신다.


## 청정한 눈이 투명한 구슬을 보는 것 같다

부처님 주위에는 무수한 보살과 금강역사(金剛力士) · 용신(龍神) · 지신(地神) · 수신(樹神) · 약초신(藥草神) · 곡신(穀神) · 하신(河神) · 해신(海神) · 화신(火神) · 풍신(風神) · 허공신(虛空神) · 주방신(主方神) · 주야신(主夜神) · 주주신(主晝神) · 아수라신(阿修羅神) 등 천지의 신들, 그리고 야마천왕(夜摩天王)을 비롯한 세계의 모든 왕들이 모여 있었다. 그들은 모두 부처님을 찬탄하는 찬가를 부르고 있었다.

선광해대자재천(善光海大自在天)이라는 신이 일어나 찬가를 불렀다. 그 가운데는 "부처님은 불가사의하여 견줄 자가 없고, 상호(相好)의 광명은 시방을 비추네. 큰 성인이신 세존의 바른 가르침은 마치 청정한 눈(淨眼)이 투명한 구슬을 보는 것 같네."라는 내용이 있다. 천왕들의 찬가는 끝없이 이어진다. 그 가운데서 중요한 것만을 몇 개 추려 보면 다음과 같다.

먼저 정지천왕(淨智天王)의 찬가에서는 "중생은 어리석음으로 인하여 마음의 눈이 멀어, 한없는 생사의 굴레에서 윤회할 때, 여래는 청정한 도(道)로서 인도하고, 위없는 최상의 법문을 열어 보이시네."라고 하였다. 어리석음으로 인하여 마음의 눈이 멀어 윤회전생(輪廻轉生)을 되풀이 하는 중생에 대해 부처님은 청정한 도(道)를 열어 보이시는 것이다.

일광천자(日光天子)의 찬가에서는 "어리석은 중생은 봉사라서 눈이 없네. 이 고통 받는 중생을 위하여 청정한 눈(淨眼)을 뜨게 하고, 그들에게 지혜의 등불을 비추어, 여래의 청정한 몸을 볼 수 있게 하시네."라고 하였다. 앞의 찬가와 마찬가지로 봉사가 되어 헤매고 있는 어리석은 중생의 눈을 뜨게 하여 부처님의 청정한 모습을 볼 수 있게 한다고 하였다. 이 품을 〈세간정안품(世間淨眼品)〉이라고 하는 것은 부처님께서 세간을 비추는 청정한 눈(淨眼)으로서 출현하셨기 때문인 것이다.

'눈은 마음의 거울'이라는 말이 있듯이, 그 사람의 눈을 보면 대체로 그 사람의 됨됨이를 알 수 있다. 눈을 맑게 가지는 것은 중요하다. 여기서 '정안'이라고 하는 것은 세간을 비추고, 헤매고 있는 중생을 구제해 주는 부처님을 말하지만, 종교적인 의미가 아니라도 눈을 맑게 하기 위해서는 마음을 맑게 해야만 하며, 반대로 마음이 맑으면 저절로 눈이 맑아지게 되는 것이다. 우전국의 반야의 눈에 하늘에서 내려온 두 사람의 사자가 보였다고 하는 것은 반야의 눈이 바로 '정안'이었다는 것을 말해 주는 증거이다.


## 법의 비가 내림

이어서 월천자(月天子)의 찬가에서는 "대자비의 구름으로 덮지 않는 것이 없이, 부처님의 몸은 불가사의하여 중생에게 평등하고, 널리 법의 비(法雨)를 내려 일체를 적시니, 이것이 부처님의 최상의 방편이네."라고 하였다. 부처님의 몸이 부름에 응하여 나타나시는 것(應現)은 중생의 수와 같다고 하므로 어떠한 중생에 대해서도 부처님은 응현해 주시는 것이다. 부처님의 몸은 직접 눈으로 보지는 못하지만 중생이 있는 곳이라면 어느 곳에서나 응현해 주신다. 관세음보살이 33신(身)으로 응현해 주시는 것과 꼭 마찬가지인 것이다.

'법의 비'라고 하는 것은 부처님의 가르침을 비에 비유한 것이다. 비가 중생이나 대지를 윤택하게 하고 초목을 성장시키는 것처럼 부처님의 가르침도 우리들 중생을 이익되게 하는 법의 비인 것이다. 법의 비를 내리게 해서 일체 만물을 윤택하게 하는 것이 부처님의 최상의 방편이다. 법의 비라고 하는 말은 중국의 사찰 이름으로도 사용되고 있는데, 예를 들어 관세음보살이 거주하는 신성한 보타산(普陀山)에는 법우사(法雨寺)라고 하는 절이 있다.

다음으로 지국건달바왕(持國乾闥婆王)의 찬가에서는 "중생의 한량없는 고뇌의 바다를 부처님은 하나도 남김없이 소멸시켜 주시고, 부처님은 대자비와 방편으로써 능히 중생의 청정한 눈을 뜨게 해 주시네."라고 하였다. '건달바'란 간다르바(gandharva)의 음을 따서 발음한 것인데, 불교에서는 천룡팔부(天龍八部: 佛法을 수호하는 여덟 神將. 천·용·야차·아수라·가루라·건달바·긴나라·마후라가)의 하나로서, 제석천을 모시면서 음악을 연주하는 악사를 말한다. 이 왕도 부처님이 중생에게 청정한 눈을 뜨게 해 주는 것을 설하고 있다.

또한 금강안조역사(金剛眼照力士)는 다음과 같이 찬가를 부르고 있다.

여래이신 큰 성인의 자재하신 힘은 일체의 법계에 충만하고, 법신(法身)을 나타내심은 그 끝이 없어, 일체의 모든 중생 앞에 드러내시네.

부처님의 자재하신 힘은 법계에 충만하고, 법신은 한량없는 세계에까지 미치며, 더구나 일체 중생 앞에 그 모습을 드러내 보이신다고 하는 것이다. 〈세간정안품〉에서 끝없이, 싫증날 정도로 이어지는 찬가는 보현보살에서 끝이 난다. 금강안조역사의 찬가가 끝나면 보현보살이 부처님 주위에 있는 보살·신(神)·천(天) 등 모든 대중에게 부처님을 찬송하는 게송을 읊었다. 그 게송의 내용은 다음과 같다.

청정하게 장엄된 불국토는 청정한 대중으로 가득 차 있으며, 그 나라의 수많은 불제자들은 항상 오묘한 법문을 듣고, 부처님이 앉아계시는 사자좌를 우러러보고 있다. 부처님은 사자좌에 앉아 계시지만, 또한 언제 어디에나 앉아 계시며, 한없는 방편으로써 보살행을 나타내 보이신다. 법성(法性)의 눈은 세간을 비추고, 그 몸은 널리 세간에 드러내시며, 시방의 모든 나라를 보호하고, 일체의 더러움을 제거하신다. 자유자재로 모습을 나타내시고, 청정한 목소리로 보살행을 설하시며, 한없는 영겁의 시간을 순간의 지금으로 되돌려 무상한 세간의 모습에 참다운 법성을 밝히신다. 부처님은 마치 허공과 같아서 청정하고 집착이 없으며, 이 세상에 태어나 보리수 아래서 도(道)를 이루셨다. 부처님은 한 마디로써 모든 것을 다 말씀하시고, 하나하나의 가르침 속에서 남김없이 다 설하신다.

보현보살이 부처님을 찬송하는 게송이 끝나자 사자좌를 장식하는 묘한 꽃과 마니보석과 보배 바퀴와 누각 등 여러 가지 장엄 기구 속에서 해혜초월(海慧超越)보살 등 많은 보살들이 나와서 부처님을 축하하고 공양하였다. 그때 일체해혜자재지명왕(一切海慧自在智明王)보살은 게송으로써 부처님을 공양했다. 이 보살의 찬가가 끝나자 연화장(蓮華藏)세계가 진동하였다. 이 진동은 부처님께서 설법하시기 전의 상서로운 징조였다. 이것에 의해 악마는 공포에 떨고, 설법을 듣는 대중의 마음은 안정되며, 많은 중생들에게 설법장소를 알리는 것이다.

이 〈세간정안품〉에서는 청정한 눈(淨眼)이 나타난 것, 다시 말하면 부처님이 출현하신 것을 보살과 많은 대중들이 환희심으로 영접하고, 부처님의 위대한 덕을 찬탄하는 것이다.

부처님이 아직 세상에 출현하지 않았을 때는 일체 중생을 인도해 줄 자가 없어서 중생은 맹인처럼 어둠 속을 걷고 있었다. 그러나 부처님이 처음으로 세상에 출현하시자 '정안', 즉 청정한 눈이 출현하신 것과 똑같은 것이었다. 그러므로 〈세간정안품〉이라고 하는 것이다. 만일 부처님이 열반에 들게 되면 '세간의 눈(眼)이 멸함'이 된다.

## 부처님의 찬가

우전국에서 반야가 천상계에 올라가 《화엄경》을 독송하여 아수라를 퇴치시켰다는 것에서 《화엄경》의 위력을 잘 알았다. 그러면 이러한 경전은 도대체 무엇 때문에 만들어지게 되었을까? 《법화경》에서 부처님은 일대사인연(一大事因緣)으로 세상에 출현해 부처님의 지견(知見)을 열어 보여서 중생들을 깨닫게 하기 위해 《법화경》을 설했다고 하는데, 《화엄경》은 무슨 인연으로 설한 것일까? 이 점에 대해 법장의 《탐현기(探玄記)》에서는 10가지 이유를 들어 설명하고 있다. 그것을 요약하면 다음과 같다.

① 법이(法爾)로 인해서: 일체의 모든 부처님은 법이(法爾: 自然)로 무한한 법륜(法輪)을 굴리므로 인연을 기다려서 설한 것이 아니라 '법이', 즉 자연적인 작용으로써 설한 것이다. 다시 말하면 모든 부처님이 자연적으로 항상 설법하시는 것이 《화엄경》인 것이다.

② 원력(願力)으로 인해서: 부처님의 원력으로써 이 가르침을 중생들의 근기에 맞게 설한 것이다. 그러므로 〈노사나품(盧舍那品)〉에 "부처님은 원력에 의해서 자유자재하게 두루 나타나시어 법륜을 굴리신다."라고 하였다.

③ 기감(機感)으로 인해서: 부처님이 중생의 부름에 응해서 몸을 나타내어 가르침을 설한 것이다. "부처님의 몸은 모든 법계(法界)에 충만하고, 언제라도 일체 중생 앞에 나타나신다."고 한 것이 바로 그것이다.

④ 위본(爲本)으로 인해서: 먼저 처음에 이 경을 설하고, 다음에 다른 경들을 설했으므로 《화엄경》은 근본 법륜을 설한 것이다.

⑤ 현덕(顯德)으로 인해서: 부처님의 과보의 무량한 덕을 나타내어 보살들에게 믿게 하고, 깨달음을 얻도록 하기 위해 설한 것이다.

⑥ 현위(顯位)로 인해서: 십신(十信)·십주(十住)·십행(十行)·십회향(十廻向)·십지(十地)·불지(佛地)에 이르는 단계를 나타내기 위해, 또한 하나하나의 계위가 원숙해지면 불지에 이른다고 하는 것을 나타내기 위해 설한 것이다.

⑦ 개발(開發)을 위해서: 중생의 마음속에 있는 불성(佛性)의 공덕을 개

발하여, 이것에 의해 닦고 배우게 하기 위해 설한 것이다.

⑧ 현문(見聞)을 위해서: 무한한 법문을 중생이 보고 듣도록 하기 위해 설한 것이다.

⑨ 성행(成行)을 위해서: 보현보살의 수행을 완성시켜서 한 가지 수행이 곧 일체의 모든 수행이 되도록 하기 위해 설한 것이다. 다시 말하면 한 가지 수행을 철저히 하면 궁극에 도달할 수 있다는 것을 밝히기 위해서이다.

⑩ 득과(得果)를 위해서: 모든 장애를 없애고 부처님의 과보를 얻게 하기 위해서 설한 것이다.

법장은 이 10가지 이유로 《화엄경》이 설해졌다고 한다. 무진원융(無盡圓融)의 법문은 최고의 단계에 오른 대보살이 아니면 이해할 수 없는 것이므로, 우리들처럼 정도가 낮은, 수행을 하지 않은 사람들에게는 이해될 리가 없다. 이에 이 《화엄경》을 설해서 무진원융의 가르침을 이해시키려고 한 것이 《화엄경》을 만든 이유이다.

그런데 이 《화엄경》을 수지(受持)하고 가르침을 믿을 수 없는 사람이 있다. 《탐현기》는 여기에 5종류가 있다고 설하고 있다.

① 위진(違眞)의 비기(非器): 보리심을 발하지 않고 출리(出離: 迷界를 벗어나는 것)를 구하지 않으며, 이 경을 비방하고 명예와 이익을 추구하며, 자신을 장식하는 사람은 《화엄경》을 수지할 그릇이 아니다. 명예와 이익을 위해 설법하는 것은 삿된 업(魔業)인 것이다.

② 배정(背正)의 비기: 거짓으로 삿된 선(邪善)을 닦고, 사후에 인천(人天)의 과보를 얻으려고 하는 사람은 참된 선을 닦지 않았기 때문에 결국 지옥에 떨어지는 사람으로서 이 경을 받아들일 그릇이 아니다. 보리심을 잊고 선근(善根)을 닦는 것은 삿된 업(魔業)에 지나지 않는다.

③ 괴실(乖實)의 비기: 자신의 사견(私見)에 따라서 경문의 뜻을 해석하고, 높고 깊은 가르침을 이해할 수 없는 사람도《화엄경》을 받아들일 그릇이 아니다.

④ 협열(狹劣)의 비기: 넓고 큰 마음을 가지지 못하고 오직 자기 자신만의 깨달음을 구하는 사람은 이 경을 받아들일 그릇이 아니다. 성문(聲聞)과 연각(緣覺)의 이승(二乘)은 이 경의 가르침을 절대로 듣지 않는다.

⑤ 수권(守權)의 비기: 오랜 세월 동안의 수행을 완성시키지 않고, 또한 초지(初地)에 들지 않은 보살은 참된 보살이 아니므로 이 경을 받아들일 그릇이 아니다.

《화엄경》의 가르침을 듣고, 그 가르침을 실행하기 위해서는 이 가르침을 믿지 않으면 안 된다.

큰 바다나 큰 불 속에 있다고 하더라도 결코 의심하지 않고 믿는다면 반드시 이 경을 들을 수 있게 된다.

—《십지경론(十地經論)》권2

이처럼 큰 바다나 큰 불 속에 있다고 하더라도 믿어 의심하지 않는다면 이 경의 가르침을 들을 수 있는 것이다.

우전의 반야는《화엄경》을 받아들일 수 있는 그릇이었다. 이 경에 사로잡혀 일심으로 이 경을 독송했다. 그 독송의 힘이 천상계를 감응시켜, 제석천이 두 사람의 사자를 반야에게로 보냈던 것이다. 큰 바다나 큰 불 속에 있더라도 이 경에 대한 반야의 신심은 변하지 않았다. 그 때문에 드디어 천상계에 올라가 아수라를 격퇴시킬 수 있었던 것이다. 더구나 반야는 위없는 깨달음 이외의 다른 어떠한 것도 구하지 않았다.

이 경의 제1품인 〈세간정안품〉 가운데도 아수라가 나온다. 악마라도 세간의 청정한 눈(淨眼)이 되어 출현한 부처님의 지혜를 찬탄하지 않을 수 없는 것이다. 악마도 또한 부처님의 찬미자로서 나타나는 것이 이 품이다.

대보살은 물론 일체의 신(神)이나 대왕까지도 모여서 부처님의 지혜를 찬탄하는《화엄경》의 구성은 너무나 웅장하다.

삼라만상의 모든 것, 나무도 숲도 강도 바다도, 일체의 모든 살아있는 생물들의 일대 만다라(曼茶羅: 보리 도량)의 세계가 바로 〈세간정안품〉인 것이다. 이들이 부처님을 중심으로 모여 찬미의 노래를 부름으로써《화엄경》의 서막이 열리는 것이다.

# 제3화
# 세계의 장엄

노사나불품(盧舍那佛品)

연화장세계를 묘사하고 있다.
연화의 자방(子房)으로부터 줄기를 타고 전개되는 이십중광대세계를 묘사하고 있다.

## 제운반야와 화엄부 경전

---

80 《화엄경》을 번역한 실차난타도 우전국 출신이며, 낙양의 위국 동사(魏國東寺)에서 화엄계통의 경전을 번역한 제운반야도 우전국 출신 이었다. 그러므로 우전이 《화엄경》과 깊은 관계가 있다는 것을 부정할 수 없다.

제운반야는 대승과 소승불교에 두루 통하고, 주술에도 능한 선관(禪觀)을 닦은 사람으로 평범한 학자는 아니었다. 영창 원년(689)에 낙양으로 와 측천무후를 배알하였으며, 칙명에 의해 위국동사에서 여장을 풀었다.

위국동사는 무후의 어머니 양(楊)씨가 함형 원년(670)에 죽자 무후가 건립한 사원이다. 처음에는 태원사(太原寺)라 하였으나 수공 3년(687)에 위국사(魏國寺)로 개칭하였으며, 다시 재초 원년(690)에는 숭복사(崇福寺)로 고쳤다. 태원사는 동·서 양쪽 수도에 건립되었으므로 자연히 위국 사도 동·서 양쪽에 있게 되었으며, 낙양에 있는 것이 위국동사, 장안에 있는 것이 위국서사였다.

제운반야가 위국동사에 오기 직전에 지바가라(地婆訶羅, Divākara: 日照三

藏이라 번역함)는 위국동사의 전신인 동·서 태원사에서 번역에 종사하고 있었다. 동·서 태원사(동·서 위국사)에는 번역 장소가 마련되어 있었으므로 거기서 경전 번역작업이 이루어졌던 것이다. 예를 들면 중중(中宗)의 선룡 2년(706)에 보리유지(菩提流志, Bodhiruci)가 《대보적경》을 번역하였으며, 나중에 반야삼장이 40 《화엄경》을 번역한 것도 이 사찰에서였다. 아무튼 화엄부의 경전 번역과 이 사찰이 깊은 관계가 있었다는 것은 주목할 필요가 있다.

그러면 제운반야는 무슨 경전을 번역했을까? 화엄과 관계되는 것으로는 다음의 두 가지가 있다.

《대방광불화엄경부사의불경계분(大方廣佛華嚴經不思議佛境界分)》
　　　1권(혹은 2권), 13지(紙)
《대방광불화엄경수자분(大方廣佛華嚴經修慈分)》 2권, 9지(紙)

전자는 영창 원년(689)에 낙양의 위국동사에서, 후자는 천수 2년(691)에 같은 사찰(이때는 大周東寺라고 개칭)에서 번역되었다.(《大周錄》 권2)

《대방광불화엄경부사의불경계분》은 제운반야의 번역뿐만 아니라 실차난타의 번역도 있다. 우전 출신의 두 사람이 같은 화엄 관계 경전을 번역했다는 것은 우전에 이 경이 유포되어 있었다는 증거가 된다.

이 경은 60 《화엄경》이나 80 《화엄경》의 각 품에 꼭 그대로 적용되지는 않는다. 부처님이 여래부사의불경계(如來不思議佛境界)라고 하는 삼매에 들어, 상호(相好) 속에서 시방의 불국토와 과거의 수행의 여러 가지 모습을 나타낸 것을 설한 것으로서, 무리하게 말하면 60《화엄경》이나 80《화엄경》의 서품(序品)에 상당하는 것이다. 간단히 말하면《화엄경》의 축소판이라고 생각해도 좋을 듯하다.

《대방광불화엄경수자분》은 같은 화엄부에 속하는 소량의 경전으로서 자비심의 중요함을 설하고 자비를 실천하는 사람들의 덕을 칭송하였다.


## 막고굴의 노사나불상

돈황에 있는 막고굴(莫高窟)의 제428굴은 북주(北周)시대를 대표하는 최대의 동굴이다. 이 동굴의 남쪽 벽 중앙에 부처님 상이 새겨져 있는데, 거기에는 천계에서 지옥에 이르는 삼계육도(三界六道)의 모습이 그려져 있다. 위쪽의 어깨에는 여러 천(天)이, 중앙에는 수미산과 아수라가, 아래쪽에는 인간·축생·아귀·지옥 등이 옷 위에 새겨져 있는 것이다. 현재 이 상은 화엄교주인 노사나부처님이 아닐까라고 추정되고 있다.

위의 상과 유사한 상이 키질(Kixyl), 쿠차(Kucha) 등의 벽화에서도 발견된다고 한다. 또한 목 주위에서 감겨 내린 통견(通肩)은 우전에서 발견되는 상과 비슷하다.(石田尚豊,《華嚴經繪》, 至文堂)

우전 출신의 제운반야가 번역한《대방광불화엄경부사의불경계분》에는 부처님이 보리수 아래서 불가사의한 부처님의 경계라고 하는 삼매에 들어, 부처님의 32상(相) 80종호(種好) 가운데 보살로서 수행하고 있던 모든 행(行)이 나타나 있다고 한다. 그것은 "최초의 광조왕(光照王)의 인연에서 최후의 정광여래(定光如來)에 이르기까지 각각의 고행이다. 말하자면 우두머리 · 신분 · 처첩(妻妾) · 남녀 · 노비 · 동복(僮僕: 사내아이 종) · 작사(作使) · 대위(大位) · 궁전 등을 버리는 것을 나타낸다."고 하는 것이다.

부처님의 경우는 그 모습에 일찍이 부처님이 수행한 모든 것이 나타나 있지만, 비로자나불의 경우에는 상(像) 가운데 갖가지 천(天)에서 지옥까지의 삼계육도 모두가 묘사되어 있는 것이다.

서역지방의 비로자나불은 입상(立像)이었다. 장안의 상락방(常樂坊)에 있는 조경공사(趙景公寺)의 화엄원(華嚴院)에 있던 놋쇠로 된 노사나불도 높이 6척(180cm)의 입상이었다. 만일 운강석굴 제18굴의 본존의 입상이 노사나불이라고 한다면, 남북조시대부터 당나라 초기에 걸친 노사나불은 입상이었으므로, 그 후의 당나라시대의 불상이 좌상이었다는 것을 생각하면 상당히 흥미롭다.

노사나불의 비로자나(毘盧舍那, Vairocana)는 광명변조(光明遍照)라고 번역한다. 법장의 해석에 의하면 광명에는 지광(智光)과 신광(身光)이 있다. 지광에는 진리를 비추는 빛과 모든 중생을 비추는 빛의 의미가 있으며, 신광에는 끊어지지 않는 영원한 빛과 그 빛에 의해서 사람들을 눈 뜨게 하는 뜻이 있다. 더구나 지광과 신광은 서로 방해함이 없이 하나로서 법계에 충만할 뿐만 아니라 일체의 중생 앞에 그 모습을 빛으로써 나타내는 것이다.

화엄에서의 비로자나불은 단지 보신(報身: 수행의 과보로써 얻어진 부처님)

이 아니라 일체의 모든 것에 통하는 법신(法身)이다. 부처나 중생이나 국토나 할 것 없이 일체의 모든 것은 비로자나불의 화현(化現)이라고 본다. 이 비로자나불에 대해 설명한 것이《화엄경》의 〈노사나불품〉인 것이다.


## 연꽃의 꽃잎

〈노사나불품〉은 수많은 보살이나 세계의 모든 왕이 부처님의 경계, 부처님의 광명, 부처님의 음성, 세계해(世界海), 중생해(衆生海), 불해(佛海) 등이 도대체 무엇인가 하는 의문을 품고 부처님께 가르침을 청하는 장면에서 시작된다.

이에 세존은 입과 이빨 사이에서 무수한 광명을 발하였다. 그것은 청정하고 걸림이 없는 법계에 충만한 광명이었으며, 법계를 장엄하는 광명이었다. 입이나 이빨에서 무수한 광명을 발하는 모습은 참으로 찬란하였으며, 이 광명은 일체의 모든 국토를 비추었다.

이 광명을 본 보살들은 연화장(蓮華藏) 세계를 볼 수 있었다. 한 보살은 감격하여 다음과 같은 게송을 읊었다.

> 무량한 겁의 바다에 공덕을 닦고, 시방의 모든 부처님을 공양했으며, 무량한 중생의 바다를 교화하시고, 노사나부처님은 정각(正覺)을 이루셨네.

노사나불은 무한한 시간에 걸쳐 공덕을 닦고, 일체의 모든 부처님을 공양하였으며, 일체 중생을 구제함으로써 비로소 깨달음을 얻을 수 있었던 것이다. 그리고 다시 다음과 같은 게송을 읊었다.

　노사나부처님의 대지혜의 바다는 광명을 두루 비추어 한량이 없고,
　진실한 법을 여실히 관찰하여 일체의 모든 법문을 두루 비추네.

노사나불은 무한한 광명을 발하며, 진실한 도리를 잘 관찰하여 일체의 가르침을 설하는 것이다.

이 연화장장엄세계의 동쪽에는 정연화승광(淨蓮華勝光)장엄세계가 있고, 남쪽에는 중보월광(衆寶月光)장엄세계, 서쪽에는 보광락(寶光樂)세계, 북쪽에는 유리보광충만장(琉璃寶光充滿藏)세계가 있다. 또한 이 세계의 동남쪽에는 염부단파리색당(閻浮檀玻瓈色幢)세계, 서남쪽에는 보조(普照)장엄세계, 북서쪽에는 선광조(善光照)세계, 북동쪽에는 보조광명장(寶照光明藏)세계, 그 아래쪽에는 연화묘향승장(蓮華妙香勝藏)세계, 그 위쪽에는 잡보광해(雜寶光海)장엄세계가 있다. 이들 세계에는 불국토가 있으며, 거기에는 여러 가지 이름이 부처님과 보살, 권속들이 있다고 한다.

이들 세계와 불국토가 무수한 만큼 보살의 수도 무수하며, 그 보살들은 또한 각각 무수한 권속의 보살을 거느리고 결가부좌하고 있다. 가부좌한 보살들은 모공(毛孔)에서 광명의 구름을 발하고, 그 광명 가운데서 또한 무수한 보살이 나온다. 그것과 동시에 무수한 불국토가 나타나고, 그 불국토 가운데는 과거 · 현재 · 미래 삼세의 모든 부처님이 모습

을 보인다. 그 모든 부처님들은 여러 가지 가르침으로써 중생을 교화하고, 중생의 괴로움을 구제하고 있다.

그때 세존은 두 눈썹 사이의 백호상(白毫相)에서 광명을 발하여 일체의 불국토를 비추었다. 그 불국토에는 큰 연꽃이 피어 있었다. 그 연꽃의 줄기는 온갖 보배로 되어 있으며, 잎은 일체의 세계를 덮고, 그 연꽃의 둥치는 사금(砂金)으로 되어 있었다. 법장은 이 연꽃을 다음과 같이 해석하였다.

연꽃이란, 피어서 널리 펴고, 삼승(三乘)의 물을 방출하고, 더러움에 물들지 않고, 모든 성스러운 벌이 찾아 드는 곳이기 때문이다.

—《탐현기(探玄記)》권3

연꽃이 피면 주위에 하나 가득되기 때문에 '피어서 널리 편다'고 하였으며, 삼승의 물을 내보내면 그 물이 이윽고 일승(一乘)으로 되돌아온다는 의미에서 '삼승의 물을 방출한다'고 하였다. 또한 연꽃은 순백색의 꽃을 피워 더러움에 물들지 않는 미묘한 아름다움을 가지고 있으며, 벌이 꿀을 찾아서 무리를 짓고 있는 것처럼 연꽃은 고귀한 것이라고 하는 것이다.

## 세계의 여러 가지 모습

부처님의 눈썹 사이에서 일체제법승음(一切諸法勝音)이라는 대보살이 나와 게송으로써 부처님을 찬탄했다.

> 부처님의 몸은 모든 법계에 충만하시어 두루 일체 중생 앞에 나타나시며, 중생의 근기에 따라 어디에나 나아가지만 항상 이 보리수 아래 계신다.

이것은 노사나불이 법계에 두루해 있음을 나타내고 있다. 부처님의 몸은 법계에 충만해 있으면서 중생의 능력에 맞게 그 모습을 나타내 보인다. 더구나 보리수 아래 정각(正覺)의 자리를 떠나는 일이 없는 것이다. 다음으로 용감하고 두려움을 모르는 사자염광분신음(師子炎光奮迅音)보살은 "노사나부처님은 청정한 법륜(法輪)을 굴리실 때, 일체의 법의 방편으로 널리 부처님의 구름을 덮네."라고 하여 노사나부처님의 전법륜(轉法輪)을 설하였다. 노사나부처님의 설법은 중생뿐만 아니라 일체의 모든 것, 즉 산천초목에까지 미치는 것이다. 이 세계의 모든 것들에게 법륜을 굴릴 수 있는 것이 노사나부처님이기 때문이다.

법륜이란 부처님의 가르침을 말한다. 부처님의 가르침은 원만하여 모든 공덕을 갖추고, 중생의 미혹한 장애를 없애어 불과(佛果: 부처 자리)에 이르게 할 수 있기 때문에 법륜이라고 하는 것이다. 막고굴의 노사나불 입상의 배 부분에 육도(六道)의 세계가 그려져 있는 것도 노사나불의 가르침이 천상계에서 지옥에까지 울려 퍼지고 있기 때문이다.

그때 보현보살은 사자좌에 앉아 일체여래정장(一切如來淨藏)삼매에 들었다. 모든 부처님은 보현보살이 삼매에 든 것을 칭송하고 모든 것을 할 수 있는 지혜를 주었다. 시방의 부처님들은 보현보살의 이마를 쓰다듬었으며, 이것을 본 보살들은 게송으로써 보현보살을 칭송하였다. 그러자 보현보살은 모든 보살들에게 부처님의 청정한 지혜는 생각으로써 헤아릴 수가 없지만 자신은 부처님의 신통을 받았으므로 그것을 설명하고자 한다고 말했다.

보현보살이 삼매에서 깨어나자 세계는 여섯 가지로 진동하고, 중생들은 10가지의 보배 구름을 내렸다. 그러자 보현보살은 대중을 기쁘게 하기 위해 게송으로 대답하였다. 그 게송은 다음과 같이 시작한다.

모든 부처님의 깊은 지혜와 공덕의 바다는 한량없는 세계에 충만해 있어, 방편으로써 중생들이 볼 수 있는 능력에 따라 노사나부처님은 법륜을 굴리시네.

다시 보현보살은 10종류의 세계해(世界海)를 설한다. 10종류의 세계해란, ①설(說)세계해, ②기구인연(起具因緣)세계해, ③주(住)세계해, ④형(形)세계해, ⑤체(體)세계해, ⑥장엄세계해, ⑦청정세계해, ⑧여래출세(如來出世)세계해, ⑨겁(劫)세계해, ⑩괴방편(壞方便)세계해를 말한다. 이와 같은 10종류의 세계해는 '이미 이루어졌고, 지금 이루어지고, 장차 이루어질 것'이며, 무수한 인연에 따라 성립되는 것이다.

또한 보현보살은 여러 보살들에게 말했다.

불자들이여, 여러 세계해에는 갖가지 형상이 있으니, 혹은 모나기도
하고, 혹은 둥글기도 하며, 혹은 모나지도 않고 둥글지도 않으며, 혹
은 소용돌이치는 물 같기도 하고, 혹은 꽃 모양 같기도 하며, 혹은 온
갖 중생의 모양 같기도 하느니라.

세계에는 모난 것, 둥근 것, 모나지도 둥글지도 않은 것, 물같이 소
용돌이치는 것, 꽃 모양을 한 것, 중생 모양을 한 것 등 여러 가지 모양
이 있다고 한다.

다시 보현보살은 세계해의 체(體), 세계해의 장엄, 세계해의 청정, 세
계해의 여러 부처님, 세계해의 겁(劫) 등에 관해 설하였다. 세계해의 해
(海)에 대해《탐현기》권3은 "번거로울 정도로 많고 겹겹이 쌓여 깊고 넓
어서 그 끝을 알 수 없으므로 해(海)라고 한다."고 설명하고 있다. 세계해
란 바다와 같이 깊고 넓어서 한이 없는 세계를 말하는 것이다.


## 불국토는 화가가 만든 것

보현보살은 또한 일체의 대중들에게 다음과 같이 말했다.

모든 불자들이여, 이 연화장세계해는 노사나부처님이 전생에 보살

72

행을 닦을 때, 아승지의 세계에서 티끌 수같이 많은 겁 동안 장엄한 곳이다.

연화장세계는 노사나부처님이 보살로서 수행하고 있을 때, 오랜 세월에 걸쳐 장엄해온 세계인 것이다. 이 연화장세계는 무수한 풍륜(風輪)으로 받혀져 있으며, 철로 둘러싸인 산, 향수의 바다, 향수의 강, 보배 나무들이 있다. 이러한 것들은 물론 상상의 세계지만, 이 〈노사나불품〉이 만들어진 지역에 실제로 이와 같은 산이나 강, 바다가 있었는지도 모른다.

갖가지 꽃과 향과 깃발과 일산을 가진 모든 보살들이 법계에 가득 차 있어, 모든 언어의 바다로써 잘 연설하시니, 이것은 노사나불이 법륜을 굴리심이네.

위와 같이 많은 보살들이 꽃과 향과 깃발을 가지고 세계에 가득 차 있으며, 그 가운데서 노사나부처님은 여러 가지 언어로써 가르침을 설하고 있다. 참으로 찬란하고 화려한 세계가 전개되고 있는 것이다.

이 세계에 향수의 바다가 있다. 이 바다는 여러 가지 보석으로 장식되어 있으며, 그 해안은 마니(摩尼)의 보배 구슬로 되어 있고, 땅 위는 보배의 그물로 덮여 있다. 바닷속은 보배의 물로 가득 채워져 있고, 해안의 꽃들은 모두 피어 있으며, 전단의 향내가 물에 배어들어 부처님의 목소리가 끊임없이 들려온다. 그것은 소위 향수로 된 보배의 바다인 것이다.

노사나부처님은 과거에 수행하실 때, 불국토의 바다를 청정하게 하
신 일이 한량이 없고 끝이 없으니, 그곳에 일체의 자유자재함을 굴
리셨네.


이 향수의 바다를 청정하게 한 것은 노사나부처님의 과거의 수행이
다. 보살이었을 때의 수행이 향수의 바다를 청정하게 했다고 하는 것은
대단한 일이지만, 수행에 의해 세계가 청정해진다는 것은 더욱 중요하
다. 수행은 단지 자기 완성만이 아니라 세계의 완성이기도 한 것이다.

향수의 바닷속에는 향수의 강이 있다. 이 향수의 강은 부처님의 눈썹
사이 백호상(白豪相)에서 흘러나온 것이다. 향수의 강이 흐르고 있는 대지
는 금강의 보배로 장식되어 있고, 그 땅에는 사금(砂金)이 가득 널려 있다.

경전은 다시 무수한 향수의 강과 세계를 설한다. 갖가지 불국토는
과연 현실적으로 존재하는 객관 세계일까? 이것에 대해 경전은 다음과
같이 설한다.


마치 솜씨가 좋은 마술사가 여러 가지 작품을 만들어 내듯이, 중생들
의 업(業)으로써 불국토는 불가사의하게 되네.
화가가 채색화의 그림을 그려낸다는 것을 알듯이, 이와 마찬가지로
불국토는 마음의 화가가 그려낸다는 것을 아네.
중생의 마음이 각각 다르기 때문에 여러 가지 망상을 일으키듯이, 이
와 마찬가지로 불국토도 모두 환화(幻化)와 같네.

마술사가 여러 가지 작품을 만들어내고, 화가가 온갖 그림을 그려내 듯이, 불국토는 인간의 마음이 그려낸 것이라고 하는 것이다. 말하자면 인간의 마음이 만들어낸 것이 불국토이며, 그것은 여러 가지 모양을 하고 있다고 한다.

불국토는 한편으로는 노사나부처님이 청정하게 만든 것이지만, 다른 한편으로는 인간의 마음이 만들어낸 환상에 지나지 않는다. 찬란하고 청정한 불국토는 노사나부처님이 만든 것인데 반해, 여러 가지 국토는 중생의 망상이 만들어낸 것이다.


## 정진의 힘 - 보장엄동자

청정한 불국토는 부처님이 만든 것이고 오염된 국토는 중생이 만든 것이다. 더구나 국토가 성립하고 국토가 멸하는 것은 중생의 업에 의한 것이다. 이쯤에서《화엄경》의 문장은 찬란하고 호화로운 불국토에서 짙은 어둠 속의 국토로 내용을 바꾸어서 설한다.

> 혹은 국토가 일어났으니, 진흙땅으로 더럽고 빛이 없어 어두우며, 죄 지은 중생이 사는 곳이네.

이곳은 암흑의 국토이다. 어둠에서 어둠에로의 회명에 싸인 국토이고, 어두운 밤의 세계이며, 죄 지은 중생이 사는 세계이다.

혹은 진흙으로 된 국토가 있으니, 번뇌에 싸여 큰 두려움이 있고, 즐거움은 적고 고통만 많으며, 박복한 사람이 사는 곳이네.

이곳은 진흙투성이의 세계이다. 번뇌로 괴로워하고 고통에 시달리며 행복이 없는 세계이다. 이곳은 염라대왕이 있는 지옥이며, 배고픔과 갈증으로 고통받는 세계이다.

이어서 경전은 고통만의 세계가 아니라 고통과 즐거움이 공존하는 세계를 설명한다. 또한 광명이 비치고 보배와 향기로 가득 찬 극락세계가 있다고 설명한다. 보현보살이 서원한 세계야말로 이 청정한 국토이다. 이것을 불국토라고 하는 것이다.

국토에는 여러 가지 종류가 있다.

어떤 국토에는 부처님이 계시고 어떤 국토에는 부처님이 안계시며, 어떤 국토에는 한 분의 부처님이 계시고 어떤 국토에는 무량한 부처님이 계시네.

부처님이 계시는 국토, 부처님이 안 계시는 국토, 한 분의 부처님만 계시는 국토, 무수한 부처님이 계시는 국토 등 여러 가지 국토가 있다. 일찍이 불교국으로서 번영했던 우전국에는 무수한 부처님이 계셨던 것이다.

경전은 이어서 정광보안세계해(淨光普眼世界海)에 대해 설한다. 이 세계해는 극락정토와 같이 멋진 세계이다. 이 국토에는 숲이 있으며, 그 숲의 동쪽에는 염광성(炎光城)이라는 성이 있고, 남쪽에는 수화장엄성(樹華莊嚴城)이 있다. 이 외에도 용(龍), 야차(夜叉), 건달바(乾闥婆), 아수라(阿修羅), 가루라(迦樓羅), 긴나라(緊那羅), 마후라가(摩睺羅伽) 등 8부중(八部衆)이 있는 성도 있다.

위의 성 가운데 하나인 염광성에 애견선혜왕(愛見善慧王)이라고 하는 왕이 있었다. 이 왕은 백억의 성을 통솔하고, 3만 7천 명의 여인을 거느렸으며, 2만 5천 명의 자식이 있었다. 그 가운데 보장엄동자(普莊嚴童子)라고 하는 아들이 있었는데, 이 동자는 선근(善根)을 쌓았기 때문에 깊은 삼매에 들 수 있었다. 그리하여 부처님을 찬탄했으며, 그 소리는 온 나라에 울려 퍼졌다. 그것을 들은 애견선혜왕은 환희심을 일으켜 게송을 읊고, 성과 마을을 청정하게 청소하였으며, 보석으로 장식하고 처자 권속들과 함께 부처님을 예배하러 갔다.

그러자 부처님은 중생들을 교화하기 위해 경을 설하였다. 이 경을 다 들은 보장엄동자는 다시 삼매에 들어 일체의 모든 부처님의 과거의 공덕해(海)를 볼 수 있었다. 보장엄동자가 게송을 읊으면 일체 중생은 도심(道心)을 발했으며, 부처님은 이 동자를 위해 다시 가르침을 설했다. 그 가운데 다음과 같은 말이 있다.

게으른 자는 깊은 방편해(海)를 깨달을 수 없지만, 정진의 힘을 성취하면 능히 부처님의 세계를 청정히 하네.

정진의 힘에 의해서 비로소 부처님의 세계에 들어 갈 수 있다고 하는 것이다.

부처님의 가르침에 의해 보장엄동자는 일체법보문환희장(一切法普門歡喜藏)삼매에 들 수 있었다. 그것은 널리 일체의 사람들을 환희하게 하는 삼매였다. 보장엄동자는 수행자의 대표이다. 동자가 삼매에 든 것은 자리행(自利行)이고, 게송으로써 대중들에게 가르침을 설한 것은 이타행(利他行)이다. 즉 동자는 자리행과 이타행을 함께 실천한 것이다. 〈노사나불품〉의 마지막은 한 수행자의 수행이 완성되는 것을 설함으로써 그 막을 내린다.

# 제4화
# 한없는 광명

여래명호품(如來名號品) · 사제품(四帝品) · 여래광명각품(如來光明覺品)

문수사리보살이 설법하는 모습과
수미산 욕계 · 색계의 하늘과 해와 달을 묘사하고 있다.

## 목을 바꿔 끼우다 — 구나발타라

호북성(湖北省) 중부의 남쪽으로 치우친 곳에 있는 강릉(江陵)은 장강(長江)의 연안에 있는 도시로서, 옛날에는 형주(荆州)라고 불렸으며, 중국의 남북교통의 요지였다.

5세기 중엽 이 형주지방을 지배하고 있던 이는 남초왕(南譙王) 의선(義宣)이었다. 의선은 불교신자로서, 실론섬에서 멀리 중국으로 건너온 구나발타라(求那跋陀羅, Guṇabhadra)를 위해 신사(辛寺)에 승방을 증축하여 그를 묵게 한 뒤 번역 사업을 추진시켰다. 구나발타라는 여기서 《과거현재인과경》 등 많은 경전을 번역하였다. 이때 제자인 법용(法勇)이 번역을 도왔는데, 법용은 인도에 유학한 사람으로 범어에 능통했다.

어느 때 의선은 구나발타라에게 《화엄경》 강의를 부탁했다. 그러나 구나발타라는 아직 중국말에 익숙하지 못했으므로 어떻게 해야 좋을지 망설였다. 다른 나라말로 강의를 하려면 어지간히 그 나라말을 잘하지 않으면 안 된다. 번역할 때는 범어와 중국어에 능통한 법용이 있었기 때문에 쉽게 할 수 있었지만 혼자서 강의하는 것은 결코 쉬운 일이 아니었다.

더구나 《화엄경》에는 잊을 수 없는 추억이 있었다. 구나발타라는 중인도 사람으로서, 원래는 바라문 출신이었다. 어릴 때부터 천문·의학·주술 등을 배웠지만 간혹 불교경전을 볼 때마다 큰 감동을 받았다. 그러나 집에서는 출가하여 불교의 승려가 되는 것을 절대로 허락하지 않았다. 이에 할 수 없이 몰래 도망쳐 나와 승려가 되었다.

구나발타라는 처음에는 소승불교를 배웠지만 이윽고 대승불교의 스승을 찾아갔다. 대승불교의 스승은 그에게 경장(經藏)을 찾아보라고 일러 주었다. 구나발타라가 경전이 들어 있는 상자 속에서 《화엄경》을 찾아내었더니 스승은 그에게 "너는 대승불교와 깊은 인연이 있다."고 말해 주었다. 그 후부터 구나발타라는 《화엄경》을 독송하고, 또한 강의도 하였다. 물론 이것은 인도에서의 일이므로 인도말로 강의했을 것이다.

구나발타라는 이처럼 인연이 깊은 《화엄경》을 멀고 먼 중국의 변두리 땅에서 중국말로 강의해 달라는 요청을 받게 되었으므로 난감했을 것은 당연하다. 그는 아침·저녁으로 관세음보살에게 예배를 올리며 신통력을 내려줄 것을 기원했다. 관세음보살은 《화엄경》〈입법계품〉에 등장하는 보살이다. 〈입법계품〉에는 선재(善財)동자가 보타락가산(補怛洛迦山, Potalaka: 光明山) 서쪽 바위 계곡의 금강보석(金剛寶石)에 앉아 계시는 관세음보살에게 가르침을 청하는 이야기가 실려 있다. 구나발타라는 그 중에서 관세음보살이 "모든 중생이 만일 나를 생각(念)하고, 나의 이름을 부르고, 나의 몸을 본다면 일체의 모든 두려움을 면하게 되기를 서원합니다."라고 설하고 있는 것을 문득 생각해 내었다. 관세음보살을 생각하고 그 이름을 외우면 관세음보살은 중생들의 모든 두려움이나 걱정을 덜어 준다는 것에 생각이 미쳤던 것이다.

구나발타라는 열심히 기도를 계속했다. 어느 날 밤, 꿈에 한 사람이 나타났다. 그는 흰 옷을 입고 칼을 들었으며, 사람의 머리를 껴안고 있었다. 구나발타라 앞에 와서 "무엇을 걱정하고 있는가?"하고 물었다. 구나발타라는《화엄경》을 강의하지 않으면 안 되는 사정을 이야기했다. 그러자 흰 옷을 입은 사람은 전혀 걱정할 필요가 없다고 말하면서 칼을 빼어 구나발타라의 목을 베어 내고 껴안고 있던 새 목으로 바꾸어 주었다. 흰 옷의 사람은 새로 바꾸어 준 목을 돌리면서 아픈 곳이 없는지 물었다. 구나발타라는 전혀 아프지 않다고 대답했다. 그때 갑자기 잠이 깨었으며, 마음은 기쁨으로 넘쳐흘렀다. 다음 날 아침, 중국말을 잘할 수 있었으므로《화엄경》을 강의할 수 있었다고 한다.

이 꿈에 나타난 흰 옷의 사람이야말로 관세음보살의 화신이었다. 관세음보살이 목을 바꾸어 주었기 때문에 구나발타라는 중국말로 강의할 수 있게 되었다. 바로《화엄경》에서 설하는 관세음보살이 나타나준 것이다.

구나발타라가 중국의 광주(廣州)에 온 것은 원가(元嘉) 12년(435)이며, 이 꿈을 꾼 것은 원가 말년(451)쯤이라고 생각되므로 이미 중국에 온 지 15년이 지났기 때문에 이때쯤에는 중국말로써 강의할 수 있었는지도 모른다.

이 외에도 구나발타라가 물속에서 관세음보살의 이름을 부름으로써 살아날 수 있었다는 이야기가《고승전》의 구나발타라의 전기에 실려 있으므로 구나발타라와 관세음보살은 깊은 관계가 있다는 것을 알 수 있다. 더구나 관음신앙은 《관음경》에 의하는 것이 아니라 《화엄경》에 나오는 관세음보살에 의한 것이다.

《화엄경》이 처음 번역된 것은 420년이었지만, 그 후 20~30년이 지난 후부터 급속히 《화엄경》의 연구가 성행하게 되었다고 생각된다. 법업(法業)이 《화엄지귀(華嚴旨歸)》를 저술하였으며, 그 제자인 담빈(曇斌)도 《화엄경》을 연구하였다. 담빈은 출가한 후 강릉(江陵)의 신사(辛寺)에서 경전 연구에 몰두했다고 하므로 어쩌면 구나발타라와 만났거나 그 이름을 알고 있었는지도 모른다. 어쨌든 갑자기 성행하게 된 《화엄경》 연구에 큰 공헌을 한 사람은 구나발타라였다.


## 무량한 부처님의 이름 – 〈여래명호품〉

세계에는 사바세계를 위시하여 무수한 세계가 있으며, 그 무수한 세계에 계시는 부처님의 이름도 무수히 많다. 그것은 부처님이 갖가지 신업(身業: 몸으로 나타내는 모든 행위)·구업(口業: 말로 표현하는 모든 행위)·의업(意業: 생각으로 일으키는 모든 행위)으로써 중생에게 부처님의 가르침을 알리기 위해서이다. 〈여래명호품(如來名號品)〉은 여래의 신업이 온 천지에 가득하여 중생의 부름에 두루 그 모습을 나타내시는 것을 밝힌 것이다. 명호, 즉 이름은 신체에 따라 붙여지는 것이므로 이 품에서는 부처님의 갖가지 이름을 설하는 것이다. 구나발타라도 《화엄경》을 읽었을 때 부처님의 이름이 너무도 많은 것에 놀랐을 것이다.

"부처님은 마가다국의 적멸도량에서 처음으로 정각(正覺)을 얻으시고, 보광법당의 연화장 사자좌에 앉으셨다."라는 문장으로 시작되는 것이 〈여래명호품〉이다. 부처님이 보광법당에서 가르침을 설하므로 여기서부터 보광법당회(普光法堂會)가 시작한다. 보광법당회는 ① 〈여래명호품(如來名號品)〉, ② 〈사제품(四諦品)〉, ③ 〈여래광명각품(如來光明覺品)〉, ④ 〈보살명난품(菩薩明難品)〉, ⑤ 〈정행품(淨行品)〉, ⑥ 〈현수보살품(賢首菩薩品)〉으로 구성되어 있다. 화엄종의 대성자인 법장은 이 6품을 나누어서 앞의 3품을 믿음의 대상인 부처님의 신체(身: 〈명호품〉) · 말씀(語: 〈사제품〉) · 생각(意: 〈광명각품〉)이라 하고, 나중의 3품을 믿음 그 자체의 해석(解: 〈명난품〉) · 행동(行: 〈정행품〉) · 깨달음(証: 〈현수품〉)이라 하였다.

보광법당의 연화장 사자좌에 앉아 계시는 부처님의 주위에는 여러 세계에서 수많은 보살들이 모여들었다. 그 보살들의 이름은 문수보살을 위시하여 각수(覺首) · 재수(財首) · 보수(寶首) · 목수(目首) · 진수(進首) · 법수(法首) · 지수(智首) · 현수(賢首)라고 하였다. 이들 보살은 셀 수 없이 많은 보살들과 함께 각각 먼 나라에서 부처님이 계신 곳으로 와서 부처님의 발에 예배하고, 부처님께 공양을 올린 후 결가부좌하고 앉았다. 그것은 우주의 끝에서 찾아온 보살들이 대집단이었다.

이때 문수보살이 부처님의 위신력(威神力)을 받아 대중들을 바라보며 감탄하면서 "얼마나 멋진 일이냐! 지금까지 이와 같은 보살의 대집회가 열린 적이 한 번도 없었느니라."라고 말했다. 부처님은 중생들의 능력, 성질, 사고방식이 각각 다르므로 그들을 교화하기 위해 여러 가지 신체와 이름으로써 중생들을 구제한다고 한다.

그러므로 부처님의 이름도 여러 가지가 있다. 예를 들면 부처님의 이름에는 실달(悉達)·만월(滿月)·사자후(獅子吼)·석가모니(釋迦牟尼)·신선(神仙)·노사나(盧舍那)·구담(瞿曇)·대사문(大沙門)·최승(最勝)·능도(能度) 등이 있으며, 그 수는 이 세계에만 해도 만 개에 이른다. 그런데 이 사바세계에는 선호국(善護國)·난양국(難養國)·불혜국(佛慧國) 등 무수한 나라가 있고, 이들 세계의 동서남북에도 각각 무수한 세계가 있으며, 그 각각의 세계의 부처님 이름도 셀 수 없을 정도로 많다고 한다.

그러면 어째서 나라와 장소가 다르면 부처님의 이름도 다른 것일까? 〈여래명호품〉의 마지막은 다음과 같은 말로 끝을 맺고 있다.

이것은 모두 부처님이 보살로 계실 때 인연이 있는 이들을 구제하기 위해 온갖 방편과 구업(口業)의 음성과 행업(行業)의 과보와 법문의 권도(權道)와 여러 근(根)이 원하는 바로서, 모든 중생으로 하여금 부처님의 법을 알게 하기 위해서이다.

부처님이 아직 수행 중의 보살이었을 때 중생제도의 인연으로 여러 종류의 사람들을 구제하기 위해 갖가지 방편으로 사용하여 여러 가지 설법을 하고, 모습을 변화시켜 가면서 중생의 능력에 맞게 부처님의 가르침을 알리려고 했기 때문에 부처님의 이름에도 갖가지 명칭이 있다는 것이다.

# 무량한 진실 - 〈사제품〉

〈명호품〉에서는 부처님의 이름이 무수히 많다는 것을 설명했지만, 다음의 〈사제품(四諦品)〉에서는 사제(四諦)의 이름이 세계마다 각각 다르다는 것을 밝힌다. 말하자면 앞 품(章)에서는 가르침을 설하는 사람의 이름이 다르다는 것을 설한 반면에 이 품에서는 설하는 진리가 다르다는 것을 밝히는 것이다.

부처님이 깨달음을 얻어 최초로 설한 가르침이 사제(四諦)와 팔정도(八正道)이다. '사제'란 4가지의 성스러운 진리라는 의미로서, '사성제(四聖諦)'라고도 하며, ①고제(苦諦), ②집제(集諦), ③멸제(滅諦), ④도제(道諦)를 말한다. 여기서 '제(諦)'란 진리 혹은 진실이라는 뜻이다.

고제란 인생은 고통이라고 하는 진리, 집제란 고통의 원인은 무명(無明)에 있다고 하는 진리, 멸제란 번뇌를 소멸시킨 이상(理想)의 경지를 나타내는 진리, 도제란 멸제라고 하는 이상의 경지에 도달하기 위해서는 어떤 방법으로 수행해야 하는가를 밝힌 것이다. 다시 말하면, 고제는 고통으로 가득 찬 현실의 인생이고, 집제는 어리석은 모습의 근거를 나타내는 것이기 때문에 고제와 집제는 범부의 유전(流轉)의 모습, 소위 어리석은 실상(實相)을 설명한 것이다. 이것에 반해 이상의 경지, 즉 깨달음의 세계에 이르는 수단과 방법을 설한 것이 멸제와 도제로서, 이것은 깨달음의 모습을 설명한 것이다.

이 사제에 수많은 이름이 있다는 것을 설한 것이 〈사제품〉이며, 그 설법자는 문수보살이다.

먼저 이 사바세계에서는 고제(苦諦)를 가리켜 해(害) · 변이(變異) · 경계(境界) · 취(聚) · 자(刺) · 의근(依根) · 불실(不實) · 옹(癰) · 동몽행(童蒙行)이라고 한다. 이 가운데서 먼저 '변이'라고 하는 것은 자신이 애착을 가지거나 집착하고 있는 것이 변화되고 파멸되어 가는 것을 말하며, '취'란 생 · 노 · 병 · 사 등의 사고(四苦) · 팔고(八苦)가 모여 있기 때문에 '취'라고 부르는 것이다. 다음의 '의근'이란 고통으로 인해 모든 악이 생기는 것을 말하는 것으로서, '근'이란 고통이란 의미이다. 이것을 혹은 6근(六根) 등의 감각기관에 의해서 고통이 생긴다고 이해해도 좋을 것이다. '옹'이란 악성 종양을 말하는 것으로서, 인간은 이것이 생기면 괴로워하므로 고제를 나타내게 된다. 마지막으로 '동몽행'이란 어린아이처럼 무지한 행동을 말하는 것으로서, 이것도 고통을 가져오는 것이다.

사바세계의 사바(娑婆)란 산스크리트어 '사하(Sahā)'의 음을 따서 읽은 것으로서, '참고 견딘다'는 뜻인데, 번역말로는 인토(忍土) · 감인토(堪忍土) 등으로 표기한다. 이것은 현실세계를 말하는 것으로서, 이 세계에 살고 있는 우리들은 온갖 고통을 참고 견디지 않으면 안 되므로 사바라고 부르는 것이다. 고제를 나타내는 10가지 말은 인토의 괴로움을 잘 나타내고 있다. 앞에서 설명한 구나발타라도 인도에서 멀리 떨어진 광주(廣州)로 와 거기서 다시 건강(健康)이나 형주(荊州)로 유랑을 계속했으므로 이 세상은 참고 견뎌야만 할 땅(堪忍土)이라는 것을 몸으로 체험했음이 틀림없다.

집제(集諦)는 화(火) · 능괴(能壞) · 수의(受義) · 각(覺) · 방편(方便) · 결정(決定) · 망(網) · 염(念) · 순중생(順衆生) · 전도근(顚到根)이라 부른다. 어느

것이나 고통의 원인을 나타내는 말이다.

다음 멸제(滅諦)는 무장애(無障碍) · 이구정(離垢淨) · 적정(寂靜) · 무상(無相) · 불사(不死) · 무소유(無所有) · 인연단(因緣斷) · 멸(滅) · 진실(眞實) · 자연주(自然住)라 부른다. 모든 깨달음의 경지와 번뇌의 소멸을 나타내는 말이 열거되어 있다.

도제(道諦)의 다른 이름은 일승(一乘) · 취적정(趣寂靜) · 인도(引導) · 구극희망(究極希望) · 상불리(商不離) · 능사담(能捨担) · 지비취(至非趣) · 성인수행(聖人隨行) · 선인행(仙人行) · 십장(十藏) 등이다. 이들 10가지 이름은 깨달음에 이르는 방법을 나타낸 것이다. 이 가운데 '능사담'이란 짊어진(担) 짐을 버린다는 의미이다. 사바세계에 사는 우리들은 언제 내릴지 모르는 짐을 지고 죽을 때까지 살아가지 않으면 안 되는 것이다. 유명한 도꾸가와 이에야스(德川家康)의 〈유훈(遺訓)〉에도 "인간의 일생은 무거운 짐을 지고 먼 길을 가는 것과 같다. 서둘러서는 안 된다."라는 말이 있다. 짊어지고 있는 것을 버리는 것, 즉 '능사담'이라고 하는 것도 도제(道諦)를 나타내는 말이다. 마지막의 '십장'이라고 하는 것은 《화엄경》의 〈보살십무진장품(菩薩十無盡藏品)〉에서 설하는 10종류의 장(藏)을 말하는데, 이것에 대해서는 다음에 설하기로 한다.

이 사바세계에는 사제의 이름이 40억 백천 나유타(那由他: 인도의 수량단위. 천만 혹은 천억)가 있다고 하므로 무수히 많다는 것을 알 수 있다. 부처님의 이름도 무수히 많고, 진리도 무수히 많다고 보는 《화엄경》의 가르침은 너무나 웅혼하고 광대하다. 그러면 《화엄경》은 무엇 때문에 이와 같이 무수한 진리를 설하는 것일까? 그것은 인생에는 무수한 진실이 있음을 말해 주기 위해서이다. 괴로운 것도 진실, 마음이 평안한 것도 진실, 행복을 찾으려고 노력하는 것도 진실, 살아가는 것도 진실, 모두가 진실 아닌 것이 없기 때문이다.

이와 같이 무수한 진실이 있다는 것을 알게 되면 괴로울 때는 괴로움도 또한 진실로 받아들일 수가 있게 되므로 결과적으로 몸과 마음과 말을 조화시켜 악한 행동을 막아주게 될 것이다.

〈사제품〉에서 설하는 온갖 진실한 말들은 인생행로 그 자체를 나타내고 있다. 이 무수하게 설한 진실한 말이 있기 때문에 마음이 안락하고 풍부하게 될 수 있으며, 이 사바세계에서 괴로움에 견딜 수도 있게 되는 것이다.

사바세계에 많은 사제의 명칭이 있는 것처럼 동방에 있는 밀훈(密訓) 세계, 남방의 최용(最勇)세계, 서방의 이고(離苦)세계, 북방의 진실경(眞實境) 세계 등 무수한 세계에도 무량한 사제의 명칭이 있다.


### 광명이 무량함 – 〈여래광명각품〉

부처님의 명호와 사제의 명칭이 무량하다는 것을 설한 경전은 이어 부처님의 광명이 무량함을 설한다. 그것이 〈여래광명각품(如來光明覺品)〉이다.

그때 부처님은 두 발바닥의 바퀴무늬에서 무량한 광명을 발하여 삼천대천세계의 모든 것들을 나타내 보였다. 부처님은 사자좌에 앉아 계셨으며 무수한 보살들에게 둘러싸여 있었다. 부처님의 위신력으로 시방 세계에는 각각 한 사람의 큰 보살이 있었으며, 그 보살들은 각각 무수한 권속, 보살들과 함께 부처님께 나아갔다. 그들은 이른바 문수사리(文殊師利)·각수(覺首)보살·재수(財首)보살·보수(寶首)보살·덕수(德首)보살·목수(目首)보살·정진수(精進首)보살·법수(法首)보살·지수(智首)보살·현수(賢首)보살 등이었으며, 그들이 떠나온 세계는 금색·보색(寶色) 등 여러 가지 세계였다.

그때 문수보살이 부처님의 덕을 찬탄하여 게송을 읊었다. 문수보살의 게송이 끝나자 부처님의 광명은 다시 시방의 국토를 두루 비추어 그 가운데 있는 모든 것들을 나타내 보였다. 그러자 문수보살은 다시 게송으로써 부처님의 덕을 찬탄했다. 이것을 몇 번이고 몇 번이고 되풀이 하면서 부처님의 광명은 무한한 세계를 끝없이 비추었다. 그 게송 가운데 "애욕과 온갖 번뇌 모두 떠나서, 언제나 계속하는 윤회를 끊고, 바른 깨달음으로 모든 법을 알아, 한량없는 중생들을 모두 건지네."라고 하는 것이 있다. 부처님은 애착과 번뇌를 끊어 버리고, 생사에 윤회함이 없이 진실을 깨달아 한량없는 중생을 구제한다고 한다. 또한 "부처님은 상호(相好)로써 된 것이 아니라 아무런 형상도 없는 적멸(寂滅)한 법으로서, 모든 묘한 경계를 두루 갖추어 교화할 상대에 따라 나타나시네."라는 게송도 있다. 얼굴이나 형상으로써 부처님이라 하는 것이 아니라 진짜 부처님은 적멸한 법이다. 더구나 형상이 없는 부처님이기 때문에 모든 것을 갖출 수가 있으며, 중생의 모든 소원하는 바에 응하여 어떠한 모습으로든 그 몸을 나타낼 수 있는 것이다.

부처님은 무엇 때문에 중생의 부름에 응하여 그 모습을 나타내지 않으면 안 되는 것일까? 그것은 중생이 고통의 바다에 빠져 있기 때문이다.

저 괴로워하는 중생들이 외롭고 슬퍼하며 보호받지 못하고, 언제나 온갖 악의 구렁텅이에 빠져 있어 삼독(三毒)이 불꽃처럼 맹렬히 타며, 구원할 이도 없는 무간(無間) 속에서 밤낮으로 언제나 불에 탈 때 맹세코 그들의 고통을 들어 주나니, 이것이 곧 부처님의 경계네.

사바세계에서 고통 받는 중생들은 전혀 의지할 곳도 없이 홀로 외롭게 살아가지 않으면 안 된다. 더구나 구원해 주거나 보호해 줄 사람은 아무도 없다. 오직 혼자서 지옥이나 아귀의 세계에 떨어져 괴로워하지 않으면 안 된다. 또한 탐내고, 성내고, 어리석다고 하는 삼독(三毒)이 마음속에 불타오르고 있으며, 구제받지 못하고 밤낮으로 불에 타는 고통을 받고 있다. 이 중생의 고통을 보고 구제하려고 하는 것이 부처님의 경계인 것이다.

지혜로운 부처님은 이 고통을 보고, 그들을 위해 법의 다리를 마련하고 대비(大悲)로써 법을 설하시니, 이것이 곧 부처님의 경계네.

이와 같이 부처님은 중생의 고통을 보고 법의 다리, 즉 피안에 이르는 가르침의 다리를 설치하여 대비심으로써 가르침을 설하는 것이다.

그러면 우리들은 어떠한 방법으로 깨달음의 세계로 향하는 것이 좋을까?

> 처음으로 부처님께 공양한 이후 인욕하는 법을 즐겨 행하고, 깊은 선정에 들어 진실한 법의 이치를 관찰하였네. 모든 일체의 중생들로 하여금 환희심을 가지고 부처님께로 향하게 하나니, 보살들은 이런 법을 잘 행함으로써 위없는 도(無上道)를 이루네.

이 게송과 같이 실천하면 최고의 깨달음에 이를 수가 있다. 먼저 부처님을 공양하지 않으면 안 된다. 《화엄경》을 강의한 구나발타라는 "항상 향로를 가지고 다녔으며, 아직 한번도 그만둔 적이 없었다."《고승전》권3)고 하는 것처럼, 언제나 향로를 가지고 다니면서 부처님을 공양하였다.

다음은 "인욕하는 법을 즐겨 행한다."고 하는데, 구나발타라도 인욕행을 닦았던 것이다. 실론섬에서 중국의 광주(廣州)로 항해하는 도중에 해풍은 멎고, 배에 실었던 물은 동이나 어떻게 해야 할 지를 몰랐다. 선원도 선객도 그대로 해상에서 죽기를 기다릴 수밖에 없었다. 그때 구나발타라는 모두에게 "마음을 하나로 모아 온 힘을 다하여 시방의 부처님의 이름을 생각하고, 관세음보살을 불러야 한다."고 격려했다. 관세음보살의 이름을 부르자 갑자기 바람이 불기 시작하고 짙은 구름이 피어올라 비가 내렸다. 참으로 구사일생으로 살아나게 된 것이다. 구나발타라는 중국에 도착한 이후로도 어려움은 이루 말할 수 없이 계속되었다. 그러나 인욕행에 철저했기 때문에 번역사업도 완수할 수 있었던 것이다.

다시 깊은 선정에 들어 진실한 법의 이치를 관찰하는 것은 당연한 것이었다. 때때로 구나발타라가 신통력을 발휘할 수 있었던 것도 선정으로 단련되어 있었기 때문이다. 깊은 선정은 기(氣)를 통일하고, 기(氣)를 밖으로 내보낼 수 있게 된다. 그가 보여준 초능력은 바로 그 결과였던 것이다.

문수보살이 여래의 무량한 광명을 찬탄하는 것으로 이 〈여래광명각품〉은 끝난다. 〈여래명호품〉, 〈사제품〉, 〈여래광명각품〉에 의해 부처님의 명호, 부처님이 설한 진실, 부처님의 광명이 무변·무량하다는 것을 알았다. 바꾸어 말하면 부처님의 신업(身業)·구업(口業)·의업(意業)이 참으로 무량하다는 것을 안 것이다. 부처님도 무량하고 진실도 무량하고 광명도 무량한 법계(法界)야말로《화엄경》에서 설하는 세계이다.

# 제5화
# 무애한 경계

보살명난품(菩薩明難品)

勝功德海佛

稱普開蓮華眠幢佛

비로자나 부처님의 전신인 네 분의 부처님들은
화신불로 공덕을 표현했다.

## 무애한 가면 - 신라의 원효

경상북도 경주시 구황동에는 국보인 분황사 석탑이 있다. 분황사는 신라 선덕여왕 3년(634)에 창건된 유명한 사찰이다. 석탑은 현재 남아 있는 신라의 석탑 가운데 가장 오래된 것으로서, 원래는 7층탑이었지만 지금은 3층뿐이다. 제1층의 4면에는 화강암으로 감실을 만들고 그 좌우에는 각각 키가 작은 인왕상 1구를 조각한 화강암이 끼워져 있다. 인왕상은 호법신(護法神)으로서 조각되어 있는 것이다.

분황사는 황룡사와 마찬가지로 훌륭한 대사찰이다. 일찍이 이 분황사에 머물면서 《화엄경》의 주석을 쓴 이가 원효(618~686)다. 신라가 낳은 위대한 불교인 원효는 《화엄경》에서 설하는 무애자재한 사상을 대단히 좋아했으며, 출가해서 계율을 지키는 생활이나 속복(俗服)을 입고 재가의 생활을 하는 것이나 모두 자유로웠다. 그는 요석궁에 살고 있던 공주와 정을 통해 설총(薛聰)을 낳은 후로는 스스로 자신을 거사(居士)라고 불렀다.

원효는 어느 날 우연히 광대들이 가지고 춤추는 기이하게 생긴 큰 박을 보자 그 모양대로 도구를 만들어 그것을 '무애(無碍)'라고 이름지었다. 그는 이 '무애'를 가지고 전국 방방곡곡을 돌아다니며 춤추고 노래 하면서 사람들을 교화하였는데, 이에 가난하고 무지몽매한 사람들이 나 어린아이들까지도 모두 그의 교화에 감화되어 부처님의 이름을 알 게 되었다고 한다.

여기서 '무애'라고 하는 말은《화엄경》에 나오는 말이다. 즉《화엄 경》〈보살명난품(菩薩明難品)〉에 나오는 현수보살의 말로써 "문수여, 법이 란 항상 그러하여 법왕(法王)은 오직 한 법뿐이네. 모든 것에 걸림이 없 는 사람은 오직 하나의 길(道)로 생사를 벗어나네."라고 하는 것이 바로 그것이다. 무애한 사람은 하나의 법(一法; 一道)에 의해 생사를 벗어나 자 재무애(自在無碍)하게 사는 것이다. 생사는 속박이다. 그러나 무애한 사람 은 일체의 모든 구속에 속박되는 일이 없다. 무애하게 살아가는 것이 깨 달음인 것이다. 그러므로 원효는 박으로 만든 도구를 '무애'라고 부르 며, 그 도구를 가지고 다니면서 속박이나 장애를 떠나 염불춤에 열중했 던 것이다. 원효야말로 〈보살명난품〉에서 설하는 무애인이었던 것이다.


## 해골 속의 물 - 유심의 도리

문수보살이 찬탄한 부처님의 광명은 드디어 중생의 청정한 믿음을 불러 일으키게 된다. 그런데 이 청정한 믿음을 일으키게 하기 위해서는 믿음(信)이 어떠한 것인가를 밝히지 않으면 안 된다. 이것을 설한 것이 〈보살명난품〉이다. 〈명난품〉과 〈정행품(淨行品)〉, 〈현수품(賢首品)〉은 모두

다 믿음에 대해 설명한 것인데, 〈명난품〉에서는 믿음의 내용에 대해 이해(解)하고, 〈정행품〉에서는 믿음을 실천(行)하고, 〈현수품〉에서는 믿음에 대한 덕(德)을 밝히고 있다고 한다.《탐현기》권4)

〈명난품(明難品)〉이란 이름에서 '난(難)'이란《화엄경》에서 설하는 10가지의 깊고 깊은 도리를 말하고, '명(明)'이란 밝힌다는 뜻이므로, 10가지의 깊고 깊은 도리를 밝히는 것이 〈명난품〉인 것이다. 10가지의 깊고 깊은 도리란 다음과 같다.

① 연기(緣起)의 깊고 깊음: 각수(覺首)보살이 설함.
② 교화(敎化)의 깊고 깊음: 재수(財首)보살이 설함.
③ 업과(業果)의 깊고 깊음: 보수(寶首)보살이 설함.
④ 설법(說法)의 깊고 깊음: 덕수(德首)보살이 설함.
⑤ 복전(福田)의 깊고 깊음: 목수(目首)보살이 설함.
⑥ 정교(正敎)의 깊고 깊음: 진수(進首)보살이 설함.
⑦ 정행(正行)의 깊고 깊음: 법수(法首)보살이 설함.
⑧ 조도(助道)의 깊고 깊음: 지수(智首)보살이 설함.
⑨ 일승(一乘)의 깊고 깊음: 현수(賢首)보살이 설함.
⑩ 불경계(佛境界)의 깊고 깊음: 문수(文殊)보살이 설함.

이 10가지의 깊고 깊은 도리를 밝히는 것이 〈명난품〉의 과제인 것이다.

먼저 첫 번째로 연기의 도리가 깊고 깊음을 설한다. "마음의 성품(心

性)은 하나인데 어째서 여러 가지 과보가 생기는가?" 하는 의문에 대해 각수보살은 모든 법의 실제 그대로의 성품을 설했다.

예를 들면 저 강의 빠른 물의 흐름은 끊임없이 흐르고 흘러서 쉬는 일이 없지만, 그들은 각기 서로 모르는 것처럼 저 갖가지 모든 법도 다 그와 같네.

빠른 물의 흐름은 흘러 흘러서 쉬는 일이 없지만 앞의 흐름과 뒤의 흐름은 서로 모르는 것이다. 물은 한순간도 정체함이 없이 흐르고 있지만, 한 순간 한 순간 생멸을 반복하고 있는 것에 지나지 않는다. 물의 흐름이란 화엄학적으로 해석하면 '상유(相由)'하기 때문에 흐른다고 한다. 뒤의 물이 밀기 때문에 앞의 물이 흐를 수가 있거나, 혹은 앞의 물이 끌기 때문에 뒤의 물이 흐를 수가 있는 것이다. 이와 같이 앞의 물과 뒤의 물이 서로(相) 의지하기(由) 때문에 상유(相由)라고 하는 것이다. 또한 물은 바람에 의해 흘러갈 수 있고, 바람에 의해 파도를 일으킬 수 있으며, 지면의 높은 곳에서 낮은 곳으로 흐르는 것이다. 이 물의 흐름은 마치 마음의 작용이나 변화와 꼭 마찬가지로 흐르고 흘러가는 것이다.

두 번째로 교화(敎化)의 깊고 깊음을 설하는 곳에서는, 부처님은 어떠한 방법으로 중생을 교화해가는가 하는 문수보살의 물음에 대하여 재수보살이 답하고 있다.

온갖 세간의 모든 법들은 오직 마음(心)을 주인으로 삼나니, 즐거움에 따라 그 형상에 집착하면 모두 다 뒤바뀐 행동이네.

일체의 모든 것은 자신의 마음의 변화가 만들어낸 결과이므로 마음을 그 근본으로 삼는다. 그러나 범부는 유심(唯心)의 도리를 이해할 수 없으므로 욕심으로 가득 찬 생각을 일으켜 사물의 외형에 집착하지만, 그것은 모두 뒤바뀐 것으로서 실제로는 모든 것이 공(空)이며 소유할 것이 없는 것이다.

"온갖 세간의 모든 법들은 오직 마음을 주인으로 삼는다."라고 하는 〈보살명난품〉의 말을 신라의 원효는 잘 알고 있었음이 틀림없다. 그는 의상(義湘)과 함께 당나라로 유학의 길을 떠났지만, 도중에서 그 뜻을 바꾸어 당나라로 들어가는 것을 포기했다. 이때의 사정은 다음과 같은 설화로 전해지고 있다.

두 사람은 당나라로 유학의 길을 떠났다. 어느 날 무덤 사이에서 야숙을 하였을 때 목이 말라 물을 마셨다. 다음 날 아침 그것이 해골 속에 든 물이었다는 것을 알게 되자 갑자기 토할 것 같은 기분이 들었다. 이에 원효는 어젯밤에 아무런 생각도 없이 먹었던 물도 일단 해골 속의 물이라는 것을 알게 되면 더 이상 먹을 수 없게 되는 것은, 모두 마음의 작용으로 일어나는 것이라고 하는 것을 깨달았다고 한다.

원효는 이때 〈보살명난품〉의 "온갖 세간의 모든 법들은 오직 마음을 주인으로 삼는다"라고 하는 문구를 떠올렸음이 틀림없을 것이다. 모든 것은 오직 마음의 작용에 의해 일어난다(唯心所造)는 것을 깨달은 원효는 국내에 머물면서 유심의 입장에서 여러 경전을 연구하여 마침내 중국의 불교학자들을 능가하는 위대한 불교학자, 독창적인 사상가가 되었다.


## 무량한 법문

세 번째로 업과(業果)의 깊고 깊음을 설하는 곳에서는, 보수보살의 대답 가운데 다음과 같은 말이 있다.

> 저 대지옥 속에서 중생들은 온갖 고통을 받지만, 그 고통은 오는 곳이 없는 것처럼 업(業)의 성품도 또한 그러하네.

자신의 죄의 과보로써 얻어지는 가장 무서운 세계가 지옥이다. 지옥에는 8종류의 대지옥, 8종류의 추운 지옥, 고독한 지옥 등이 있다. 그곳은 염라대왕이 지배하는 곳으로서, 그곳의 벼슬아치나 옥졸들은 지옥에 떨어지는 사람들에게 고문을 가하여 갖가지 고통을 준다. 《지옥초지(地獄草紙)》 등의 그림책을 보면 이러한 상황이 생동감있게 묘사되어 있다.

대지옥에 떨어진 중생은 고통을 받지만 그 고통은 외부에서 오는 것이 아니라 자기 자신의 내부에서 만든 것이다. 다시 말하면 자기 자신의 지은 죄의 댓가로써 생긴 것이다. 이와 마찬가지로 업(業)도 그 자체의 자성(自性)은 없지만 반드시 과보(果報)는 존재한다. 과보는 스스로 불러들인 것에 지나지 않는다.

102

네 번째로 설법의 깊고 깊음을 설하는 곳에서는, "부처님은 오직 한 가지 법을 깨달으셨는데 어떻게 한량없는 음성으로 무량한 법을 말씀하시어, 무수한 중생을 교화할 수 있는가?"하는 문수보살의 질문에 덕수보살이 게송으로써 답하고 있다.

> 마치 대지(大地)는 하나지만 갖가지 다른 종류의 싹을 트게 함으로써 땅의 성품에 같고 다름이 없는 것처럼, 모든 부처님의 법도 또한 그러하네.

대지는 하나지만 그 대지에서 갖가지 다른 식물들의 싹이 튼다. 식물의 싹은 다양하지만 그 싹을 성장시키는 대지는 하나이며, 토지의 성질도 다른 것이 아니다. 모든 부처님의 가르침도 이와 마찬가지여서 가르침은 하나지만 그것을 설하는 설법은 무량하다. 가르침은 본체(體)고 설법은 작용(用)이므로, 본체는 하나라도 그 작용은 무량한 것이다.

그 본체인 교법(敎法)을 확실히 체득하고 이해하지 못하면 무량한 설법을 할 수가 없다. 가르침을 듣는 중생의 능력은 각각 다르다. 능력이 뛰어난 사람이 있는가 하면 뒤떨어지는 사람도 있다. 그러므로 갖가지 가르침을 상대의 능력에 맞게 설하지 않으면 안 되는 것이다.

《무량의경(無量義經)》에는 "모든 중생의 성질과 욕망이 다름을 알았다. 성질과 욕망이 다르므로 갖가지 법을 설하셨다. 갖가지 법을 설하는 데는 방편력으로써 하셨다."라고 나와 있다. 중생의 성질이나 욕망은 모두 다르다. 각각 능력이 다른 중생에게 가르침을 설하는 것이기 때문에 갖가지 대기설법(對機說法)이 생겨나는 것이다. 설법은 곧 방편력인 것이다.

원효는 염불춤을 추면서 가르침을 전파하는 동시에 많은 어려운 불교서적을 저술하였다. 능력이 있는 사람에게는 《이장의(二障義)》나 《금강삼매경론》 등과 같이 어려운 사상을 설하는 한편, 능력이 뒤떨어지는 사람들에게는 부처님의 이름을 부르도록 권했다. 참으로 무량한 설법으로 살았던 것이다.


## 미워함과 친함이 없는 평등한 대비

다섯 번째로 복전(福田)의 깊고 깊음을 설하는 곳에서는, "부처님의 복전은 평등하여 차별이 없는데 어째서 보시의 과보가 다른가?"하는 문수보살의 물음에 대해 목수보살이 답하고 있다. 목수보살은 법을 보는 것이 대단히 명백하기 때문에 목수(目首)라고 이름 붙였다. 여기서 복전이란 행복을 낳는 밭이란 뜻으로서, 보시나 공양 등의 씨앗을 뿌리면 반드시 행복한 결실을 맺는다는 것을 밭에 비유한 것이다.

비유하면 깨끗한 저 보름달이 네 천하를 두루 다 비추는 것처럼, 모든 부처님의 거룩한 복전도 평등하여 조금도 치우침이 없네.

보름달이 교교히 모든 세계를 비추듯이 부처님의 복전도 일체의 중생에게 차별없이 평등하여 치우침이 없다고 하는 것이다. "부처님은 모든 것에 평등하여 미워함(怨)과 친함(親)이 없다"고 한다. 이것은 자기를 사랑해 주는 사람에게 집착해서도 안 되며, 자기를 해롭게 하는 사람을 미워해서도 안 된다고 하는 것으로서, 소위 미워함도 친함도 없는 평등한 부처님의 대자비를 말하는 것이다.

여섯 번째로 정교(正敎)의 깊고 깊음을 설하는 곳에서는, 진수보살이 부처님의 가르침에 의해 중생의 번뇌를 끊을 수 있다고 설한다.

> 만일 한량없는 허물을 끊어 없애려고 한다면, 언제나 끊임없이 용맹하게 정진해 나가야만 하네.

번뇌를 끊으려면 용맹하게 정진해야 하며, 더구나 때때로 정진하는 것이 아니라 언제나 끊임없이 정진하라고 하는 것이다.

> 비유하면 나무를 비벼서 불을 일으킬 때 불이 일기도 전에 자주 쉰다면 불기운도 그에 따라서 없어지는 것처럼, 게으른 사람도 또한 그러하네.

옛날에는 나무를 비벼서 불을 일으켰는데, 아직 불이 일어나기도 전에 자주 쉰다면 불이 일어날 기세가 꺾이어 불은 결코 일어날 수 없다는 것을 말하는 것이다. 게으른 자는 불을 일으킬 수 없다. 《장아함경》에 "지금 노력하지 않으면 나중에 후회해도 소용없다."(권10,《三聚經》)라는 말이 있는 것처럼, 지금 정진하지 않고 게으름만 부린다면 나중에 후회해도 소용이 없는 것이다. 번뇌를 끊기 위해서는 끊임없이 정진하는 것이 가장 중요하다. 번뇌를 끊는 것뿐만 아니라 무엇을 하더라도 정진하는 힘이 없으면 달성할 수 없다. 또《장아함경》에는 "만일 추위와 더위를 가리지 않고 아침 저녁으로 열심히 노력하면 사업은 성취되며, 마침내 우환도 없어진다."(권11,《善聚經》)라는 말도 있다. 춥고 더움에 상관없이 아침저녁으로 열심히 노력하면 어떠한 사업이라도 달성할 수 있으며, 최후에는 어떠한 괴로움이나 고통도 없어진다고 한다. 정진하는 것이 얼마나 중요한가를 말해 주는 것이다.


## 실천의 중요함

일곱 번째로 정행(正行)의 깊고 깊음을 설하는 곳에서는, 법수보살이 정법(正法)을 듣기만 할 뿐 실행하지 않으면 번뇌를 끊을 수 없다고 설하고 있다. 즉 많이 듣는 것만으로는 부처님의 가르침에 들어갈 수 없다는 것이다.

비유하면 물에 표류하는 사람이 빠질 것을 두려워하여 마침내 목이 말라 죽는 것처럼, 많이 듣기만 하고 말대로 실행하지 않는 것도 또한 그러하네.

물에 표류하는 사람이 빠질 것을 두려워하여 물을 먹지 않고 목말라 죽는 것처럼, 가르침대로 실행하지 않으면 결코 구제받지 못한다. 다만 가르침을 듣는 것만으로는 소용이 없으며 오직 가르침 그대로 수행하는 것이 중요한 것이다. 또한 다음과 같이도 설한다.

비유하면 빈궁한 사람이 밤낮으로 남의 보물을 헤아리면서 자기의 몫은 반 푼도 없는 것처럼, 많이 듣기만 하는 것도 또한 그러하네.

가난한 사람이 남의 보물을 세고 있지만 자기의 몫은 반 푼도 없는 것처럼, 많이 듣기만 하는 사람은 가난한 사람과 마찬가지로 불법이란 보물을 세기만 할 뿐 실제로는 전혀 불법을 모른다고 하는 것이다.

비유하면 훌륭한 의사가 온갖 처방을 잘 알면서도 자신의 병은 고치지 못하는 것처럼, 많이 듣기만 하는 것도 또한 그러하네.

이름난 의사가 갖가지 약에 대한 지식은 충분히 가지고 있다고 하더라도 자신이 병에 걸리면 스스로 병을 고칠 수 없는 것과 마찬가지라고 설한다. 다시 말하면 약의 지식만으로는 자신의 목숨을 구할 수 없는 것처럼, 많이 듣는다고 하는 것은 약의 지식이 있을 뿐 자기 자신을 구할 수 없다는 것이다.

## 부처님의 경계란

여덟 번째로 조도(助道)의 깊고 깊음을 설하는 곳에서는, 부처님은 왜 중생을 위해 6바라밀이나 자·비·희·사의 4무량심(四無量心)을 설하는 가라는 문수보살의 물음에 대해서 지수보살은 중생의 능력에 맞는 가르침을 설하기 위해서라고 한다.

인색한 이에게는 보시를 찬탄하고, 파계한 이에게는 지계(持戒)를 찬탄하며, 성 잘내는 이에게는 인욕(忍辱)을 찬탄하고, 게으른 이에게는 정진을 찬탄하네. 마음이 산란한 이에게는 선정(禪定)을 찬탄하고, 어리석은 이에게는 지혜를 찬탄하며, 어질지 못한 이에게는 자민(慈愍)을 찬탄하고, [남을] 헤치는 이에게는 대비(大悲)를 찬탄하네.

인색한 사람이나 구두쇠에게는 보시의 중요함을 설하고, 파계한 사람에게는 계율을 지키는 것이 얼마나 중요한가를 가르치며, 성을 잘내는 사람에게는 인욕을 권하고, 게으른 사람에게는 정진할 것을 가르친다. 또한 마음이 산란한 사람에게는 마음을 집중시키는 선정을 권하고, 어리석은 사람에게는 지혜를 가르치며, 어질지 못한 사람에게는 자애를 베풀고 가엾게 여기는 마음을 가르치며, 남을 해치는 사람에게는 대비심(大悲心)을 설하는 것이 중요하다. 6바라밀이나 4무량심을 설하는 것은 중생 개개인의 결점을 하나씩 바로 인도하기 위해서이다.

아홉 번째로 일승(一乘)의 깊고 깊음을 설하는 곳에서는, 현수보살이 오직 한 법(一法)의 중요성을 밝힌다. 원효가《화엄경》에서 인용한 "모든 것에 걸림이 없는 사람은 오직 하나의 길(道)로 생사를 벗어나네"라고 한 문장은 바로 현수보살이 설한 최초의 게송 중 "문수여, 법이란 항상 그러하여 법왕(法王)은 오직 한 법뿐이네. 모든 것에 걸림이 없는 사람은 오직 하나의 길(道)로 생사를 벗어나네."의 일부이며, 이 가운데 '법왕은 오직 한 법뿐이네'라고 하는 것을 밝히는 것이 일승의 깊고 깊음인 것이다.

일체의 모든 부처님의 몸은 오직 하나의 법신(法身)으로서 마음도 하나 지혜도 하나이며, 힘이 무외함도 또한 그러하네.

모든 부처님의 몸은 하나의 법신, 하나의 마음, 하나의 지혜로서 근본적으로는 하나의 법인 것이다. 중생의 능력이나 수행에 따라서 여러 가지 불국토를 볼 수 있다. 때로는 부처님의 수명을, 때로는 부처님의 광명을, 때로는 부처님의 신통력을, 때로는 부처님의 법회를 볼 수 있지만, 그것들의 근본이 되는 것은 어디까지나 하나의 법신이며 하나의 법인 것이다. 원효가《화엄경》의 이 구절에 착안한 것은 대단한 역량이라고 할 수 있다.

마지막 열 번째로 불경계(佛境界)의 깊고 깊음을 설하는 곳에서는, 문수보살이 부처님의 경계가 무엇인가에 대해 설명한다.

부처님의 깊은 경계는 그 분량이 허공과 같아서 일체의 모든 중생이 들어가도 진실로 들어간 곳이 없네.

부처님의 경계는 허공과 같아서 그 속에 모든 중생이 들어가도 들어간 흔적이 없다. 새들이 날아도 흔적이 남지 않는 곳이 허공이다. 이것과 똑같은 것이 부처님의 경계이다. 부처님의 경계는 오직 부처님만이 설할 수 있는 것이다. 그러므로 "부처님의 경계의 인(因)은 부처님만이 알 수 있고, 다른 사람은 무량겁을 설명해도 다하지 못하네."라고 한다. 부처님의 경계는 부처님만이 설할 수 있는 것이므로 그 이외의 사람은 무한한 시간에 걸쳐서 설해도 다할 수 없다. 부처님의 경계를 중생은 설명하여 밝힐 수 없지만 부처님은 중생 속에 파고 들어와 여러 가지 설법을 한다.

중생들에게 수순(隨順)하기 때문에 모든 세계에 두루 들어가지만, 지혜는 항상 고요하여 이 세상에서 보는 것과 같지 않네.

부처님은 중생을 구제하기 위해 중생의 능력에 맞게 설법한다. 또한 부처님은 어떠한 세계에도 들어갈 수 있다. 지옥에도 축생도에도 부처님은 들어갈 수 있는 것이다. 더구나 어떠한 세계에 들어가더라도 부처님의 지혜는 항상 고요하여 이 세상에서 보는 것과는 전혀 다르며, 아무리 더러운 곳에 들어가더라도 조금도 더럽혀지지 않는 것이다.

부처님의 경계는 청정해서 아무리 더럽혀도 더럽혀지지 않으며, 그 깊이를 알 수 없을 정도로 깊고 넓다. 원효는 이 부처님의 경계를 설한 《화엄경》에 한없는 친밀감을 느껴, '무애'라는 도구를 만들어 염불 춤을 추면서 무애자재하게 살았다. 그것은 부처님의 경계를 깨달아 부처님의 경계에 살고, 일체 중생을 구제하고자 하는 비원(悲願)으로 살았기 때문이다.

# 제6화
# 생활 속의 불교

정행품(淨行品)

문수사리보살이 법주가 되어
설법하는 장면과 대중들이 법을 묻는 모습

## 〈정행품〉의 실천자 – 도선

일본의 나라현(奈良縣)에 비소사(比蘇寺, 혹은 吉野寺)라고 하는 사찰이 있다. 이 절은 나라시대에 신에이(神叡), 고묘(護命) 등이 허공장(虛空藏)보살의 진언(眞言)을 백만 편 외우는 구문지법(求聞持法: 허공장보살을 본존으로 모시고, 갖가지 공물을 준비하여 이 보살의 주문을 외우는 수행법)을 닦는 곳으로 유명했다. 비소사의 본존인 관세음보살은 긴메이천황(欽明天皇) 14년(553)에 녹나무(樟木)로 만든 것인데, 때때로 빛을 발했으므로 현광사(現光寺)라고도 불렀다. 이 절이 언제 창건되었는지는 알 수 없지만, 위와 같은 전설이 전해지고 있다는 것에서 대단히 오래된 절임은 틀림없는 것 같다.

천평보우 4년(760) 4월 7일 밤에 불교신자 한 사람이 이상한 꿈을 꾸었다. 그것은 당나라에서 일본으로 계율과 화엄의 가르침을 전하러 간 도선(道璿, 702~760)이 흰 옷을 입고 6개의 상아를 가진 흰 코끼리를 타고 동쪽으로 향해 사라지는 꿈이었다. 다음 날 아침 도선은 세상을 떠났다. 도선은 만년에 이 비소사에 은거하면서 〈발원문〉을 짓고, 예참(禮懺)을 닦았다.

도선은 낙양 대복선사(大福先寺)의 정빈율사(定賓律師)에게 계율을 배운 뒤 낙양의 남쪽에 있는 숭산으로 가 보적(普寂)의 문하에서 참선도 하고 화엄도 배웠다. 보적은 북종선(北宗禪)의 법계를 이은 대선사였음에도 불구하고 그가 화엄을 가르칠 수 있었던 것은, 신수(神秀)로부터 시작되는 북종선의 별명이 화엄선(華嚴禪)이라고 불리는 것에서도 알 수 있는 것처럼 북종선은《화엄경》과 깊은 관계가 있었기 때문이다.

숭산을 내려온 도선은 재차 낙양의 대복선사로 돌아와 대중들에게 선과 화엄을 강의하였다. 당시 당나라 고종의 황후인 측천무후는 실차난타(實叉難陀)가 번역한 80《화엄경》에 서문을 쓰고, 화엄종의 대성자인 법장(法藏)에게 명하여 법문사의 부처님 사리를 낙양의 이궁(離宮: 임금의 나들이를 위하여 궁성에서 떨어진 곳에 지은 궁전)에까지 받들어 모시게 하여 사리를 공양한 여인 천자(天子)였다.

낙양에는 유명한 용문석굴이 있다. 일본의 나라(奈良) 대불(大佛)의 원형이라고도 생각되는 용문의 봉선사(奉先寺) 대불은《화엄경》의 교주인 비로자나부처님이다. 그 용문의 대불을 만들 때 측천무후는 자신의 화장품 비용에서 대불 조성 자금의 일부를 기증했다고 한다.

무후는 또한 문수보살의 성지인 오대산의 중대(中臺)에 공양하기 위해 철로 된 탑을 건립하기도 했다. 오대산은《화엄경》에서 설하는 청량산(淸涼山)을 말하며,《화엄경》과 깊은 인연이 있는 산이다. 무후도《화엄경》과 밀접한 관계를 가진 천자(天子)였지만, 낙양에서 생활하고 있던 도선도《화엄경》과 깊은 관계가 있는 자였다. 그러므로 도선은 이하(伊河) 부근의 용문석굴을 여러 번 방문하여 봉선사의 대불을 참배했다고 생각된다.

116

도선이 계율과 화엄에 뛰어난 사람이라는 것이 세상에 알려지게 되었다. 마침 일본의 후쇼(普照)와 요에이(榮睿) 두 스님이 그 소문을 듣고 대복선사로 찾아와 도선에게 일본으로 건너가 계율을 전해줄 것을 부탁했다. 마침내 도선은 일본에 건너갈 것을 결심했다.

당나라 개원 23년(735) 10월에 도선은 당나라 수도에 와 있던 인도의 승려 보리선나(菩提仙那), 불철(佛哲)과 함께 일본으로 출발했다. 일본의 천평 8년(736) 5월에는 축자(筑紫)의 태재부(太宰府)에 도착하였으며, 8월에는 섭주(攝州)의 난파진(難波津)에 도착하였다. 이때 대불 건립의 책임자였던 행기(行基)는 100명의 승려들을 이끌고 나가 그들을 환영하였다고 한다.

인도의 승려 보리선나는《화엄경》을 독송한 승려인데, 동대사(東大寺) 대불의 개안(開眼) 공양 법요 때는 의식을 주도하였으며, 도선은 당나라 법장이 지은 화엄학의 개설서인《화엄오교장》을 처음으로 일본에 전하였다.

또한 도선은 일본인들에게 계율을 전하기 위해 대안사(大安寺)의 서당원(西唐院)에 거주하면서 전계사(傳戒師) 역할을 하였다. 그는 아무리 많은 사람들에게 가르침을 전해도 지칠 줄을 몰랐다. '성스럽게 됨은 반드시 지계(持戒)에 의한다'라고 하는 것이 도선의 신념이었다.《범망경》은 대승의 계율을 설하는 근본 경전이므로 도선은 이 경을 주변 사람들에게 독송하기를 권했으며, 또한《범망경행사초(梵網經行事鈔)》를 강의하고,《범망경》에 주석도 부쳤다.

도선의 일상생활이나 동작은 모두《화엄경》의 〈정행품(淨行品)〉에 입각해 있었다. 그는 학인들에게 언제나 다음과 같은 말을 했다.

너희들은 설하는 바와 같이 수행하라. 경에서 말씀하시기를 만일 사람이 이것에 따라 행하면 일체의 모든 하늘이나 마군이나 범천·용신·8부(八部)·성문·독각들로서는 움쩍할 수도 없는 것이다.

—《본조고승전(本朝高僧傳)》권2,〈도선전(道璿傳)〉

여기에 인용되어 있는 경문은《화엄경》〈정행품〉의 마지막 문장으로서 경문에는 "불자여, 이것이 보살의 몸(身)과 입(口)과 업(業)으로서, 능히 모든 훌륭하고 묘한 공덕을 얻는다면 일체의 모든 하늘이나 마군이나 범천·사문·바라문·사람·사람이 아닌 것들·성문·연각들로서는 움쩍하지도 못하는 것입니다."라고 되어 있다. 도선은 참으로〈정행품〉의 실천자였던 것이다.

## 연모하는 마음을 버려라

〈정행품〉가운데는 후세의 불교도가 반드시 독송해야 할〈삼귀예문(三歸禮文)〉이 있다. 〈정행품〉이야말로 불교도가 청정한 생활이나 수행을 하는데 필요한 실천 덕목의 보물창고인 것이다.

당나라 총장 원년(668)에 한 사람의 인도 승려가 서역에서 장안으로 들어왔다. 그는 경·율·논 삼장에 통해 있었으므로 고종(高宗)도 존경

118

하며 사사를 받았다. 아직 출가하지 않은 화엄종의 법장(法藏)은 이 인도 승려에게 예배하며 보살계를 받기를 원했으며, 대중들은 법장을 추천하여 "이 청년은 《화엄경》을 독송할 수 있으며, 그 의미도 잘 이해하고 있습니다."라고 말했다. 그러자 인도 승려는 경탄하며 "화엄의 일승(一乘)은 모든 부처님의 비밀스러운 보물창고이며, 또한 이 경을 만나기도 어려운데, 하물며 경을 이해할 수 있다고 하는 것은 놀라운 일이다. 만일 〈정행품〉 한 품만이라도 독송할 수 있다면 그 사람은 보살의 청정한 계율을 갖춘 사람이므로 다시 다른 보살계를 받을 필요가 없다."라고 대답했다고 한다.(《대방광불화엄경감응전》)

이 인도의 삼장법사가 말한 것처럼 〈정행품〉을 진정으로 체득하면 보살계를 실천한 것이 되므로, 〈정행품〉이야말로 대승의 보살계를 나타내는 것이다.

〈정행품〉에서는 지수(智首)보살이 몸과 입과 뜻으로 짓는 삼업(三業)을 순화시켜 청정하게 하는 방법을 묻자, 이에 대해 문수보살이 140개의 서원을 설한다. 번뇌로 더럽혀진 일상생활의 모든 행위를 청정한 행위로 바꾸는 방법을 설하는 것이다. 그 가운데 최초의 서원은 보살이 재가에 있을 때의 소원을 밝힌 것이다.

보살이 가정에 있게 되면, 중생들은 그 집의 어려움을 떠나 공(空)한 법 가운데 들어가기를 마땅히 원해야 하네.
부모를 효성으로 섬기게 되면, 중생들은 모든 것을 잘 보호해 영원히 큰 안락을 누리기를 마땅히 원해야 하네.

처자들이 한 곳에 모이게 되면, 중생들은 애욕의 지옥을 떠나 연모하는 마음이 없기를 마땅히 원해야 하네.

가정은 일의 피로를 풀어주는 안락한 장소일지는 모르지만, 한편으로는 갖가지 고통을 주는 곳이기도 하다. 가정이나 가족에게 얽혀 있는 온갖 고통이나 귀찮은 일들을 끊어버리고 먼저 공(空)의 법 속으로 들어가는 것이 가장 중요한 일이다. 끊어버리기 위해서는 출가하지 않으면 안 된다.

처자는 애정의 대상이지만 동시에 그것은 속박이기도 하다. 속박이란 팔다리를 구속하여 부자연스럽게 하는 것이다. 그러므로 경문에서는 사랑의 지옥을 빠져 나오고, 연모하는 마음을 버리라고 설하는 것이다.

미야모토 무사시(官本武藏)는 〈독행도(獨行道)〉에서 "연모하는 것에 생각을 둘 마음이 없다."라고 말했다. 무사시는 여성의 사랑을 거절했다. 일체의 집착을 끊는 것을 목표로 한 무사시는 여성을 사랑하는 마음도 끊었던 것이다.

인간은 홀로 태어나 홀로 죽어갈 뿐이다. 태어나 살고 죽어가는 데 있어서 자기에게 반려가 되는 것은 아무것도 없다. 예를 들어 부부라고 하더라도 마찬가지다. 아무리 사랑하는 두 사람이라도 만날 때도 한 사람이요 헤어질 때도 한 사람인 것이다. 인간은 언제 어느 곳에서나 혼자인 것이다. 만날 때도 헤어질 때도 한 사람이라고 하는 것은 진정으로 외롭고 고독한 모습을 본 사람만이 자각할 수 있는 것이다.

## 삼보에 귀의

다음은 출가할 때의 서원을 설한다.

신심을 가지고 가정을 떠나게 되면, 중생들은 세속의 일을 모두 버리고 집착하는 마음이 없어지기를 마땅히 원해야 하네.

출가를 했으면 세간의 생업을 버리는 것이 중요하다. 세간의 생업에는 반드시 집착이 동반하므로 그 집착을 끊기 위해서는 세속의 일체를 버리지 않으면 안 되는 것이다.

출가의 법을 구하게 되면, 중생들은 마음의 장애를 없애 다시는 물러나지 않게 되기를 마땅히 원해야 하네.

또한 출가를 했으면 다시는 물러나지 않을 결심이 필요하다. 불도를 구하기 위해서는 물러나는 일이 있어서는 안 되는 것이다. 조금 수행하다 중도에 그만두면 곧 원래대로 되돌아오므로 물러나지 않는다는 것은 어려운 일이다.

세속의 옷을 벗어버리게 되면, 중생들은 도(道)를 깨닫고 그 덕을 닦아 다시는 게으르게 되는 일이 없도록 마땅히 원해야 하네.

출가를 했으면 불도를 닦고 공덕을 쌓아서 게으르게 되는 일이 없어야 한다. 불도를 닦는 것에 자신의 전 신심을 바치려고 노력하지 않으면 안 되는 것이다. 이어서 삼귀의(三歸依)를 설한다.

스스로 부처님께 귀의할 때는, 중생들은 큰 도를 몸소 증득해 위없는 보리의 마음을 내겠다고 마땅히 원해야 하네.
스스로 법에 귀의할 때는, 중생들은 경장(經藏)에 깊이 들어가 지혜가 바다와 같아지기를 마땅히 원해야 하네.
스스로 스님들께 귀의할 때는, 중생들은 대중을 잘 통솔하여 일체의 모든 것에 아무런 장애가 없기를 마땅히 원해야 하네.

이것은 유명한 〈삼귀예문〉의 원형이다. 중국의 불교도들은 물론 한국의 불교도나 일본의 불교도들도 한역대장경에 근거를 둔 동아시아 불교권에 속하는 사람들이므로, 불교의 의식이 있을 때는 각각 자기나라의 발음으로써 반드시 이 〈삼귀예문〉을 외운다. 이것을 외우는 것은 자신이 불교도라는 증거를 보이는 것이다. 경전은 〈삼귀예문〉에 이어 오계(五戒)나 십중금계(十重禁戒), 구족계(具足戒)를 받았을 때의 서원도 설한다.
다음의 6가지 서원은 선정(禪定)을 닦을 때의 소원이다.

결가부좌하고 앉으면, 중생들은 선근(善根)을 견고하게 하여 흔들리지 않는 자리를 얻게 되기를 마땅히 원해야 하네.

결가부좌는 좌선하는 방법 가운데 하나로서, 부처님이나 보살이 좌선하는 것을 여래좌(如來座), 보살좌(菩薩座)라고도 한다. 도겐(道元)선사는 《보권좌선의(普勸坐禪儀)》에서 "결가부좌는 먼저 오른쪽 발을 왼쪽 허벅지 위에 얹은 다음, 왼쪽 발을 오른쪽 허벅지 위에 얹는다."라고 설명하고 있다. 좌선을 해본 적이 있는 사람이라면 반가부좌와 함께 잘 알고 있는 좌법이다. 결가부좌하고 좌선을 하면 부동지(不動地)를 얻을 수 있다고 한다.

다음의 6가지 서원은 행동할 때의 소원이다. 발을 들어 올릴 때나 옷을 입을 때나 언제나 소원을 빌면서 불도에서 벗어나지 않기를 결심할 것을 설하고 있다.

## 자연의 경지를 응시

다음은 일상생활에서 갖추어야 할 12가지의 서원을 설하고 있다.

> 손에 양칫대(楊枝)를 잡을 때는, 중생들은 마음에 바른 법을 얻어 저절로 깨끗하고 맑아지기를 마땅히 원해야 하네.

양칫대는 스님들이 갖추어야 할 18가지 물건 중의 하나로서, 입 속을 청결하게 하는 도구이다. 버드나무 가지의 한쪽 끝을 가늘게 쪼개어 만든 것인데, 버드나무 자체에 약효가 있으므로 이것을 사용하면 청량감을 맛볼 수 있다고 한다. 그러므로 양칫대를 손에 쥐면 마음은 저절로 청정하게 된다고 설하며, 다음 문장에서는 양칫대를 씹으면 조복(調伏)하는 이빨을 얻어 온갖 번뇌를 다 씹을 수 있다고 설하고 있다.

> 물에 손을 씻을 때는, 중생들은 최상의 묘한 손을 얻어 부처님의 법을 받들어 지니기를 마땅히 원해야 하네.

또한 물에 손을 씻어 깨끗한 손으로써 부처님의 법을 받들어 지니자고 하는 것이다. 생활 속의 불교가 〈정행품〉에 설해져 있는 것이다. 계율을 전한 도선이 〈정행품〉을 독송하고 있던 이유도 여기에 있음을 알 수 있다.

불도를 닦는 것은 길을 가는 것과 마찬가지다. 길에는 여러 가지 길이 있으며, 길을 가면 온갖 것을 볼 수 있다. 이때의 서원이 52가지로 설해져 있는데 그 가운데 몇 가지만 들어 보면 다음과 같다.

> 올라가는 높은 길을 보면, 중생들은 위없는 도(無上道)에 올라 삼계(三界)를 벗어나기를 마땅히 원해야 하네.

높은 길, 오르막 길을 걸을 때는 위없는 도(道)에 이르러 삼계의 고통으로부터 벗어날 것을 원해야만 한다. 또한 도로에는 먼지도 흩날리고 있다.

먼지가 일어나는 것을 보면, 중생들은 영원히 더러운 티끌을 떠나 완전히 맑고 깨끗하기를 마땅히 원해야 하네.

도로의 먼지를 보면 번뇌의 티끌을 떠나 깨끗하게 되고 싶다는 소원을 세우지 않으면 안 된다. 한편 길을 걷고 있으면, 나무·숲·다리 등 갖가지 풍경이 전개된다. 그러한 풍경을 보았을 때 소원을 발하지 않으면 안 된다고 설한다. 예를 들어 나뭇잎을 보면 다음과 같이 원해야 한다고 한다.

무성한 나뭇잎을 볼 때면, 중생들은 도(道)로써 스스로 그늘을 만들어 선삼매(禪三昧)에 들어가기를 마땅히 원해야 하네.

더운 인도에서 녹음은 선정을 닦는 데 최고의 좋은 장소이다. 나무의 꽃을 보면 상호(相好: 얼굴 모습)를 아름다운 꽃처럼 원만히 하라고 설한다. 또한 나무의 열매를 보면 보리수 아래서 석가모니 부처님이 정각을 이룬 것을 생각해 내어 위없는 불과(佛果)를 완성할 것을 원해야만 한다고 한다.

그 외에도 흐르는 물을 보면 바른 법의 흐름을 얻어 부처님의 지혜의 바다로 들어갈 것을 원하고, 솟아나는 샘물을 보면 선근(善根)이 무한함을 알아 스스로의 경계를 높이려고 노력하라고 설한다. 또한 산의 계곡물을 보면 먼지나 더러운 때를 씻고 마음을 맑고 깨끗하게 하기를 원하라고 한다.

만일 다리를 보면, 중생들은 법의 다리를 놓아 쉬지 않고 사람들을 제도하기를 마땅히 원해야 하네.

다리는 모든 사람들을 이쪽 언덕에서 저쪽 언덕으로 건너가게 하는 것이다. 다리를 보면 법의 다리를 만들어 사람들을 건너가게 할 것을 소원하라고 하는 것이다.

위에서 말한 것처럼, 길을 걸어갈 때 보이는 모든 것에 대해서도 원행(願行)을 일으키는 것이 중요하다고 설하고 있다.

## 사람들과의 만남 – 불도의 완성을 목표로

〈정행품〉은 자연의 경치를 보고 서원을 세울 뿐만 아니라 모든 인간을 보고도 서원을 세운다. 예를 들면 다음과 같다.

괴로워하는 사람을 보면, 중생들은 온갖 고통을 없애버리고 부처님의 지혜를 얻으려고 마땅히 원해야 하네.
병으로 고생하는 사람을 보면, 중생들은 몸의 공적(空寂)함을 알아 온갖 괴로움에서 벗어나기를 마땅히 원해야 하네.

괴로워하고 있는 사람들을 보면 고통을 없애고 부처님의 지혜를 얻으려고 원하지 않으면 안 된다. 그리고 병자를 보면 몸은 실체가 없고

126

영원하지도 않다는 것을 알아 괴로움에서 벗어나기를 소원하라고 하는 것이다.

사람에는 여러 부류가 있다. 이 〈정행품〉에서 설하는 사람 가운데는 아름답게 장식한 사람, 소박한 사람, 쾌락을 추구하는 사람, 건강한 사람, 추한 사람, 은혜를 갚는 사람 등 온갖 사람들이 다 등장하고 있다. 자신의 주변에 있는 사람들을 보고 자기 자신을 반성하며 스스로 서원을 세워서 자신을 고양시켜 가는 것이 중요하다고 설한다.

그 외에도 사문을 보면 번뇌를 제어하고자 반성하고, 바라문을 보면 일체의 악에서 벗어나고자 하는 서원을 세워야 한다. 선인(仙人)을 보면 해탈하고자 하는 서원을 세우고, 갑옷을 입은 군인을 보면 자신은 갑옷 대신 법의 옷을 입고 최상의 법을 얻으려고 결심해야 하는 것이다.

또한 제왕을 보면 법왕(法王)이 될 것을 원하여 자유무애한 법을 굴리고 싶다고 생각하고, 왕자를 보면 부처님의 아들이 되어 불도를 닦기를 원해야만 한다.

> 만일 대신(大臣)을 보면, 중생들은 항상 바른 생각을 얻어 갖가지 선(善)을 닦기를 마땅히 원해야 하네.

대신(大臣)을 보면 바른 생각으로써 갖가지 선을 닦기를 원하는 것이다. 이와 마찬가지로 여러 직업의 사람들을 보면 비원(悲願)을 일으킬 것을 설하고 있다. 그 비원은 모두 불도를 성취시키는 것이다.

도선은 일본으로 건너와 천황이나 왕자, 대신들과 회견했을 것이며,

〈정행품〉을 끊임없이 외우고 있던 그는 여러 부류의 사람들을 만날 때마다 이 경문의 의미를 음미했을 것이다. 이리하여 일체의 모든 인연 있는 사람들이 불도 수행의 인연을 맺어 갔던 것이다.

## 생활이 곧 불법

다음은 마을에 들어가 걸식을 할 때의 서원을 설한다.

마을에 들어가 걸식할 때면, 중생들은 깊은 법계(法界)에 들어 마음에 아무런 걸림이 없기를 마땅히 원해야 하네.

걸식할 때는 마음에 어떠한 걸림도 있어서는 안 된다. 다시 말하면 무애자재한 경지에서 걸식을 행하지 않으면 안 되는 것이다. 남의 집 문을 들어갈 때면 다라니(주문) 문에 들어가 모든 부처님의 가르침을 다 보기를 원해야 하며, 남의 방에 들어갈 때는 일불승(一佛乘)에 들어가 삼세(三世)를 통달하기를 원해야 하는 것이다.

걸식할 때 자신의 발우가 비어 있는 것을 보면 번뇌가 없어져 마음이 청정하게 되기를 원해야 하며, 반대로 발우가 꽉 차있을 때는 일체의 모든 선법(善法)을 두루 갖추어 원만하기를 원해야 하는 것이다.

만일 음식을 얻었을 때 중생들은 법을 위해 공양하여, 그 뜻이 불도

(佛道)에 있기를 마땅히 원해야 하네.

음식을 얻었을 때는 법을 위해 공양하고 불도 수행의 뜻을 한층 더 견고히 할 것을 맹세하지 않으면 안 된다. 불교도가 식사를 할 때 외우는 오관(五觀)의 게송 가운데 다섯 번째는 "도업(道業)을 성취하기 위해 마땅히 이 음식을 받겠습니다."라고 한다. 음식은 불도를 성취하기 위해 받는 것이므로 그 사상은 〈정행품〉과 꼭 마찬가지이다.

또한 맛있는 음식을 얻었을 때는 절제하고, 욕심을 적게 가지려고 원해야 하는 것이다. 식사를 할 때의 서원에 관해서도 간절하면서도 정중하게 설하고 있다.

이어 식사가 끝났을 때, 목욕할 때, 더울 때, 추울 때는 어떠한 서원을 세워야 하며, 경전을 외울 때, 부처님을 뵈올 때, 탑을 둘러보고 탑을 예배할 때, 부처님을 찬탄할 때는 어떠한 서원을 세워야 하는가를 설하고 있다.

〈정행품〉의 마지막 게송은 잠잘 때와 아침에 잠이 깨었을 때의 서원을 설하고 있다.

어두운 밤이 되어 누워 잘 때는, 중생들은 모든 행위를 완전히 쉬고 마음을 깨끗이 하여 더러움이 없어지기를 마땅히 원해야 하네.

하루의 일이 끝나고 휴식을 취할 때는 마음을 깨끗하게 해서 밝고 맑은 기분으로 취침할 것을 서원해야 하며, 아침에 일어날 때는 시방의 모든 중생들을 다 구제하겠다는 서원을 세우지 않으면 안 된다고 한다.

〈정행품〉의 마지막 문장은 "불자여, 이것이 보살의 몸(身)과 입(口)과 뜻(意)으로 지은 업(業)이다."라는 내용으로 시작된다. 일상생활 전반에 걸쳐 불도 수행의 공덕을 얻게 되면 악마도 그 사람의 도행(道行)을 움직일 수 없는 것이다. 생활이 곧 불법이라고 하는 것을 이처럼 훌륭하게 설한 경전은 없다.《화엄경》〈정행품〉이야말로 생활 속의 불법을 분명히 밝힌 것이며, 계율의 성자(聖者)인 도선이 끊임없이 외우고 있던 경문인 것이다.

제7화

# 청정한 마음의 공덕

현수보살품(賢首菩薩品)

현수보살의 게송과 욕계육천을 나타내고 있다.

## 일념의 청정한 마음 - 오대산 화엄사의 무착

산서성 오대산의 동대(東臺)와 북대(北臺) 사이에 누관곡(樓觀谷)이라는 계곡이 있다. 그 계곡에는 금강굴이라는 동굴이 있었는데 문수보살이 자주 출현하였다고 한다. 오대산에서 문수의 화신인 한 노인으로부터 인도에서 《불정존승다라니경(佛頂尊勝陀羅尼經)》을 가져 오라는 부탁을 받은 불타파리가 이 경을 입수하여 다시 오대산으로 들어가 마지막으로 찾아간 곳이 바로 이 금강굴이었다.

한편 이 금강굴에서 문수보살의 《화엄경》 강의를 들은 사람 가운데 오대산 화엄사의 무착(無着)이라는 사람이 있었다.

그는 종남산 운화사에서 화엄종의 제4조인 징관(澄觀)으로부터 《화엄경》을 배우고, 대력 2년(767) 신록이 무성한 5월에 문수보살을 친견하기 위해 오대산 화엄사로 들어갔다.

무착이 드디어 금강굴이라고 생각되는 곳에 이르자 한 늙은 노인을 만났다. 노인은 무착에게 "어디서 왔느냐?"고 물었다. 무착은 "이곳에 금강굴이 있다는 말을 듣고 찾아왔습니다."라고 대답했다. 그러자 노인은 손가락으로 멀리 한 사찰을 가리켜 보이며 앞장서서 길을 안내했다.

노인의 뒤를 따라 절이 있는 곳으로 올라가니 동자가 나와 문을 열어 주었다. 경내의 법당은 모두 황금으로 장식되어 있었다. 무착은 이 절에서 유리로 된 찻잔에 차를 대접 받은 후 노인에게 하룻밤 묵고 갈 것을 요청했다. 그러나 노인은 허락하지 않고 법당 앞에서 다음과 같은 게송을 읊었다.

만일 사람이 한순간이라도 조용히 좌선을 하면 [이것은] 모래알같이 많은 칠보의 탑을 세우는 것보다 더 낫네. 칠보의 탑은 결국 무너져 먼지가 되지만 일념(一念)의 청정한 마음은 정각(正覺)을 이루네.

불과 한순간의 조용한 좌선이 칠보의 탑을 건립하는 것보다 훨씬 훌륭하다고 한다. 칠보의 탑은 언젠가는 반드시 무너져 버리지만 오직 일념의 청정한 마음은 깨달음을 열게 한다는 것을 무착에게 가르쳐 주었던 것이다. 동자의 안내를 받아 다시 금강굴 입구로 나오자 동자는 조금 전에 본 절이 바로 반야사라고 무착에게 일러 주었다. 동자는 무착과 헤어질 때가 되자 다음과 같은 게송을 읊었다.

얼굴에 성난 표정을 짓지 않는 것은 공양의 도구이며, 입으로 욕설을 하지 않고 묘한 향기만 뱉어 내고, 마음으로는 화를 내지 않는다면 이것이 진짜 보석이네. 물들지 않고 집착하지 않으면 이것이 곧 진여(眞如)라네.

얼굴과 입과 마음속에 화를 내지 않는 것이 중요하며, 진여란 오염되지 않고 집착하지 않는 것이라고 한다. 무착은 동자에게 고맙다는 말을 하면서 절을 하였다. 그러자 동자의 모습도 반야사도 홀연히 사라져 버리고 오직 황량한 바위산만이 남아 있을 뿐 노인을 만났던 곳에서는 흰 구름이 솟아올라 계곡 전체를 순식간에 덮어 버렸다.

그때였다. 문수보살이 큰 사자를 타고 많은 권속들을 거느리고 있는 모습이 보이더니 갑자기 동쪽에서 검은 구름이 솟아올라 그 모습을 감추어 버렸다. 무착은 자신이 체험한 이 불가사의한 현상을 마침 금강굴에 참배하러 온 한 승려에게 상세히 이야기하였다. 무착이 만났던 노인이 바로 문수보살의 화신이었던 것이다.(《廣淸涼傳》 권中)

## 믿음은 공덕의 어머니

〈정행품〉에서 청정한 수행을 설한 문수보살은 이어서 현수보살에게 맑고 깨끗한 믿음의 공덕을 설해 주기를 청했다. 이것이 보광법당회(普光法堂會)의 마지막인 〈현수보살품〉이다. 현수보살이 이 품을 설하므로 이러한 이름이 붙게 된 것이다. 현수(賢首)란 "당체(當體)가 지극히 온순하여 조화롭고 부드러움을 현(賢)이라 하고, 길상(吉祥)의 수승한 덕이 남보다 월등히 뛰어남을 수(首)라 한다."(《探玄記》 권4)라고 하는 바와 같이, 한마디로 지혜롭고 현명하며, 그 덕이 뛰어난 보살을 말한다.

문수보살의 물음에 대해 현수보살은 다음과 같이 답했다.

불자여 잘 들어라. 보살의 갖가지 공덕은 한량없지만 나는 이제 내 힘닿는 대로 보살의 공덕에 대해 설명하려니, 그것은 큰 바다의 물 한 방울과 같네.

보살의 공덕은 무량무변하므로 자신의 능력에 맞추어 그저 한 가지 점만을 설명하려고 하는 것이다.

부처님(佛)과 그 법(法)과 스님(僧)에 대해 깊고 청정한 믿음을 일으켜 삼보(三寶)를 믿고 공경함으로써 능히 보리의 마음을 낼 수 있네.

불·법·승의 삼보를 믿고 공경하며, 삼보에 대해 청정한 마음을 일으키는 것이 최초의 발심인 것이다. 오대산 금강굴의 문수보살도 무착에게 "일념의 청정한 마음은 정각을 이루네."라고 설했던 것이다. 청정한 마음이란 청정한 믿음을 말한다.

청정한 믿음을 위해서는 자신의 쾌락이나 소유욕을 버리지 않으면 안 된다.

오욕(五欲)의 즐거움도, 보물·재산 등 온갖 이익도, 또한 나 혼자만의 편리도, 이 세간의 명성도 구하지 않네.

오욕의 쾌락이나 보물, 재산, 명예 등 일체의 이익을 추구해서는 안 될 뿐만 아니라 자기 자신만의 안정을 구해서도 안 된다고 설한다. 하지만 세속에 살고 있는 사람들은 거의 실행 불가능한 일이다. 현세를 살아 가는 인간은 이러한 욕망 때문에 고통을 받고 있다. 그러나 보살은 이들 중생의 고통을 없애고 구제하고 싶은 비원(悲願)으로 발심한다고 한다. 인간으로서는 도저히 불가능한 것이다. 다시 말하면 보살이 아니면 이 러한 발심이 불가능한 것이다.

> 부처님과 바른 법을 깊이 믿고, 또한 보살들이 행하는 도리도 믿으 며, 바른 그 마음으로 부처님의 보리로 향할 것을 믿네. 이로 인해 보 살은 비로소 처음으로 발심하네.

우선 부처님과 바른 법을 믿는 것이 중요하다. 부처님과 바른 법에 불신을 품는 자는 발심할 수 없기 때문이다. 또한 보살들이 행하는 도 리를 믿고, 부처님의 보리로 향하는 것을 믿음으로써 발심이 가능한 것 이다.

이어서 유명한 게송이 설해진다.

> 믿음은 도(道)의 근본이요, 공덕의 어머니네. 일체의 모든 선한 법 을 증장시키고, 갖가지 의혹을 모두 없애어 위없는 도(道)를 열어 보 이네.

위의 "믿음은 도의 근본이요, 공덕의 어머니네."라는 문장은《대지 도론》의 "불법(佛法)의 큰 바다는 믿음으로써 능히 들어갈 수 있네."라는 문구와 함께 너무나 유명한 말로서, 일반적으로 불교인들이 즐겨 인용하는 말이다. 또한 이어서 다음과 같이 설한다.

> 믿음은 온갖 더러운 집착을 버리고, 믿음은 미묘하고도 깊고 깊은 법을 알며, 믿음은 갈수록 뛰어난 온갖 선(善)을 이루어, 끝내는 반드시 부처님이 계신 곳에 이르게 하네.

믿음이란 먼저 더러운 집착을 떠나고 버리는 것이다. 오대산 금강굴의 동자가 무착에게 "물들지 않고 집착하지 않으면 이것이 곧 진여(眞如)라네."라고 한 것처럼, 더러운 집착을 버리는 것이 믿음이요 진여인 것이다. 진여라고 하는 초월적인 실체는 어디에도 없다. 마음을 청정하게 하는 것이 믿음인 것이다. 문수보살이 "일념의 청정한 마음은 정각을 이루네."라고 설한 일념의 청정한 마음이 곧 믿음인 것이다. 인간을 지배하는 초월자로서의 신이나, 우주의 근원이 있다고 망상하는 일심이나, 진여를 신앙하는 것이 믿음은 아니다. 마음을 맑고 깨끗하게 하면 불법의 깊은 가르침도 이해할 수 있고, 온갖 선(善)을 행할 수도 있으며, 부처님이 계신 곳에 갈 수도 있게 되는 것이다.

> 믿음은 일체의 모든 악을 영원히 소멸하며, 믿음은 능히 스승 없는 보배를 얻게 하네.

이와 같은 청정한 믿음에 의해서만이 일체의 모든 악을 소멸할 수 있으며, 믿음은 스승 없는 보배를 스스로 얻을 수 있게 하는 것이다.

## 평등하게 공양하다

그러면 믿음을 실현하기 위해서는 어떻게 하면 좋을까?

만일 모든 부처님을 믿고 공경한다면 청정한 계율을 가지고 바른 법을 따르게 되리. 청정한 계율을 가지고 바른 법을 따르면 모든 부처님과 성현들의 찬탄을 받으리.

중요한 것은 청정한 계율을 지키고 바른 법을 따르는 것이다.

계율이란 위없는 보리의 근본이니 마땅히 갖추어서 청정한 계율을 지녀야만 하네.

이처럼 계율이야말로 위없는 보리의 근본이므로 계율 없이는 믿음도 없는 것이다. 그것은 계율을 지킴으로써 마음을 청정하게 할 수 있기 때문이다.

만일 부처님 집에 태어나면 곧 모든 법에 집착하는 바가 없으리. 만일 모든 법에 집착하지 않으면 청정하고도 깊은 묘한 마음을 얻으리. 만일 청정하고도 깊고 묘한 마음을 얻으면 곧 수승하고 위없는 마음을 얻으리.

계율을 지켜 마음을 청정하게 하면 부처님의 집에 태어날 수 있다. 그렇게 되면 일체의 모든 것에 대해 집착이 없어진다. 집착이 없으면 마음은 완전히 청정해지며, 그로 인해 위없는 마음을 얻을 수 있게 되는 것이다. 이어서 위없는 마음을 얻으면 바라밀을 닦을 수 있게 된다고 설한다.

만일 위없는 수승한 마음을 얻으면 곧 일체의 바라밀을 닦으리. 만일 일체의 모든 바라밀을 닦으면 곧 마하연(摩訶衍: 대승)을 모두 갖추리.

육바라밀은 대승불교의 보살이 실천해야 할 덕목이다. 바라밀이란 산스크리트어 파라미타(Pāramitā)를 음만 따서 읽은 것인데, 저쪽 언덕에 이른다는 의미로서 '도(度)'라고 번역된다. 그러므로 육바라밀을 육도(六度)라고 하는 것이다. 여기서 6가지의 덕목이란 ①보시: 베푸는 것, ②지계: 계율을 지키는 것, ③인욕: 참고 견디는 것, ④정진: 꾸준히 노력하는 것, ⑤선정: 정신을 통일하는 것, ⑥지혜: 바른 지혜를 얻는 것이다. ①의 보시에는 재시(財施: 재물을 베푸는 것)와 법시(法施: 진리를 설하는 것)와 무외시(無畏施: 안심시켜 주는 것)의 3가지가 있다.

육바라밀의 실천도 대단히 중요하다. 재가의 생활을 하고 있는 사람들은 이것을 실천하기가 어려우므로 가능한 범위 내에서만 실천하거나, 그 내용을 현대적으로 해석해서 행할 수밖에 없다. 완전히 실천할 수 있는 자는 보살밖에 없는 것이다.

보시 하나만 보더라도 누구에게나 평등하게 나눠주고, 평등하게 공양할 수는 없다. 자각대사(일본 천태종의 승려 圓仁)는《입당구법순례행기》에서 다음과 같은 말로 술회하고 있다.

> 이 산에 들어오는 사람은 자연과 평등한 마음을 얻게 되네. 산 중에서 재(齋)를 지낼 때 승속 · 남녀 · 노소를 불문하고 평등하게 공양하니, 그 귀하고 천함 · 크고 작음을 볼 수 없네.

오대산에 들어가는 이는 누구라도 평등한 마음을 일으킨다고 한다. 어느 날, 오대산 화엄사에서 큰 재(齋)가 열렸다. 승려도 재가신자도, 남자도 여자도, 거지나 가난한 자도 모두 모여들었다. 거지들이나 가난한 자는 무엇인가 얻어먹기 위해서였다. 그러나 시주는 자기가 이곳에 재를 연 것은 산 중의 승려들을 공양하기 위해서이므로 거지들에게 공양하는 것은 자기의 본래 뜻한 바가 아니라고 말했다. 그때 거지들 가운데 임신한 여자가 있었다. 그 여자 거지는 자기의 몫을 받자 다시 뱃속 아기의 몫까지 요구했다. 시주가 화를 내자 그 여자 거지는 뱃속의 아기는 아직 태어나지 않았지만 엄연히 한 사람이라고 아기의 몫까지 달라고 했다. 시주는 "너는 정말 바보스럽구나. 뱃속의 아기는 아직 태어나지 않았는데 어떻게 음식을 먹을 수 있단 말이냐."하며 불같이 화를 내었다. 그러자 여자 거지는 자기 뱃속의 아기 몫까지 음식을 주지 않으면 자신도 먹을 수 없다고 말하며 일어나 식당을 떠나 버렸다.

여자 거지는 식당을 나가자마자 문수보살로 변하여 광명을 발하며 금빛 사자를 타고 수많은 보살들을 거느리며 하늘로 올라갔다. 재에 모였던 많은 사람들은 밖으로 달려 나와 망연자실하여 땅에 엎드려 소리 내어 참회하고, 비탄한 나머지 눈물을 비 오듯 흘렸다. 동시에 사람들은 일제히 '대성문수사리보살'이라고 목이 터지도록 불렀지만 문수보살의 모습은 두 번 다시 나타나지 않았다고 한다.

사람들은 더 이상 음식을 먹을 수도 없어 다음과 같이 발원했다.

> 이후로 재를 열어 공양할 때는 승속·남녀·노소·신분·빈부를 막론하고 모두 다 평등하게 공양하겠습니다.

이후로는 남자와 여자, 귀한 자와 천한 자, 부자와 가난한 자를 가리지 않고 오대산에서는 평등하게 공양하였다고 한다. 자각대사가 화엄사를 방문했을 때도 식당에는 남자와 여자가 일렬로 나란히 서 있었다. 임신한 여자가 있으면 뱃속의 아이 몫까지도 공양했으며, 동자도 사미도, 비구도 비구니도 모두 일렬로 서서 평등하게 공양을 받았다고 한다. 자각대사가 "이 산에 들어오는 이는 자연과 평등한 마음을 얻게 되네."라고 말한 것은 이러한 재가 열리는 것을 목격했기 때문이었다. 보시 하나만 보더라도 모든 사람들에게 평등하게 보시하는 것이 얼마나 힘든 일인가를 알 수 있다고 생각한다.


## 만물을 비춰 보이는 해인삼매

이어서 〈현수보살품〉에는 10가지의 삼매를 설하는데 그것은 다음
과 같다.


① 원명해인삼매문(圓明海印三昧門)

② 화엄묘행삼매문(華嚴妙行三昧門)

③ 인다라망(因陀羅網)삼매문

④ 수출광홍(手出廣供)삼매문

⑤ 현제법문(現諸法門)삼매문

⑥ 사섭섭생(四攝攝生)삼매문

⑦ 궁동세간(窮同世間)삼매문

⑧ 모광각조(毛光覺照)삼매문

⑨ 주반엄려(主伴嚴麗)삼매문

⑩ 적용무애(寂用無涯)삼매문


믿음의 작용은 무한하므로 그것을 10가지 삼매문의 작용으로써 설
명해간다. 믿음의 작용의 근본은 ①원명해인삼매문이며, 나머지 아홉
문은 작용이다.

먼저 원명해인삼매문에서는 부처님과 보살의 출현을 설한다.

혹은 어떤 국토에 부처님이 없으면 거기에 나타나서 정각을 이루시고, 혹은 어떤 국토에 법이 없으면 거기에 나타나서 법을 설하시네.

부처님이 없는 국토가 있으면 부처님이 그 국토에 나타나시며, 또한 세간의 모든 명예나 이익을 버린 보살도 시방세계에 나타나시어 중생을 교화하신다. 오대산의 문수보살도 여러 곳에 그 모습을 나타내시어 중생을 구제하셨다. 때로는 노인의 모습으로, 때로는 거지의 모습으로 나타나시어 중생을 구제하시는 것이다.

혹은 남녀의 갖가지 모습이나 천인(天人)·용신(龍神)·아수라 등 이와 같은 중생들의 온갖 모습에 따라서 무량한 행동과 음성을 나타내시네.

또한 부처님과 보살은 남·여·천인·용신·아수라 등 갖가지 형태로 모습과 음성을 나타내는 것이다. 그것은 관세음보살이 33가지의 모습으로 나타나시는 것과 같은 것이다.

이와 같이 중생이 필요로 할 때 그 모습을 나타낼 수 있는 것은 해인삼매의 작용에 의하기 때문이라고 한다. 그러면 해인삼매란 어떠한 것인가? 바다에 바람이 불지 않고 파도가 조용하면 만물의 모습이 그대로 해면에 투영되는 것과 같이, 무명(無明)과 번뇌의 풍파가 소멸되었을 때 청정한 마음의 바다에는 과거·현재·미래 삼세의 모든 것들이 다 함께 투영된다. 이것을 해인삼매라고 한다. 간단히 말하면 일념의 청정한 마음이 맑고 깨끗하게 되었을 때를 해인삼매라고 한다. 일념(一念)의 '념(念)'이란 현재의 마음을 말한다. 현재의 마음이 청정하게 되는 것, 이것이 곧 해인삼매인 것이다. 청정한 마음에는 모든 것이 투영되기 때문이다.

여기서 설하는 해인삼매는 보살이 선정(禪定)에 들었을 때의 마음 상태를 말하는 것이다. 후대의 화엄교학에서는 해인삼매의 해석에 3가지 뜻이 있다고 하지만, 여기서는 그 중의 하나인 보살의 정심(定心)에서 해인삼매를 보는 것이다.

마음이 맑고 깨끗하게 되어 만물을 그대로 투영할 수 있게 되면 거기에서 커다란 작용이 생기게 된다. 그러므로 보살은 먼저 이 해인삼매라고 하는 선정에 들지 않으면 안 되는 것이다.

## 재물은 꿈과 같고 뜬구름과 같다

다음에는 화엄삼매를 설한다. 화엄(華嚴)이란 꽃(華)으로써 부처님의 과보(佛果)를 장엄하는 것을 말하며, 화(華)란 온갖 수행을 닦는 것을 의미한다. 따라서 정심(定心)으로써 법신(法身)의 묘한 과보를 장엄하는 것을 화엄삼매라고 하는 것이다. 그러므로 〈현수보살품〉에서는 다음과 같이 설한다.

불가사의한 모든 세계를 다 장엄하고, 일체의 부처님을 공경하고 공양하며, 광명의 그 장엄이 불가사의하여, 중생을 교화함이 한량이 없네.

지혜는 자재(自在)하여 불가사의하고, 설법해서 교화함도 자재하며, 보시·지계·인욕·정진·선정·방편·지혜 등 모든 공덕은 일체에 자재하여 불가사의하니, 이것은 화엄삼매의 힘 때문이네.

부처님을 공양하고, 중생을 교화하고, 설법하고, 10바라밀을 실천하는 것 등의 작용이 모두 자유자재한 것은 화엄삼매의 힘 때문이다. 다시 말하면 화엄삼매를 얻을 수 없다면 자유자재한 작용을 할 수 없다는 것이다.

설법 하나만 보더라도 보통의 인간은 자유자재로 설법을 할 수 없다.《무량수경》권상에도 "보살은 법의 창고(法藏)에 깊이 들어가 부처님의 화엄삼매를 얻어, 일체의 모든 경전을 선양하고 연설하신다."라고 하는 것처럼, 경전의 가르침을 자유자재로 설법을 하기 위해서는 화엄삼매를 얻지 않으면 안 되는 것이다. 이 수행법에 들어감으로써 비로소 자재로운 무변행(無邊行)이 생겨나는 것이다.

경전은 화엄삼매의 설명에 이어서 다시 8가지의 삼매에 관해 설한다. 이 가운데 흥미로운 문구를 하나 들어보면 다음과 같다.

부처님은 8만 4천의 갖가지 법문으로써 중생들을 제도하시고, 온갖 무량한 법문을 분별하시며, 중생들의 성품에 따라 교화하시네.

여기에 8만 4천의 법문이라는 말이 보인다. 중생의 능력은 각양각색이어서 8만 4천의 번뇌를 가지고 있으므로 8만 4천의 법문, 소위 무량한 법문이 필요한 것이다. 설법이 자유자재하면 무량한 법문을 설하는 것은 당연한 일이다.

제8의 모광각조삼매에서는 광명의 작용을 44가지로 나누어 설명하고 있다. 여기서는 중생을 구제하기 위해서 광명을 발하며, 이 광명을 받으면 중생은 과보를 얻을 수 있다고 한다. 광명은 일체의 어둠을 제거할 수 있으며, 등불은 부처님을 공양할 수 있다.

광명은 제도(濟度)라고 한다. 그것은 욕망으로 가득 찬 세계에 살고 있는 모든 중생들을 건질 수 있기 때문이다. 광명은 제애(際愛)라고도 한다. 광명으로써 오욕(五欲)의 갈애(渴愛)를 버릴 수 있기 때문이다. 또한 광명은 환희라고도 한다. 중생들이 환희심으로 발심해서 보리를 구하기 때문이다.

또 무간(無慳)이라는 광명을 놓으니, 그 광명은 간탐하는 중생을 깨우쳐, 재물이란 늘 있는 것이 아니라는 것을 알게 하여 그것을 모두 버려 집착하지 않게 하네.

광명은 무간이라고도 한다. 중생의 탐욕과 물건에 대한 애착을 없애 주기 때문이다. 재물은 영원히 존재하는 것이 아니며 언젠가는 반드시 소멸하는 것이다. 그러므로 오대산의 무착도 문수보살의 화신으로부터

"칠보의 탑도 끝내는 파괴되어 티끌이 될 것이다."라는 가르침을 받았던 것이다. 이것은 〈현수보살품〉에서 "재물은 꿈과 같고 뜬구름과 같다."는 것을 깨달아야만 한다는 내용과 같은 것이다.

또한 광명은 인장엄(忍莊嚴)이라고도 한다.

> 그 광명은 성을 잘 내는 이를 깨우쳐서, 분노와 교만함을 버리고 항상 부드럽고 참는 법을 원하게 하네.

성을 잘 내고, 또한 자신이 최고로 훌륭하고 자신만이 깨달음을 얻을 수 있다고 생각하는 자는 먼저 분노와 교만함을 버리라고 한다. 그렇게 하기 위해서는 부드러워야 하고, 참아야만 하는 것이다. 무착이 금강굴의 동자로부터 가르침을 받은 게송 가운데도, 얼굴도 입도 마음도 결코 화를 내어서는 안 되며, 화를 내지 않는 것, 이것이야말로 참다운 보배라고 하는 말이 있었다.

이러한 방식으로 경전은 광명을 비추는 것에 대해 끝없이 설명해 간다. 광명에 의해서 안·이·비·설·신·의 모두가 청정하게 되고, 또한 색·성·향·미·촉·법이 청정하게 된다. 이 광명은 부처님의 모공(毛孔)으로부터 나와서 일체의 모든 중생을 비추는 것이다.

마지막으로는 적용무애(寂用無涯)삼매가 35게송에 걸쳐서 반복적으로 설명되지만 전혀 싫증이 나지 않는다.

현수보살이 이 품의 설명을 끝마치자 시방의 모든 세계가 여섯 번 진동하고 광명을 받아 악도(惡道)가 소멸되었다. 또한 시방의 부처님이 현수보살 앞에 나타나 오른손으로 그의 머리를 쓰다듬으시며 "장하고 장하구나, 참다운 불자여. 시원하게 그 법을 설해 주어서 우리도 기뻐하네."라고 말씀하셨다.

# 제8화
# 청정한 수행

불승수미정품(佛昇須彌頂品)·보살운집묘승전상설게품(菩薩雲集妙勝殿上說偈品)·

보살십주품(菩薩十住品)·범행품(梵行品)

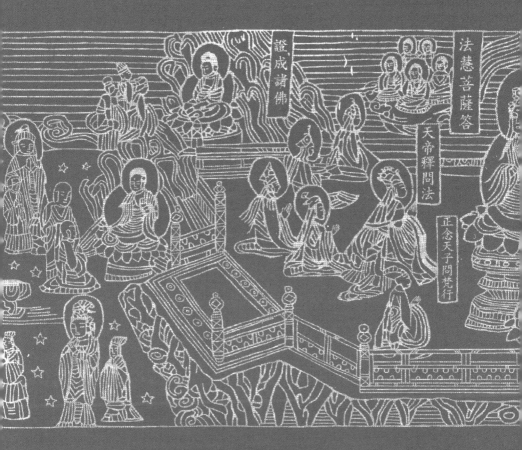

정념태자가 묻고 법혜보살이 답하는 장면을 간소하게 표현했다.

## 대주성굴 – 노사나불의 좌상

영천사(靈泉寺)는 하남성 안양시에서 남쪽으로 30킬로미터 떨어진 곳에 있는 태행산맥의 지맥인 보산의 동쪽 기슭에 있다. 이 절은 동위(東魏)의 무정 4년(546)에 건립된 것으로서, 처음에는 보산사(寶山寺)라고 불렸지만 수나라 개황 연간(581~600)에 영천사라고 고쳤다.

개황 11년(591)에 영천사에 거주하고 있던 영유(靈裕)는 수나라 문제의 초청을 받아 수도 장안으로 갔으며, 국통(國統: 승려를 통솔하고 관리하는 최고의 관직)에 임명되었다. 그 후 영유는 다시 영천사로 돌아와 '하삭(河朔) 제1의 고찰'이라고 불릴 정도로 증축하였으므로, 제자들은 그를 영천사에서 장사지내고, 묘탑(墓塔)도 세웠다.《속고승전》 권9)

영유는《화엄경소》및《화엄지귀》를 저술하고 많은 경론에 주석을 붙였으며, 또한 보산에 석굴도 건립하였다. 그의 석굴 건립에 대해 당나라 초기의 불교사가인 도선(道宣)은 다음과 같이 기록하고 있다.

> 보산에 석굴 한 개를 만들어 '금강성력주지나라연굴(金剛性力住持那羅延窟)'이라 불렀으며, [석굴의] 벽면마다 법멸(法滅) 모습을 새겼다. 산

속 깊숙이 수목이 무성하고, 언설은 간절히 [그때의] 사정을 나타낸다. 매년 봄이 되면 산을 찾는 승려들은 이곳에 와서 그 문장의 뜻을 더듬어 밝혀내고, [그것을 읽은] 독자는 흐느껴 울면서 지조를 굳게 한다. 이와 같이 그 유적은 사람을 감동시켰다.

영유는 보산에 석굴을 조성하여 그 암벽에 불법이 멸진하는 모습을 새겼다. 매년 봄이 되면 보산을 찾아오는 승려들이 암벽에 새겨진 문장을 읽고 흐느껴 울면서 모두들 불법을 수호하고픈 정열에 불탔다고 한다. 이 금강성력주지나라연굴이 바로 보산의 서쪽에 있는 대주성굴(大住聖窟)이다.

574년에 일어난 북주(北周)의 폐불(廢佛: 불교 탄압)사건과 577년에 일어난 북제(北齊)의 폐불사건으로 전국의 사원이 파괴되고 경전이 불탔으며, 승려들은 환속당하였다. 이 비참한 폐불사건을 사무치게 경험한 영유는《멸법기(滅法記)》라는 책을 저술하였으며, 불법을 후대에까지 영원히 전하기 위해서 바위에 경전의 내용을 새겼던 것이다.

영유가 조영한 나라연굴, 즉 대주성굴은 수나라 개황 9년(589)에 조성된 것으로서, 영천사의 석굴들 가운데서 가장 훌륭한 것이다. 이 굴은 영천사에서 서쪽으로 500미터 떨어진 곳에 있는 보산의 남쪽 기슭 석회암의 절벽에 조성되어 있다. 문 입구에는 대주성굴(大住聖窟)이라는 팻말이 붙어 있고, 문 밖의 양쪽 석벽에는 얕은 감실이 있으며, 그 속에는 호법신으로서 오른쪽에는 나라연신(那羅延身), 왼쪽에는 가비라신왕(迦毘羅神王)이 부조되어 있다. 나라연(Nārāyaṇa)신은 비슈누신의 다른 이름으로서 견고역사(堅固力士), 금강역사(金剛力士)라고도 불린다. 영유는 이 신의 이름을 따서 굴의 이름을 '금강성력주지나라연굴'이라고 지었던 것이다. 또한 문 밖의 양쪽 석벽에는《법화경》,《대집경(大集經)》,《마하마야경(摩訶摩耶經)》등의 경문이 새겨져 있다.

석굴의 내부 북쪽 벽에는 노사나불, 동쪽 벽에는 미륵불, 서쪽 벽에는 아미타불을 모신 감실이 있고, 노사나불을 모신 감실에는 높이 1.02 미터의 노사나불이 결가부좌하고 있으며 좌우에는 보살의 입상이 있다. 또한 동굴의 남쪽 벽에는 '세존거세전법성사(世尊去世傳法聖師)'라고 기재하여 마하가섭, 아난 이하 인도 24조(祖)의 조사상을 새겨 놓았다.

대주성굴은 영유가 조영한 석굴로서 본존은《화엄경》의 교주인 노사나불을 모시고 있다. 그러면 대주성굴을 조영한 영유는 도대체 어떠한 인물일까?


## 《화엄경》의 보살 – 영유

《속고승전》의 저자 도선은 "연(衍)법사는 승려만 굴복시키고 속인은 굴복시키지 못했지만, 유(裕)법사는 승려와 속인 모두 굴복시켰다."라고 평하였는데, 여기서 연법사는 대덕 담연(曇衍)을 말하고, 유법사는 영유를 말한다. 담연은 승려들을 믿고 따르게 할 수 있었지만 속인들의 신뢰를 받을 수 없었다. 그러나 영유는 승려들은 물론 속인들까지도 믿고 따르게 할 수 있었던 것이다.

이와 같이 위대한 영유는 정주 곡양현 사람으로서 어릴 때부터 사문을 보면 존경했으며, 도살되는 짐승의 울부짖는 소리를 듣고 마음 아파했다. 7살 때 부모의 반대를 무릅쓰고 출가하려 했지만 뜻을 이루지 못하고 15살이 되어서야 겨우 출가할 수 있었다. 북제의 고승인 혜광(慧光)율사에게 사사받기를 원했지만 혜광이 세상을 떠났으므로 그 제자인 도빙(道憑)에게《십지경론(十地經論)》을 배웠다.

도빙은 당시 수도 업에서 '빙사(憑師)의 법상(法相)'이라고 불릴 정도로 대학자였다. 이 도빙은 영유와 마찬가지로 영천사의 대유성굴(大留聖窟)을 조성하였으므로 대유성굴을 일명 '도빙석당(道憑石堂)'이라 부르기도 한다. 영유가 대주성굴을 조영한 것은 어쩌면 스승 도빙의 영향이었는지도 모른다.

또한 영천사의 옛 터에는 북제시대의 석탑이 지금도 남아 있으며, 그 탑에는 '대제 하청(大齊河淸) 2년 3월 17일 보산사 대론사(大論寺) 빙법사 소신(燒身) 탑'이라고 쓰여 있다. 화엄 · 열반 · 지론 · 율 등의 가르침을 체득한 이유는 그 이름이 널리 알려져 수도 업에서 경전을 강의하기에 바빴으며, 드디어 '유보살'이라 불리게 되었다.

마침 그때 북제의 황후가 병이 들어《화엄경》강의를 듣고 싶다고 하였다. 그러자 승관(僧官)들은 영유를 추천하여 강의하게 하였는데, 그때 수탉 한 마리가 대중들 사이에 섞여서 강의를 들었다. 강의가 끝나자 수탉은 울면서 하늘로 날아올라 서남쪽의 나무 위에서 하룻밤을 지샜다. 다음 날 황후의 병은 말끔히 나았다. 영유는 감사의 뜻으로 가사 300벌을 하사받았지만 사람들에게 모두 나누어 주었다.

보산사를 건립한 영유의 처지를 갑자기 변화시킨 것은 북제의 폐불 사건이다. 영유는 20여 명의 승려들과 함께 마을에 숨어 살면서, 낮에는 일반 서적을 읽으면서 신분을 숨기고 밤에는 불교의 이치를 가르쳤다. 또한 식량을 얻기 위해 점술에 관한 책을 만들어 팔아 비용을 마련하였다.

수나라 시대가 되자 불법은 다시 흥륭하게 되었다. 영유는 문제의 부름을 받아 장안으로 와 연공사(演空寺)에 머물면서 승려와 재가신자를 교화했으며, 문제의 신임을 받았다. 그는 대업 원년(605) 정월 22일에 88세로 입적하였는데, 임종 직전에 "숨이 끊어지면 인생의 길을 벗어나 시체를 귀신의 문 앞으로 보낸다. 지금 한 번 헤어지면 몇 년 후에 다시 만날까?"라고 했다고 한다. 불교사가인 도선은 영유를 "중국에 불법이 전해진 이후 중생을 교화하는 방식이 각각 달랐지만, 가르침을 확립하고 계행을 지키며, 뭇사람들로부터 신뢰를 받은 사람으로는 영유가 최고이다."라고 평했다. 경전을 강의하고 계행을 지키고, 승려와 재가신자의 신뢰를 받은 사람들 가운데 영유가 최고라는 것이다. 그는 지금도 보산 영천사 부근에 조용히 잠자고 있음에 틀림없다.

## 길상의 땅이란 – 〈불승수미정품〉

앞의 〈현수보살품〉에서는 제2보광법당회가 끝나고 여기서는 제3도리천회가 시작된다. 도리천회에서는 〈불승수미정품(佛昇須彌頂品)〉, 〈보살운집설게품(菩薩雲集說偈品)〉, 〈십주품(十住品)〉, 〈범행품(梵行品)〉, 〈초발심보살공덕품(初發心菩薩功德品)〉, 〈명법품(明法品)〉의 6품을 설한다. 이 가운데 처음의 2품은 이 도리천회의 서론이며, 나머지 4품은 본론이다.

먼저 〈불승수미정품〉은 부처님이 수미산정에 오르는 것을 설한 품이다. 수미(Sumeru)산은 묘고산(妙高山)이라고도 하는데, 이 산 정상의 한가운데는 제석천왕의 궁전이 있다. 앞의 품에서는 믿음(信)을 밝혔으므로 이 품에서는 수행과 계위가 올라가는 것을 설명하기 위해 처음에 〈불승수미정품〉을 설하는 것이다. 경전은 다음과 같은 문장으로 시작한다.

그때 부처님은 그 위신력으로 그 자리에서 일어나지 않고, 수미산 꼭대기에 올라 제석천왕의 궁전으로 향하였다.

부처님은 보리수 아래 금강보좌를 떠나지 않고도 수미산의 꼭대기에 있는 제석천의 궁전으로 자리를 옮겼다. 법장이 "동(動)과 정(精)과 무애(無碍)로써 가지 않으면서도 또한 가기 때문에 승(昇)이라 한다."《탐현기》 권5)라고 해석하고 있는 바와 같이, 움직임과 고요함이 하나로서 자리를 옮기지 않고도 올라갈 수 있는 것이 부처님의 진짜 모습인 것이다. 그것은 바로 부처님의 몸은 법계에 충만해 있기 때문이다.

이 궁전은 일찍이 가섭여래·구나함모니불·구루불·수엽여래·시기여래·비바시여래·불사불·제사여래·파르마불·정광여래 등 열 분의 부처님이 방문하신 참으로 길상한 곳이다. 이들 열 분의 부처님은 부처님 가운데서도 '모든 길상 가운데서도 더할 나위 없는 분'이라 불리는 부처님으로, 이러한 길상스러운 부처님이 오신 장소이기 때문에 "그러므로 이 곳이 가장 길상하네."라고 하는 것이다.

그때 부처님은 사자좌에 올라 결가부좌하고 앉으셨다. 그러자 그 궁전은 갑자기 커져서 도리천과 같이 넓어졌다.


## 어리석음의 그물 – 〈보살운집묘승전상설게품〉

부처님이 하늘로 올라 마침내 설법을 시작하려 하자 그 설법을 듣기 위해 많은 대중들이 모여들었다. 대중이 모여들어 부처님을 찬탄하는 게송을 읊은 것이 〈보살운집묘승전상설게품(菩薩雲集妙勝殿上說偈品)〉이다. 그때 시방세계로부터 법혜(法慧)·일체혜(一切慧)·승혜(勝慧) 등 열 명의 보살을 위시하여 무수한 보살들이 승묘전에 구름처럼 모여들었다. 부처님은 두 발가락에서 백 천억의 광명을 발하여 시방의 일체 세계와 보리수 아래의 승묘전을 비추었다.

먼저 법혜보살부터 부처님의 덕을 찬탄하였다.


모든 부처님의 권속인 맑고 깨끗한 보살님들, 제각기 시방에서 모두
모여와 가부좌하고 편안히 바로 앉았네.


시방에서 모인 보살들은 이 궁전에 편히 앉아서 부처님의 설법을 기다리고 있었다. 이어 일체혜보살은 다음과 같은 게송을 바쳤다.

한량없고 셀 수 없는 겁 동안 언제나 부처님을 뵈온다 해도 이 바른 법의 진실을 보지 못하리.

망령된 생각으로 모든 법을 취하면 어리석음의 그물만 자꾸 자라서 생사의 와중에 윤회하게 되니, 눈이 어두워 부처님을 보지 못하게 되네.

무한한 세월 동안 부처님을 뵙고 있지만 실제로 그 진실을 볼 수 없다. 그 이유는 망령되고 어리석은 생각을 가지고 보기 때문이다. 망령되고 어리석은 생각을 가지고 있는 한 생사의 와중에서 헤매게 되고 망상과 어리석음에 의해 봉사가 된 눈으로는 부처님을 볼 수 없다고 하는 것이다.

그러면 어리석음을 없애기 위해서는 어떻게 하면 좋을까?

인연에 의해 법이 생하고 인연에 의해 법이 멸한다. 이와 같이 부처님을 보면 결국에는 어리석음을 떠나네.

일체의 모든 것은 인(因)과 연(緣)에 의해 생멸한다. 이러한 불교의 근본 진리를 알면 어리석음을 떠날 수 있다고 하는 것이다. 다음 승혜보살의 게송 가운데 다음과 같은 말이 있다.

부처님의 지혜는 깊고 깊어 아무도 능히 헤아릴 수 없네. 진실한 그 법을 알지 못하면 세간은 모두 어리석음에 헤매네.

부처님의 지혜는 한없이 깊어서 아무도 헤아릴 수 없다. 그러므로 부처님의 지혜를 알지 못하는 중생들은 어리석음에 헤매는 것이다.


## 부처님의 법 가운데서 마음을 결정하다 — 〈보살십주품〉

그때 법혜보살은 부처님의 신력을 받들어 무량방편삼매에 들었다. 그러자 그 삼매의 힘에 의해 시방의 천 부처님, 세계 밖의 천 부처님, 세계의 무수한 부처님을 모두 볼 수 있었다. 그 여러 부처님을 모두 다 법혜라고 불렀다.

그때 여러 부처님들은 법혜보살에게 "법혜여, 그대는 무량방편삼매에 잘 들었구나. 그것은 시방의 모든 부처님의 가호와 노사나불의 본원력과 그대의 선근력(善根力)에 의해 얻어진 것으로서, 그대로 하여금 널리 법을 설하고 법계의 도리를 체득하게 하기 위해 보살의 십주(十住)를 설하리라."고 말씀하셨다. 이 〈보살십주품〉은 십주를 설하고, 이 십주에 의해 부처님의 과보를 얻는 것을 밝힌 것이다.

십주란 ①초발심주(初發心住), ②치지주(治地住), ③수행주(修行住), ④생귀주(生貴住), ⑤방편구족주(方便具足住), ⑥정심주(正心住), ⑦불퇴주(不退住), ⑧동진주(童眞住), ⑨법왕자주(法王子住), ⑩관정주(灌頂住)이다. 이 십주는 다음에 설명하는 〈십지품(十地品)〉의 십지와 대응되는 것이다.

처음의 초발심주에서는 보살이 처음으로 발심함으로써 충분한 힘을 얻어 보리심을 견고하게 할 수 있다. 그러므로 초발심이 중요하다는 것은 새롭게 말할 필요가 없을 것이다.

두 번째의 치지주부터는 보살이 각각 10가지의 법을 닦는다. 그 가운데 정심주에는 다음과 같은 말이 있다.

부처님을 찬탄하거나 비방하는 말을 들어도 불법(佛法) 가운데서 마음을 결정하여 흔들리지 않으며, 법을 찬탄하거나 비방하는 말을 들어도 불법 가운데서 마음을 결정하여 흔들리지 않는다.

이처럼 불법이 폐멸되거나 부흥되어도 전혀 흔들리지 않았던 것이 영유의 일생이었다. 그러므로 영유는 승려나 속인 모두에게 살아있는 부처로서 존경받을 수 있었던 것이다. 영유는 불교가 부흥되어 문제로부터 후한 대접을 받았지만 결코 그것에 편승하지 않고, 북제의 폐불사건 때도 의연하게 불교인의 태도를 지켰다. 《화엄경》의 주석서를 지은 영유는 위의 〈보살십주품〉의 문구를 가슴 속에 깊이 간직하고 있었음이 틀림없다. 불법 가운데서 마음을 결정하여 흔들리지 않았던 이가 바로 영유였던 것이다.

다음 불퇴주에 들어가면 그 마음은 견고하여 물러나지 않게 된다.

부처님이 있다거나 없다거나 하는 말을 들어도 불법 가운데서 물러나지 않으며, 법이 있다거나 없다거나 하는 말을 들어도 불법 가운데서 물러나지 않는다.

162

불법이 있던 없던 결코 물러나지 않는 것이다. 영유는 폐불사건이 일어나건 불교부흥이 일어나건 아무런 상관없이 오로지 불법 속에 살면서 결코 물러나는 일이 없었다. 그는 불법을 끊임없이 지속시키기 위해서 오로지 바위 위에 경전의 내용을 새겼던 것이다.

## 칭찬도 헐뜯음도 모두 범행이다 – 〈범행품〉

그때 정념천자는 법혜보살에게 출가자의 청정한 범행(梵行)에 대해 물었다. 여기서 범행의 '범(梵)'은 청정함을 의미하므로, 범행이란 욕망을 끊는 수행, 즉 청정한 수행을 말한다. 정념천자의 물음에 대해 법혜보살은 10가지 법을 수행하지 않으면 안 된다고 설했다. 10가지 법이란 ①몸(身), ②몸으로 짓는 업(身業), ③입(口), ④입으로 짓는 업(口業), ⑤뜻(意), ⑥뜻으로 짓는 업(意業), ⑦부처(佛), ⑧법(法), ⑨승려(僧), ⑩계율(戒)을 말한다. 이 〈법행품〉에서는 십주를 완성시키기 위한 수행을 설명하는데, 몸으로 짓는 업에 관해서는 다음과 같이 설한다.

> 만일 몸의 업이 범행이라면, 몸의 네 가지 위엄 있는 몸차림이 곧 범행이요, 좌우로 돌아보고 발을 올렸다 내렸다 하는 것도 곧 범행이다.

네 가지 위엄 있는 몸차림이란 가고, 머물고, 앉고, 눕고 하는 행주좌와(行住坐臥)를 의미한다. 좌우를 돌아보는 것, 발을 올렸다 내렸다 하는 것, 이 모든 것들이 다 범행인 것이다. 다시 말하면 어떠한 동작도 청정한 행동이 되지 않으면 안 되는 것이다.

수나라 문제가 영유를 수도 업으로 초청했을 때의 칙명 가운데 "법사는 범행이 청정하고 의리가 심원하며, 현묘한 가르침을 널리 펴 무지한 사람들을 깨우쳐 인도하였다."라는 말이 있다. 영유의 범행은 청정했으며, 더구나 학식은 심원하여 미혹한 중생들에게 불교를 널리 펴 그들을 인도하였던 것이다.

문제는 영유에게 "나는 삼보를 존경하고 숭배하며, 대승을 널리 선양하여 정법을 보호하고 지키기를 원하고 있습니다. 덕행이 높으신 법사를 초청하여 공적을 이루기를 원하오니 부디 나의 뜻을 헤아려 서둘러 수도로 들어와 주십시오."라는 칙서를 보냈다. 영유는 이 칙서를 보고 처음에는 칙명을 거절하려고 했지만 이것도 하나의 인연이라고 생각하여 걸어서 장안으로 갔다. 74세의 고령으로 낙양에서 장안까지 걸어서 가는 것은 결코 쉬운 일이 아니었지만, 그는 문제가 영접하기 위해 보낸 마차에는 결코 타려고도 하지 않았던 것이다.

보통 사람 같으면 당시의 권력자인 제왕의 초청을 받으면 좋아서 상경하겠지만, 보내온 마차도 타지 않고 걸어서 간 것은 권력자에게 아첨함이 없이 오로지 불교인으로서 청정한 범행으로 살았기 때문이다.

장안으로 간 영유는 대흥선사에 머물렀다. 문제와 고관들이 그를 국통에 임명하려고 했지만, 그는 끝내 사양하고 고향으로 돌아왔다.《화엄경》〈범행품〉 가운데 "칭찬과 비방, 헐뜯음과 찬탄이 곧 범행일 것이다."라고 하는 말이 있는 것처럼 칭찬하던 헐뜯던 모두 다 범행인 것이다. 칭찬과 비방, 헐뜯음과 찬탄이 있더라도 스스로는 범행을 수행하지 않으면 안 되는 것이다.


## 죽음은 세상에 정해진 이치

일체의 모든 행동이 범행이 되면 사물을 보는 관점도 달라진다. 〈범행품〉의 마지막에는 "일체의 모든 법은 요술과 같고 꿈과 같으며, 번개와 같고 메아리와 같으며, 허깨비와 같음을 관찰해야 하느니라."라는 문구가 있다. 모든 존재하는 것은 요술·꿈·번개·메아리·허깨비와 같은 것이라고 한다. 또한 "일체의 모든 법은 자성(自性)이 없기 때문이다."라는 말도 있다. 모든 존재하는 것에 자성이 없다고 하는 것은, 모든 것은 연기에 의해 성립되어 있다는 것을 나타내고 있다. 연기하고 있는 일체의 모든 것은 무상한 것이다. 인간의 신체나 생명도 또한 무상하다. 《유마경》〈방편품〉에 "이 몸은 무상하여 힘도 없고, 강하지도 굳세지도 않으며, 조속히 이지러지는 법으로서 믿을 만한 것이 못된다."라는 문구가 있다. 우리들의 신체는 무상한 것으로서, 결코 강하지도 견고 하지도 않으며 신체의 조화가 약간이라도 깨어지면 순식간에 죽어버릴 수도 있다. 자기 자신은 강건하다고 생각하더라도 그것은 어디까지나 착각인 것이다.

일체는 무상하고 모든 것은 멸한다는 것을 냉정하게 받아들인 영유는 육친마저도 비정한 눈으로 보았다. 여행 도중에 모친의 병세가 심하다는 소식을 들었다. 모친이 계신 곳까지 가면 이미 임종한 후라는 것을 안 영유는 감히 가보려고 하지도 않고 "내가 가서 어머니의 병을 지켜본다 하더라도 어머니의 생명을 건질 수는 없다. 나는 수도 업에 있는 절로 돌아가 어머니의 내생의 행복을 비는 편이 낫다."고 말했다. 모자간의 정까지도 버린 영유는 세속의 일체의 번잡함을 끊고 진정한 불교의 수행자로서 살았던 사람이었다.

일생을 불도의 수행에만 정진한 영유도 육신이 있는 한 무상함을 피할 수는 없었다. 이윽고 영유도 나이를 먹었으며, 수도 업에는 "영유법사가 드디어 세상을 떠나려고 한다."는 소문이 나돌았다.《장아함경》에 "태어나서 죽는 것은 세상의 변하지 않는 사실이다."(권2,《遊行經》)라는 말이 있는 것처럼, 태어난 자가 죽는 것은 세상의 정해진 이치이다.

영유보다 조금 후배인 삼론종의 대성자 길장(吉藏)은 〈사불포론(死不怖論)〉을 지어서 다음과 같이 말하고 있다.

> 요컨대 죽음이란 삶에서 온다. 제발 삶을 두려워하라. 만일 내가 태어나지 않았다면 어찌 죽음이 있겠는가. 태어남의 시작을 보고서 곧 죽음의 종말을 안다. 부디 삶을 참아야 하며, 죽음을 두려워해서는 안 된다.
>
> —《속고승전》권11,〈길장전〉

죽음을 두려워하지 않는 것은 삶에 대한 경외로움과 삶에 대한 충실로 이어진다. 사람은 언젠가는 반드시 죽음을 맞이하게 된다고 하는 것을 항상 염두에 두고 하루하루를 살아가는 것이 중요하다. 이 사실을 잊지 않고 매일 매일을 살아가는 자는 어떤 직업에 종사하든 자신의 본분을 다할 수 있는 것이다.

이렇게 생각하면 불교인으로서의 참다운 생활이 가능하게 된다. 죽음에 대한 자각에 의해서 참다운 삶의 중요함을 알았을 때 인간은 매일 매일의 생활을 충실히 하고자 하는 마음을 갖게 된다. 다시 말하면 매일 매일 발심하게 되는 것이다. 그러므로 〈범행품〉의 마지막은 다음과 같은 말로서 끝맺고 있다.

처음으로 발심했을 때 곧 정각을 이루어 모든 법의 진실한 성품을 알고, 지혜의 몸을 갖추어 남에게 의지하지 않고 깨우친다.

처음으로 발심했을 때의 중요함은 자기 자신이 자각하는 것이다. 그 초발심보살의 공덕에 대해 설명하는 것이 다음의 〈초발심보살공덕품〉이다.

# 제9화

# 초발심의 공덕

초발심보살공덕품(初發心菩薩功德品) · 명법품(明法品)

10바라밀로 보살행을 청정하게 하라는 법문으로
제3 도리천궁의 법회가 끝나는 장면이다.

## 오대산 목과사의 담운

산서성 오대산의 북대(北臺) 기슭에 목과사(木瓜寺)라고 하는 오래된 사찰이 있었다. 예부터 북대에 오르려면 반드시 이 절을 통과하지 않으면 안 되었다.

그런데 이 절에 불혜라고 하는 한 노인이 살고 있었다. 나이는 74, 5세로 늙은 노인이지만 그 모습은 젊었을 때 그대로였다. 노인은 목과사의 가람을 수리하고 절을 지키는 일을 도맡아 하였다.

북대의 북쪽 번치현에 사는 300명의 마을 사람들은 언제나 불혜노인을 따라 북대에 올랐다. 어느 날 도중에 갑자기 우박이 내려 하산하기 어렵게 되자 불혜노인은 칡덩굴을 공중에 던졌다. 그러자 돌연히 덩굴이 방으로 변하였으므로 그곳의 모든 사람들은 이 방으로 들어가 우박을 피할 수 있었다. 그 후 사람들은 불혜노인은 육신(肉身) 보살이라 불렀다고 한다.

바로 이 목과사에서 20여 년간 혼자서 도자기를 구우면서 살았던 사람이 오대산 담운(曇韻)이다.《속고승전》권20) 목과사 주변은 추위가 심하여 물이 흐르는 계곡에만 나무가 조금 있을 뿐 그 외의 지역에는 여름에 약간의 고산식물이 자랄 뿐이었다.

담운은 이 절에서 밤낮으로 좌선을 하였다. 어느 날 그는 30여 년 전에 읽었던 경전을 다시 외워 보았더니 한 자도 틀리지 않고 다 외울 수 있었으므로 그 경전을 옮겨 썼다. 담운은 19살 때 출가하여 오대산 북쪽에 있는 항악(恒岳)의 포오산으로 들어가 그곳에서 목과사에 오기 전까지 경전 읽는 생활을 계속했던 것이다.

그때 그는 서은(栖隱)선사를 만났다. 서은선사는 그에게 "경전을 읽는 것이 수행의 하나임에는 틀림없지만 독송하는 것만으로는 깨달음을 얻을 수가 없다. 중요한 것은 좌선을 해서 마음을 보려고 애써야만 한다." 라고 일러 주었다. 담운은 이 가르침에 큰 충격을 받고 그 후부터는 독송을 그만 두고 오로지 좌선에만 열중하기 위해 오대산으로 들어가 목과사에 홀로 머물게 되었던 것이다.

오대산에서 20여 년간 수행한 담운은 그 후 비간산(比干山)으로 거처를 옮겼지만 그의 좌선 수행은 조금도 변하지 않았다. 그는 무슨 일이 있어도 참선 수행을 게을리 하는 일이 없었다. 빈대나 벼룩에 물려도 물린 채로 40여 년을 지내고, 드디어 60살이 되자 빈대나 벼룩이 더 이상 물지 않았다고 한다. 담운은 경전을 외우기보다는 좌선을 하지 않으면 안 된다고 생각했던 처음 발심했을 때의 원(願)을 일생 동안 관철시켰던 것이다. 그는 인간이 아니라 부처님의 몸, 바로 그 자체가 되었던 것이다.

담운은 매년 봄과 가을에는 부처님의 명호를 외우는 법회를 열고, 여름과 겨울에는 식사를 줄이면서 좌선을 했다. 그는 항상 대중들과는 다른 방에서 좌선을 했는데, 만약 좌선을 한 채로 정신을 잃고 쓰러지면 재빨리 일어나 정신을 가다듬고 부처님께 예배하였다. 담운은 정관 60년(642)에 태원 교외의 평요산(平遙山)에서 좌선의 모습 그대로 단정히 앉아서 세상을 떠났다.

담운은 19살 때 산으로 들어간 후 60여 년간 명리를 구하는 일도 없었으며, 시자를 거느리는 일도 없었다. 오직 혼자서 좌선만 했을 뿐 호적에 이름을 올리지도 않았다. 왕이나 귀족의 비위를 맞추는 일도 없었으며 권문세가에 접근하는 일도 없었다. 그는 19살 때의 초발심, 처음의 일념을 일생 동안 관철시켰던 것이다.

## 초발심의 중요함 - 〈초발심보살공덕품〉

처음 발심한 보살의 공덕이 얼마나 넓고 심원한가를 설한 것이 〈초발심보살공덕품〉이다. 이 〈공덕품〉과 다음의 〈명법품〉은 다 같이 도리천회(忉利天會) 6품 중의 마지막 2품이다.

초발심보살의 공덕은 갖가지 수행을 다한 사람의 공덕보다도 크다고 한다. 경전은 이것을 여러 가지 예를 들어 설명하고 있다.

그 가운데 한 가지 예를 들어보자. 첫 번째 사람은 일념 사이에 동방의 무량한 세계를 통과할 수 있는 신통력을 가지고 있지만, 그러나 무한한 시간을 다 허비해도 그는 결코 세계의 끝까지는 갈 수가 없었다. 두번째 사람은 더 큰 신통력을 가지고 있으므로 일념 사이에 첫 번째 사람이 통과한 세계보다 더 많은 세계를 갈 수 있지만, 그러나 역시 무량한 세계의 끝까지는 갈 수 없었다. 이와 같이 해서 세 번째, 네 번째 사람으로 갈수록 신통력은 점점 커져서 마침내 마지막 백 번째 사람은 최고로 수승한 신통력을 가졌기 때문에 결국 세계의 끝까지 갈 수 있었다. 그렇지만 이 백 번째 사람도 초발심보살의 공덕이 얼마나 넓고 심원한가에 대해서는 알 수 없다고 한다. 다시 말하면 이러한 사람들보다도 초발심보살의 공덕이 훨씬 크다고 하는 것이다.

이어 법혜보살이 초발심보살의 공덕에 대해 게송으로 설했다. 그 가운데 다음과 같은 문구가 있다.

보리심은 한량없이 크고 넓은 청정한 법계와 같고, 집착도 없고 의지하는 곳도 없으며, 물듦도 없어 마치 허공과 같네.

보리심은 한이 없다. 그것은 일체의 모든 집착을 떠났으며, 어떠한 곳에도 의지하지 않는다. 인간은 누구나 무언가에 의해 살아가므로 의지함 없이 살아간다고 하는 것은 쉬운 일이 아니다. 하지만 의지할 곳이 있는 자는 약하다. 그러므로 담운은 일생 동안 홀로 좌선을 하였다. 물론 법회나 참선하는 곳에 초청을 받으면 기꺼이 보시행을 나섰다. 그러나 의지해야 하는 것은 전부 다 버렸다. 그가 오대산 북대에서 수행한 것도 어쩌면 일체를 버리기 위해서였는지도 모른다.

내가 수년 전에 오대산 중대에 올랐을 때, 길상사의 한 승려가 8개월분의 식량을 가지고 3,000미터의 북대에 있는 동굴로 들어가 좌선과 독경으로 한겨울을 보냈다는 것을 들었다. 영하 30도를 넘는 혹한의 산정생활은 의지할 사람도 의지할 곳도 없는 혼자만의 고독한 생활임에 틀림없다.

그는 갖가지 행을 닦아서 적멸하여 아무 곳에도 의지하는 바가 없고,
그 마음은 언제나 편히 머물러 요동하지 않음이 마치 수미산 같네.

위와 같은 경문의 말과 같이, 담운처럼 의지하지 않고 사는 사람의 마음은 수미산과 같이 부동이다. 법을 보시하는 것 외에는 일체 행하지 않았던 담운의 마음은 미동조차도 하지 않았던 것이다. 담운의 40여 년의 도심(道心)을 지탱시켜 준 것은 초발심의 일념이었다. 또한 경문은 다음과 같이 설하고 있다.

항상 씩씩하고 부지런히 정진하여 빨리 보리심을 내어야 하고, 최상의 훌륭한 법을 구하려 하면 빨리 온갖 번뇌를 끊어야 하네.

씩씩하고 부지런한 마음으로 항상 열심히 정진하지 않으면 안 된다. 인간의 생활에서 최상의 안락은 무엇인가? 좌선이야말로 안락의 법문인 것이다. 인간의 모든 행위는 자기든 타인이든 아무튼 누군가를 위해서 행한다. 그러나 좌선은 깨닫기 위해서도, 위대하게 되기 위해서도 아니다. 다만 좌선하는 것, 그 자체가 최상의 안락인 것이다. 최상의 안락을 구하려면 모든 번뇌, 즉 일체의 욕망을 버리지 않으면 안 된다. 번뇌를 끊어버린 60세의 담운에게는 빈대나 벼룩도 감히 물지를 못했던 것

이다.

초발심의 중요함을 경전은 다음과 같이 설하고 있다.


삼세의 인간 가운데 가장 높으신 어른과 일체의 모든 공덕의 업과 위
없는 최상의 보리 열매는 모두 초발심에서 생긴 것이네.


여기서 삼세의 인간 가운데 가장 높으신 어른이란 부처님을 말한다.
부처님의 경계와 무량한 공덕과 위없는 보리는 초발심에 의해 얻어지는
것이다. 초발심의 중요함을 설한 것이 〈초발심보살공덕품〉인 것이다.


## 마음에 근심과 기쁨이 없음 – 〈명법품〉

그때 정진혜보살이 법혜보살에게 청정한 수행을 닦는 방법을 물었
으며, 이에 대해 보살이 대답한 것이 〈명법품(明法品)〉이다.

먼저 첫째로는 방일(放逸)하지 않는 것이다. 방일하지 않는 것이란 게
으르지 않음을 말한다. 방일하지 않음을 실행하기 위해서는 ①계율을
청정히 지키는 것, ②어리석음을 버리는 것, ③타인에게 아첨하지 않는
것, ④불퇴전(물러나지 않는 것)을 얻는 것, ⑤고요함을 구하고 범부를 접근
시키지 않는 것, ⑥세간의 행복을 구하지 않는 것, ⑦착한 일을 행하는
것, ⑧보살도를 실천하는 것, ⑨마음에 더러움이 없는 것, ⑩스스로 아
는 것의 10가지가 중요하다고 한다. 방일하지 않음을 실행할 수 있게

되면, 다음은 10가지의 정법(淨法)을 수행해야 된다. 그 가운데에는 다음과 같은 내용이 있다.

항상 마음이 고요하여 산란하지 않고, 좋거나 나쁜 말을 들어도 근심하거나 기뻐하지 않음이 마치 대지와 같네.

마음을 선정에 의해 고요하게 해서 결코 산란하게 하지 않으며, 무한한 통일의 힘에 의해 부동의 마음에 안주시킨다. 그렇게 되면 좋은 것을 듣거나 나쁜 것을 들어도 마음에 기쁨이나 근심이 일어나지 않는다. 범부는 싫은 소리를 들으면 불쾌하게 되고 재미있는 이야기나 즐거운 소식을 들으면 저절로 유쾌해진다. 대지와 같이 움직이지 않는 부동의 마음이 되면 무슨 말을 듣더라도 마음이 움직이지 않는다. 60년의 긴 세월 동안 오로지 좌선만으로 살았던 담운은 바로 이러한 경지에 있었던 것이 아닐까?

인간이 한 가지 목적을 향해서 전력을 다해 일에 몰두하고 있을 때 비로소 부동한 마음의 경지를 얻을 수 있다. 조금이라도 게으름을 피우거나 혹은 의심하는 마음이 생기면 남에게 신경이 쓰이게 된다. 선(禪)의 용어에 '맥직거(驀直去)'라는 말이 있다. 쏜살같이 가라고 하는 의미로서, 좌우를 두리번거리지 말고 곧바로 가는 것을 말한다.

다음은 모든 부처님을 기쁘게 하는 10가지 법의 실행을 설한다.

첫째, 부지런히 행동하여 물러나지 않는다.

둘째, 신명(身命)을 아끼지 않는다.

셋째, 이익을 구하지 않는다.

넷째, 일체의 법을 닦는 것이 마치 허공과 같다.

다섯째, 묘한 방편의 지혜로써 모든 법이 법계와 같음을 관찰한다.

여섯째, 모든 법을 분별하여 의지하는 마음이 없다.

일곱째, 항상 큰 서원을 낸다.

여덟째, 청정한 법인(法忍)에 대한 지혜의 광명을 성취한다.

아홉째, 손해되고 이익되는 모든 법을 잘 안다.

열째, 행하는 법문을 모두 다 청정하게 한다.


이 가운데서 처음의 3가지를 보면 물러나지 않는 수행, 신명을 아끼지 않는 수행, 이익이나 명예를 구하지 않는 수행으로서, 이 세 가지가 바로 담운이 40여 년간 행했던 수행이었다. 이 수행에 의해 모든 것이 청정하게 된다고 한다. 그러므로 담운은 빈대나 벼룩조차도 물지 않는 청정무구(淸淨無垢)한 신체를 가질 수 있었던 것이다.


## 번뇌를 극복하는 가르침

이어서 〈명법품〉은 10가지의 청정한 수행과 10가지의 청정한 서원과 10가지의 무진장한 보물창고에 대해 설한 다음, 다시 중생들의 교화 방법에 대해 설하고 있다.

탐욕이 많은 이에게는 부정관(不淨觀)을 가르치고, 분노가 많은 이에게는 대자관(大慈觀)을 가르치고, 어리석음이 많은 이에게는 모든 법을 분별하도록 가르치고, 삼독(三毒)을 고루 가진 이에게는 훌륭한 지혜를 갖출 법문을 가르치며, 생사(生死)를 원하는 이에게는 세 가지 고통을 가르치고, 모든 존재에 집착하는 이에게는 공(空)의 법문을 가르치고, 게으른 이에게는 정진하도록 가르치고, 아만(我慢)이 많은 이에게는 평등관을 가르치고, 마음이 삐뚤어진 이에게는 보살의 마음은 고요하여 아무것도 없음을 가르치느니라.

탐욕이 많은 사람에게는 신체가 깨끗하지 못하다는 것을 관(觀)하게 한다. 예를 들면 아름다운 여성에게 집착하는 사람에게는 아무리 아름다운 여성이라도 죽고 나면 다른 사람과 마찬가지로 시체가 되어 점차로 부패하고 마침내 백골이 되어 버리는 모습을 마음 속에 떠올려 미인에 대한 집착심을 버리게 하는 것이다.

화를 잘 내는 사람에게는 크나큰 자비의 마음을 가르치고, 어리석은 사람에게는 일체의 모든 것은 무상(無常)하므로 항상 변해 간다는 것을 가르친다. 명예든 지위든 재산이든 영원히 변하지 않고 계속되는 것은 아무 것도 없다는 것을 깨닫는다면, 지위나 재산이 없어져도 쉽게 체념할 수 있으므로 어리석은 말을 하지 않게 된다.

또한 탐내고 성내고 어리석음의 삼독에 빠져 있는 사람에게는 훌륭한 지혜를 갖출 것을 권하고, 인생의 쾌락에만 마음을 빼앗긴 사람에게는 세 가지 고통을 가르친다. 세 가지 고통이란 고고(苦苦)와 괴고(壞苦)와

행고(行苦)를 말한다.

고고란 병이나 빈곤 등에서 야기되는 심신의 고통을 의미하고, 괴고는 자기가 애착을 가지고 있는 것이 파괴되었을 때 느끼는 고통으로서, 예를 들면 자기 자식이나 사랑하는 사람을 잃었을 때의 고통과 슬픔을 말한다. 행고란 일체의 모든 것은 무상하므로 변해가기 때문에 받는 고통을 말한다. 이 세 가지 고통은 인간이 살아있는 한 누구도 피할 수 없는 고통이다. 그러므로 '인생은 고통이다'라고 하는 것이다. 쾌락에 빠져 있는 사람에게는 이 세 가지 고통을 가르쳐서 쾌락에서 빠져 나올 수 있는 눈을 뜨게 해 주는 것이다.

또한 일체의 모든 것은 영원히 존재하여 변화하지 않는다고 생각하는 사람에게는 모든 것은 인(因)과 연(緣)으로 성립되어 있다는 것을 가르쳐서 공(空)함을 깨닫게 한다. 한편 태만한 사람에게는 정진하는 것이 가장 중요하다는 것을 가르치고, 자신이 최고라고 하는 아만심으로 가득 찬 사람에게는 인간은 모두 평등하다는 것을 가르치며, 비뚤어진 마음을 가진 사람에게는 언제나 마음을 편안하고 고요하게 가질 것을 가르친다.

이와 같이 일체의 모든 번뇌나 어리석음을 가진 사람들에게 그것을 극복하는 도(道)를 가르치는 이가 바로 보살인 것이다.

# 청정한 십바라밀

이어서 청정한 십바라밀(十波羅蜜)을 설한다.

① 단(壇)바라밀: 일체 중생을 위해 안 팎의 소유를 다 보시하면서도 아까워하는 마음을 내지 않는 것.

② 시(尸)바라밀: 계율을 지키면서도 계율에 집착하지 않는 것.

③ 찬제(羼提)바라밀: 인욕행을 말하는 것으로서, 온갖 고통을 모두 참아 칭찬이나 비방을 들어도 근심하거나 기뻐함이 없어 마음이 마치 대지처럼 흔들리지 않는 것.

④ 비리야(毘利耶)바라밀: 정진행을 말하는 것으로서, 용맹하고 부지런히 정진해서 견고한 마음이 물러나지 않고 끝내 지혜를 완성하는 것.

⑤ 선(禪)바라밀: 청정한 삼매에 들어 번뇌가 없는 부처님의 지혜를 갖추는 것.

⑥ 반야(般若)바라밀: 가르침을 듣고, 가르침을 올바로 관찰하여 일체의 모든 것에는 자성(自性)이 없다는 것을 아는 것.

⑦ 방편(方便)바라밀: 중생의 서원에 응하여 몸을 나타내고 교화하는 것.

⑧ 원(願)바라밀: 일체의 모든 중생을 구제하고 부처님을 공양하며, 수행해서 지혜를 얻기를 원하는 것.

⑨ 역(力)바라밀: 번뇌를 떠나 청정하게 되고 자리이타(自利利他)의 힘을 갖추는 것.

⑩ 지(智)바라밀: 일체의 모든 것에 대한 진실을 알아 부처님의 지혜를

이해하는 것.

위의 십바라밀에 의해서 일체의 중생을 교화하고 갖가지 나쁜 길에서 벗어나게 하며, 정진시켜서 모든 고통으로부터 떠나게 하는 것이다.

탐욕이 많은 이에게는 이욕관(離欲觀)을 가르치고, 분노가 많은 이에게는 평등관(平等觀)을 가르치며, 사견(邪見)이 많은 이에게는 인연관(因緣觀)을 가르친다.

탐욕이 많은 사람에게는 욕심을 벌게 하고, 성을 잘 내는 사람에게는 인간은 모두 다 평등하다는 것을 가르치며, 사견이 많은 사람에게는 인과의 도리를 믿게 하여 일체의 모든 것은 인연에 의해 발생한다는 것을 알게 한다는 것이다.

특히 처음으로 발심할 때 중생들이 갖가지 나쁜 길에 빠져 있는 것을 보면 큰 사자후로 "나는 저들의 마음의 병을 알아 갖가지 법문으로써 제도하리라"고 한 것처럼 보살은 중생의 마음의 병을 다 알고 있기 때문에 중생을 제도할 수 있는 것이다.


## 육화경의 실천

이상과 같은 청정한 열 가지 수행을 행한 사람은 삼보를 번성시킬 수 있다.

　　보살마하살은 중생을 교화하여 보리심을 일으키게 하기 때문에 불
　　보(佛寶)를 끊어지지 않게 하고,
　　깊고 깊은 갖가지 묘한 법의 창고를 열어 보이기 때문에 법보(法寶)를
　　끊어지지 않게 하며,
　　그 위의(威儀)와 교법을 모두 받들어 지니기 때문에 승보(僧寶)를 끊어
　　지지 않게 하기 때문이다.


　　삼보란 불·법·승의 세 가지 보배를 말한다. 이 삼보에 귀의하는 것
은 불교도의 기본 조건이다.

　　또 보살은 큰 서원을 발해서 불보를 끊어지지 않게 하고, 십이연기
(十二緣起)를 설명해서 법보를 끊어지지 않게 하며, 육화경(六和敬)을 행하
기 때문에 승보를 끊어지지 않게 한다는 것을 설하고 있다. 십이연기는
원시불교의 가르침으로서 너무나 유명하기 때문에 여기서는 육화경에
대해서만 설명하기로 하자.

　　육화경은 육화합(六和合)이라고도 하며, 깨달음을 구하기 위해서 수
행하는 자들이 여섯 가지 측면에서 서로 사이좋게 공경해야 할 것을 설
한 것이다.

　　① 신(身)화경: 예배 등 신체로서 행하는 행위를 동일하게 하는 것.
　　② 구(口)화경: 말을 동일하게 하는 것.

③ 의(意)화경: 마음가짐을 동일하게 하는 것.

④ 계(戒)화경: 계율을 동일하게 지니는 것.

⑤ 견(見)화경: 올바른 견해를 동일하게 지니는 것.

⑥ 이(利)화경: 의복·음식 등의 이익을 동일하게 나누는 것.


이 육화경에 의해서 승보가 끊어지지 않게 되는 것이다. 여기에는 불법을 구하기 위해서 공동생활을 하는 수행자들의 근본적인 태도가 설해져 있다.

이 경문은 이어서 다음과 같이 설한다.


보살은 중생이라는 밭에 부처님의 종자를 뿌려 정각(正覺)의 싹을 트게 하기 때문에 불보를 끊어지지 않게 하고,

신명(身命)을 아끼지 않고 정법를 수호하기 때문에 법보를 끊어지지 않게 하며,

대중을 잘 통솔하여 괴로워하는 마음을 없애기 때문에 승보를 끊어지지 않게 한다.


부처님의 종자를 중생의 마음에 심어 정각의 싹을 트게 함으로써 불보를 끊어지지 않게 하는 것이다. 부처님의 종자를 심는 것은 매우 중요한 일로서, 만약 이것이 끊어지면 불법이 멸해 버리기 때문이다.

또한 법보를 끊어지지 않게 하기 위해서는 신명을 아끼지 않을 결심으로 정법을 수호해야만 한다. 담운은 범행(梵行)을 완수하기 위해 좌선

에 열중하던 동료들과 함께 선문(禪門)을 열었다. 마침 북주의 폐불사건으로 인하여 불법이 폐절된 후였기 때문에 정법을 수호하기 위한 불퇴전의 결의가 대중들 사이에 넘쳐흐르고 있었던 것이다.

승보를 끊어지지 않게 하기 위해서는 대중들을 통솔하지 않으면 안 된다. 대중들의 마음 속에 근심 · 걱정이 있으면 안심하고 수행에 전념할 수 없기 때문이다.

〈명법품〉은 법혜보살이 다시 부처님의 신력을 받아 게송으로써 가르침을 설하는 것으로 끝을 맺는다.

> 보살의 수행은 진실하여 조금도 거짓이 없으며, 중생들을 제도하고 해탈시켜 갖가지 번뇌를 떠나게 하네.
> 보살은 이런 법을 모두 이루어 어리석음의 그림자를 모두 없애고, 일체의 마군들에게 모두 항복받아 끝내는 위없는 보리를 얻네.

이와 같이 10가지의 청정한 수행을 한 보살은 진실한 가르침에 맞게 중생을 구제하고, 번뇌의 고통으로부터 떠나게 한다. 또한 청정한 수행을 하면 어리석은 그림자를 비추어내어 광명을 볼 수 있게 되는 것이다.

오대산 목과사에서 담운은 20여 년간 홀로 수행에 전념하여 드디어 문수보살의 화신을 친견할 수 있었다. 그러나 어리석음의 그림자는 그 정도의 수행으로는 제거할 수 없었다. 그는 다시금 40여 년의 수행을 필요로 했다. 그리하여 도합 60여 년의 수행을 하여 겨우 '명예와 이익을 구하지 않는 심경'에 도달할 수 있었던 것이다.

어리석음의 그림자를 제거하게 되면 당연히 일체의 악마를 항복시킬 수 있다. 이 세상에는 무수한 악마가 갖가지 유혹의 손을 뻗치고 있다. 약간의 방심으로도 지금까지 쌓아온 재산과 지위를 한순간에 잃게 된다. 그러므로 악마의 유혹에 현혹되지 않는 부동의 마음을 기르지 않으면 안 되는 것이다.

제 10화
# 유심의 풍경

불승야마천궁자재품(佛昇夜摩天宮自在品) · 야마천궁보살설게품(夜摩天宮菩薩說偈品)

신(信)에 의해 행(行)이 일어나고 공덕림보살을 중심으로 위신력을 찬탄하는 모습이다.

## 유심의 게송을 받은 죽림사의 법조

중국의 4대 영산(靈山)의 하나인 오대산에는 당나라시대 정토교의 법조(法照)가 창건한 죽림사가 있다. 당나라 개성 5년(840) 5월에 이 죽림사를 참배했던 일본의 자각대사 엔닌(圓仁)의 기록에 의하면, 당시 죽림사에는 율원(律院) · 고원(庫院) · 화엄원(花嚴院) · 법화원(法花院) · 각원(閣院) · 불전원(佛殿院)의 6개 집이 있었으며, 한 집에는 40명 정도의 승려가 살고 있었다고 한다.《입당구법순례행기》

현재 오대산 죽림사는 대회진(臺懷鎭)에서 남서쪽으로 6킬로미터 떨어진 죽림사 마을의 서쪽에 위치하고 있다. 1985년 여름에 내가 갔을 때는 명나라시대에 창건된 높이 25미터 정도의 흰 탑과 돌비석이 있을 뿐이었다. 지금은 웅장한 불전이 그 주위에 세워졌지만 자각대사가 본 당나라시대 죽림사의 장엄함에는 비할 바가 못 된다.

죽림사를 개창한 법조가 당나라 대력 2년(767) 2월 13일에 남악 형산의 축융봉에 있는 운봉사의 식당에서 죽을 먹고 있을 때였다. 그때 죽그릇 속에 오대산 불광사가 비치고, 그곳에서 북동쪽으로 1마일 떨어진 산 아래 계곡에 있는 돌문이 보였다. 법조가 그 돌문을 지나 다시 5리쯤 가자 대성죽림사(大聖竹林寺)라고 쓴 사찰이 나타났다. 법조가 놀라서 보고 있는 사이에 죽그릇 속의 그림자가 사라졌다.

27일 아침에는 죽그릇 속에 화엄사 등 오대산의 사원들이 똑똑히 비쳤다. 또한 문수보살을 위시하여 만 명의 보살의 모습도 비쳤는데 식사가 끝나자마자 사라져 버렸다. 법조는 이 불가사의한 광경에 깜짝 놀라 스님들에게 이 사실을 이야기하며 오대산에 다녀온 사람을 찾았다. 그러자 가연(嘉延)과 담위(曇暉)라는 두 스님이 자기들은 오대산 불광사에 숙박하고 있었는데 그 광경과 똑같았다고 말했다.

호남성 형산현에 있는 축융봉과 오대산과는 너무나 멀리 떨어져 있다. 나도 일찍이 축융봉에 올라 가본 적이 있지만, 구름과 안개에 휩싸여 시야가 1미터도 되지 않는 축융봉은 참으로 영산이었다. 이 봉우리에 있는 사찰의 식당에서 죽그릇 속에 오대산의 풍경이 그대로 투영되었다고 하는 것은 도대체 무엇을 암시하는 것일까?

법조는 대력 4년(769) 여름, 호남성 형양현에 있는 상동사(湘東寺)의 높은 누각에서 오색의 구름 속에 떠 있는 누각을 보았다. 그 속에는 문수보살 등 만 명의 보살이 있었지만 갑자기 사라져 버렸다.

그날 밤 법조는 꿈에 노인 한 사람을 만났다. 70살이 넘은 노인은 법조에게 "왜 오대산으로 가지 않느냐?"고 물었다. 법조는 "오대산으로 가는 길이 너무 험하기 때문입니다."라고 대답했다. 그러자 노인은 "법사여, 서둘러 가거라."하고 말했다. 이에 법조는 무슨 일이 있더라도 오대산에 올라야겠다고 결심했다.

8월 13일, 법조는 남악 형산의 동료 스님 10명과 함께 오대산으로 출발하여 다음 해 4월 5일 오대현에 도착하였다. 멀리 저쪽 불광사에서 수십 가닥의 흰빛이 보였다. 다음 날 불광사에 이르자 그 절은 일찍이 죽 그릇 속에 비친 사찰과 똑같았다고 한다.《광청량전》권中)

법조는 대성죽림사에서 문수보살과 보현보살을 만날 수 있었다. 문수보살은 법조에게 염불이야말로 모든 법의 왕이므로 오로지 염불에만 전념할 것을 일러 주었다. 그리고는 다음과 같은 게송을 설했다.

> 모든 법은 오직 마음(唯心)으로 만든다. 마음은 얻을 수 없다는 것을 깨달아라. 항상 이것에 의해 수행하는 것을 진실상(眞實相)이라 한다.

또한 보현보살은 다음과 같이 말했다.

> 참고 견디는 것은 곧 보살의 인(因)이요, 성내지 않음은 반드시 올바른 과보를 초래한다.

법조는 이 두 성인으로부터 가르침을 받고 매우 기뻐하였다. 문수보살은 법조에게 보살원(菩薩院)에서 차례대로 순례할 것을 가르쳐 주었다. 대성죽림사에서 두 성인으로부터 가르침을 받은 법조는 화엄사 · 금강굴 · 동대(東臺) · 중대(中臺) 등의 영지(靈地)를 순례했으며, 후에는 대성죽림사 터에 죽림사를 창건하였다. 정토교의 법조가 문수보살로부터 받은 것은 '유심(唯心)'의 게송이었다.

# 길상한 보장엄전 – 〈불승야마천궁자재품〉

〈불승야마천궁자재품(佛昇夜摩天宮自在品)〉부터  제4야마천궁회(夜摩天宮會)에 들어간다. 이 제4회에서는 4개의 품을 설한다. 여기서 야마천궁회란 부처님이 야마천궁이라고 하는 천상의 궁전에 올라가 설하는 것을 말하는데, 〈불승야마천궁자재품〉은 그 중에서 부처님을 야마천궁의 궁전으로 청하는 서문에 해당된다.

부처님이 야마천궁의 사자좌에 앉으시자 지금까지 울려 퍼지던 음악이 그치고 정적이 찾아왔다. 그러자 야마천왕이 옛날 과거 부처님이 계신 곳에서 선근을 심었던 것을 회상하면서 게송을 읊었다. 그것은 "여러 가지 길상(吉祥) 중에서 최상"이라고 하는 열 분의 부처님이 어떤 길상한 궁전에 들어가셨는가 하는 것이었다. 그 열 분의 부처님과 들어가신 궁전은 다음과 같다.

명칭(名稱)여래 — 마니보배로 장엄한 궁전

보왕(寶王)여래 — 감로 가운데 가장 맛있는 궁전

희왕(喜王)여래 — 온갖 보배로 장엄한 궁전

혜안(慧眼)여래 — 특수하고 훌륭한 궁전

요익(饒益)여래 — 청정한 보배산의 궁전

무사(無師)여래 — 미묘한 보배향의 궁전

천인중존(天人中尊) — 가볍고도 미묘한 향의 궁전

무거(無去)여래 — 밝고 깨끗하며 두루 보는 눈의 궁전

분별(分別)여래 — 즐겁고 장엄한 궁전

고행(苦行)여래 — 평등한 빛이 두루 비치는 궁전


이들 열 분의 여래는 세간의 등불이며, 지혜가 무량하고 세간에서 가장 높으며, 위없는 스승으로서 각각 최고로 길상한 궁전에 드신 것이다. 이와 같이 부처님의 덕을 칭송하는 야마천왕의 게송이 끝나자 부처님은 야마천궁의 사자좌에 올라 결가부좌하고 앉으셨다.

야마천왕이 열 분의 부처님은 길상 가운데 최고로 높으신 분들이며, 그들이 계신 궁전도 최고로 길상한 곳이라고 하는 회상을 하였지만, 지금 부처님이 계신 궁전은 그 이상으로서 길상 가운데 더할 수 없이 길상한 곳이라고 한다. 간단히 말하면 더할 수 없이 길상한 궁전에서 제4회의 설법이 시작된다고 하는 것이 〈불승야마천궁자재품〉의 내용인 것이다.

그런데《광청량전》권중에는 법조가 대성죽림사에서 본 광경이 묘사되어 있다.


그 속에는 120개의 집이 있으며, 그 집에는 보석으로 장엄된 탑이 있다. 또한 그 땅은 모두 황금으로 되어 있으며, 계곡을 흘러내리는 물과 꽃과 열매로 가득 차 있다.


황금으로 된 땅에 보배로 된 탑이 있으며, 계곡을 흘러내리는 물과 꽃과 열매로 가득 차 있다고 하므로 정토와 같은 풍경이었음을 알 수 있

다. 《화엄경》에서 설하는 최고로 길상한 장소가 바로 법조가 본 대성죽
림사의 풍경이었던 것이다.


## 부처님 만나기 어렵다 - 〈야마천궁보살설게품〉

야마천궁에 결가부좌하고 앉으신 부처님의 주위에는 여러 세계로부
터 열 분의 부처님과 열 분의 보살이 모여들어 각각 결가부좌하고 앉았
다. 그 열 분의 부처님 이름에는 상주안(常住眼) · 무량안(無量眼) 등과 같이
모두 '안(眼)' 자가 붙어 있으며, 열 분의 보살 이름에는 공덕림(功德林) ·
혜림(慧林) 등과 같이 모두 '림(林)' 자가 붙어 있다. 보살의 이름에 '림' 자
가 붙은 이유는 법계(法界)의 수행을 행하고 법계의 덕을 완성하는 것을
나타내어 그 덕이 높고 넓음을 나무에 비유하여 '림'이라고 한 것이다.
　이들 열 분의 보살은 게송으로써 각각 부처님을 찬송하였는데, 그 가
운데 공덕림보살이 읊은 게송 가운데 다음과 같은 내용이 있다.


　　일체의 모든 세간 사람들은 아무도 부처님을 헤아릴 수 없지만, 부처
　　님은 중생의 원에 따라 모든 곳에 나타내 보이네.


보통 사람들은 부처님을 생각할 수도 볼 수도 없지만 오로지 중생이
서원하면 볼 수 있는 것이다. 법조는 오대산에 가 문수보살을 친견하고
싶다는 강한 서원을 가지고 있었다. 그 때문에 멀리 떨어진 형산의 축융

봉에 있으면서도 오대산 불광사의 풍경과 문수보살을 위시하여 만 명의 보살들의 모습을 죽그릇 속에서 만나 뵐 수 있었던 것이다.

아마천궁의 사자좌에 앉으신 부처님이나 열 분의 여래, 이 법회에 모인 무수한 보살들의 모습은 보통 사람들에게는 보이지 않는다. 그것은 강렬한 서원이 없으면 볼 수 없기 때문이다.

또한 혜림보살은 다음과 같이 말했다.

불가사의한 오랜 겁을 지나도 천인사(天人師)를 만나기 어렵나니, 번뇌를 떠난 모든 대장부들의 이런 모임도 또한 만나기 어려워라.

여기서 천인사란 부처님을 말하며, 번뇌를 떠난 모든 대장부란 열 분의 여래를 말한다. 무한한 시간에 걸쳐서도 만나기 어려운 부처님과 열 분의 여래를 이 아마천궁의 법회에서 만날 수 있게 되었다는 것에 대해 혜림보살은 감격하여 칭송한 것이다.


## 마음과 부처와 중생은 하나 – 유심게

아홉 번째의 여래림보살은 유명한 '유심게(唯心偈)'를 설한다.

마음은 능숙한 화가와 같아서 갖가지 오음(五陰)을 그려내나니, 그러므로 이 세계 가운데서 무엇이고 짓지 못하는 법이 없네.

마음과 같이 부처님도 그러하며 부처님과 같이 중생도 또한 그러하여, 마음과 부처와 중생, 이 셋은 꼭 같아서 차별이 없네.

모든 것은 다 마음따라 변하는 줄을 모든 부처님은 잘 아시네. 만일 누가 이렇게 이해한다면 그 사람은 참다운 부처를 볼 수 있네.


마음은 능숙한 화가가 그림을 그리듯이 무엇이든 만들어 낸다. 어리석음으로 헤매는 범부의 마음도, 깨달은 부처의 마음도 모두 다 마음의 작용에 지나지 않는다. 마음과 부처와 중생이 무차별하다고 한다. 우리들의 마음이 헤매면 중생이 되고, 깨달으면 부처가 되는 것에 불과하다. 중생도 부처도 우리들 마음의 작용에 의한다. 부처라고 해도 마음이 만들어 내는 것이므로 마음과 부처는 구별이 없으며, 또한 마음이 헤매어 범부가 될 때 마음과 범부도 구별이 없는 것이다.

앞에서 인용한 "마음은 능숙한 화가와 같아서 …… 이 셋은 꼭 같아서 차별이 없네."까지의 문장을 예부터 '유심게(唯心偈)' 또는 '여심게(如心偈)'라고 하였으며, 일본 카마쿠라시대의 묘에쇼닌(明惠上人)은 《화엄유심의(華嚴唯心義)》 2권을 저술하여 이 유심게에 주석을 붙였다.

법조는 오대산 대성죽림사에서 문수보살을 만나 수기(授記)를 받았는데 문수보살의 가르침 가운데 "모든 법은 오직 마음(唯心)으로 만든다"라고 하는 것이 있다. 일체의 모든 것은 마음이 만든다고 한다. 마음의 작용, 마음가짐에 따라서 범부가 되기도 하고 부처가 되기도 한다는 것이다. 중생과 부처를 악마와 신이라고 해도 좋다. 인간의 마음은 일순간에 악마가 되기도 하고 신이 되기도 하지만, 악마와 신과 인간의 평범한 마음은 구별이 없는 것이다. 별도로 철학적인 일심(一心)이라고 하는 것을 내세울 필요는 없다. 단지 우리들의 평범한 일상의 마음이 악마가 되기도 하고 신이 되기도 하는 것이다.

## 지옥을 쳐부수는 게송

'유심게'에 이어 다음과 같이 설한다.

> 만일 누구나 삼세의 모든 부처님을 알고 싶으면, 마음이 모든 부처님을 만든다고, 그렇게 관찰해야만 하네.

과거·현재·미래의 삼세의 모든 부처님을 알고 싶으면 마음이 모든 부처님을 만든다는 것을 관찰하라고 하는 것이다. 이 게송은 80《화엄경》에서는 다음과 같이 되어 있다.

> 만일 어떤 사람이 삼세의 모든 부처님을 알려 하거든, 마땅히 법계의 성품과 일체의 모든 것이 오직 마음으로 된 것임을 관(觀)하라.

이 게송을 예부터 '지옥을 쳐부수는 게송(破地獄偈)'이라고 불렀는데, 여기에는 다음과 같은 인연 설화가 있다.

당나라 문명 원년(684)의 일이었다. 수도에 왕 씨라고 하는 사람이 살고 있었는데, 착한 일을 하지도 않고 계율을 지키지도 않았다. 드디어 그가 병이 들어 죽자 두 사람의 옥졸이 왕 씨를 안내하여 지옥문까지 데리고 왔다. 그때 그곳에 있던 지장보살이 왕 씨에게 게송을 주면서 외우라고 했다. 그 게송은 위에 든 60《화엄경》의 "만일 누구나 삼세의 모든 부처님을 알고 싶으면, 마음이 모든 부처님을 만든다고, 그렇게 관찰해야만 하네."라는 문구였다.

지장보살은 왕 씨에게 이 게송을 준 뒤 "이 게송을 외우면 지옥에 떨어지지 않는다."고 일러 주었다. 왕 씨는 지옥으로 떨어지는 공포로부터 벗어나고픈 일념으로 이 게송을 열심히 외웠다. 이윽고 염라대왕 앞으로 끌려 나가자 염라대왕은 왕 씨에게 "그 게송을 외우면 도대체 무슨 공덕이 있는가?"하고 물었다. 왕 씨는 "저는 단지 이 게송을 일심으로 외우고 있을 뿐입니다."라고 대답했다. 그러자 염라대왕은 그의 죄를 면하여 지옥에 떨어지지 않게 했다. 왕 씨는 3일 후 소생했으며, 이 게송을 확실히 기억하고 있었다. 왕 씨는 사찰을 찾아가 스님들에게 이 이야기를 하면서 기억하고 있던 게송에 대해 물었더니《화엄경》속의 게송이라는 것을 가르쳐 주었다. 왕 씨는 스스로 체험한 이 이야기를 공관사의 승정(僧定)법사에게 상세히 말했다고 한다.《화엄경전기》권4)

위의 설화에 의해 이 게송은 '지옥을 쳐부수는 게송(破地獄偈)'이라 불리게 되었다. 사람들은 이 게송을 기억하게 되었으며, 이 게송만 외우고 있으면 지옥에 떨어지는 일은 없다고 단단히 믿었던 것이다.

현재 선종에서 아귀에게 밥을 주는 의식을 행할 때 외우는 경이 있는데, 그 첫머리는 다음과 같은 내용으로 시작된다.

만일 어떤 사람이 삼세의 모든 부처님을 알려 하거든, 마땅히 법계의 성품과 일체의 모든 것이 오직 마음으로 된 것임을 관하라.

위의 마지막 문구 "일체는 오직 마음이 만든다."고 하는 말은《화엄경》의 유심사상을 간결하게 나타내고 있다. 이 경문도 '지옥을 쳐부수는 게송'이 변용된 것이라고 생각된다. 문수보살이 법조에게 설한 "모든 법은 오직 마음이 만든다."고 한 게송이나 위의 "일체는 오직 마음이 만든다."고 하는 게송은 똑같은 의미를 나타내고 있다.

## 마음이 청정하면 중생도 청정하다

앞에서 인용한 '유심게'의 처음에 "마음은 능숙한 화가와 같다."라고 하여 마음을 능숙한 화가가 그림을 그리는 것에 비유하고 있는데, 이 비유는《잡아함경》권10에도 있다.

긴 밤에 갖가지 탐욕과 성냄과 어리석음으로 물든다. 마음이 괴롭기 때문에 중생이 괴롭고, 마음이 깨끗하기 때문에 중생도 깨끗하다. 예를 들면 화가가 그의 제자가 잘 다스려 놓은 밑바탕에 여러 가지 색깔로써 마음대로 갖가지 그림을 그리는 것과 같다.

화가가 그의 제자가 잘 펴 놓은 종이 위에 여러 가지 색깔로써 자기 마음대로 온갖 그림을 그릴 수 있는 것을 말하고 있다. 화가는 어떤 형태라도 자유롭게 묘사한다. 이것과 마찬가지로 인간의 마음도 탐욕과 성냄의 어리석음 등의 여러 가지 번뇌로 물들어 있어 갖가지 색채를 띠고 있다. 그러므로 마음이 괴로워하면 중생이 괴로워하고, 마음이 맑게 되면 중생 또한 맑게 되는 것이다. 여기서의 마음이 괴롭다고 하는 것이 《화엄경》의 '유심게'에서는 중생이 되고, 마음이 깨끗하다고 하는 것이 부처가 된다. 그런데 마음이 괴로워하면 중생이고, 마음이 깨끗해지면 부처가 되므로 마음과 중생과 부처가 전혀 다른 것이 아니라고 하는 것은《잡아함경》에서 이미 설하고 있는 것이다.

법조는 문수보살에게 "모든 법은 오직 마음이 만든다."라는 게송을 받기 직전에 다음과 같은 가르침을 받았다.

> 너희들이 해탈을 구하려고 하면 반드시 먼저 너희들의 아만심(我慢心)을 없애야 한다. 질투와 명리(名利)와 탐욕 등 이러한 선(善)하지 못한 마음을 버리고 오로지 저 아미타불의 명호를 염(念)해야 한다. 그러면 곧 부처님의 경계에 안주할 수 있다. 만일 부처님의 경계에 안주할 수 있으면 그 사람은 항상 일체의 부처님을 볼 것이다.

해탈을 구하려고 한다면 아만심을 버리라고 하는 것이다. 또한 질투나 명예, 이익, 탐욕과 같은 번뇌를 없애야만 일체의 부처님을 볼 수 있다고 한다.《화엄경》에서는 일체의 모든 것이 마음에서 만들어진 것이라는 것을 알면 참된 부처님을 볼 수 있다고 한다. 표현은 다르지만 같은 내용을 말하고 있는 것이다. 이렇게 하여 번뇌를 끊으면 어떻게 될까? 문수보살은 이어서 다음과 같은 말을 하고 있다.

> 만일 조속히 여러 가지 번뇌를 끊을 수 있다면 곧 진여(眞如)의 성품을 깨달을 수 있네. 그러면 고통의 바다 속에 있으면서도 항상 즐거우니, 마치 연꽃이 진흙탕에 물들지 않는 것과 같네. 이리하여 마음은 청정하게 되어 애욕의 강을 벗어나 조속히 보리(菩提)의 과보를 증득할 수 있네.

번뇌를 끊게 되면 진여의 달을 볼 수 있다. 진흙탕 속에서 피어난 연꽃은 흙탕물에 물들지 않고 청정한 꽃을 피우고 있다. 이와 꼭 마찬가지로 우리 인간도 고통의 바다인 진흙탕 속에서 살아가면서도 평안하고도 안온한 경지에 들어갈 수 있으며, 그때 마음은 어디까지나 투명한 등불처럼 맑고 청정하게 된다. 애욕의 강을 벗어나 깨달음을 완성할 수 있다고 말하고 있는 것이다.

일체의 모든 것은 오직 마음이 만든다고 하는 것은, 우리들의 마음이 청정하게 되면 부처가 되고, 번뇌로 뒤덮히면 중생이 된다고 하는 것을 의미한다. 《잡아함경》의 "마음이 괴롭기 때문에 중생이 괴롭고, 마음이 깨끗하기 때문에 중생도 깨끗하다."라고 하는 것과 문수보살이 법조에게 준 가르침과 《화엄경》의 '유심게'는 모두 같은 것을 말하고 있다.

## 부처님의 음성은 깊고도 묘하다

〈야마천궁보살설게품〉의 마지막은 지림보살의 게송으로 끝난다.

비록 부처님의 음성을 듣는다 하더라도 그 음성은 부처님이 아니네.
그 음성을 떠나도 또한 부처님의 등정각(等正覺)을 알 수 없네.

부처님의 음성을 듣는다고 하더라도 음성 그 자체는 부처님의 것이
아니다. 그러나 그렇다고 그 음성을 떠나서 부처님의 깨달음을 알 수
있는 것도 아니다. 부처님의 음성은 단순한 음성이 아니라 부처님의 생
명이 거기에 머물고 있는 것이다. 법조는 대성죽림사에서 문수보살과
보현보살의 말을 들었지만 그 말은 단순한 음성이 아니었다. 그러므로
"법조는 그 말을 다 듣자마자 기뻐서 날아오를 것 같았으며, 의혹의 덩
어리는 낱낱이 해결되었다. 법조는 감사의 마음으로 합장 예배하였다."
라고 하는 것이다. 문수와 보현 두 보살의 말은 단순한 음성이 아니었
다. 그러므로 그 말을 들은 법조는 지금까지 가슴에 품고 있던 모든 의
심을 깡그리 제거할 수 있었던 것이다. 의심이 완전히 없어지자 마음은
가을 하늘처럼 한 점의 구름도 없게 되었다. 지림보살은 다음과 같은
게송으로 〈야마천궁보살설게품〉의 최후를 장식한다.

이 이치는 매우 깊고도 미묘하네. 만일 이것을 잘 분별해 알면 위없
는 저 도(道)를 장엄해 일체의 허망함을 멀리 떠나리.

일체의 모든 부처님은 부처님의 법을 말하는 일이 없지만, 중생의 부름에 따라 변신해서 그들을 위해 법을 설하시네.

부처님 음성의 불가사의함은 대단히 깊고 미묘한 것이므로 이 이치를 알 수 있으면 깨달음을 완성시켜 미혹의 세계에서 벗어날 수 있다고 한다. 부처님은 중생의 능력에 맞게 법을 설한다. "중생의 부름에 따라 변신하여"라고 하는 것처럼 중생의 서원에 따라 부처님은 나타나서 교화하고 설법하는 것이다.

남악 형산의 축융봉에 있던 법조의 죽그릇 속에 오대산의 경치와 문수보살을 비롯한 만 명의 보살들의 모습이 나타난 것은 법조의 열렬한 서원에 감응했기 때문이다. 구하는 마음, 서원하는 마음이 없으면 부처님과 보살은 결코 목소리를 내거나 그 모습을 눈앞에 나타내지 않는다.

# 제11화

# 무진장한 보물창고

공덕회취보살십행품(功德華聚菩薩十行品) · 보살십무진장품(菩薩十無盡藏品)

법의 내용을 증득해가는 과정과 파도치는 물결 속에 배가 떠있고 뱃사공을 묘사했다.

## 석굴 속의 수행자 – 번현지

중국 섬서성 중부의 황릉현이나 의군현에는 그리 크지 않는 몇 개의 석굴이 있다. 그 중 황릉현 쌍룡향에 있는 향방(香坊)석굴은 저하(沮河)가 내려다보이는 진가산 절벽에 위치하고 있는데, 석굴의 정면에는 미륵보살이 결가부좌하고 앉아 있으며, 그 위에는 비천상(飛天像)이 조각되어 있다. 특히 이 석굴에는 남자 공양인 10명과 여자 공양인 12명이 조각되어 있으며, 그 공양인들의 이름이 적혀 있는 것이 특징이다.

이 석굴의 입구에서 오른쪽으로 5미터 떨어진 곳에는 높이 5미터의 감실이 있다. 거기에는 4미터 높이의 마애불상이 있으며, 그 양 옆에는 두 분의 협시보살이 손에 연꽃 봉우리를 들고 조심스러운 태도로 서 있다.

또한 의군현에 있는 복지댐의 절벽에도 석굴이 있는데 그 속에는 석가불이 결가부좌하고 앉았으며, 그 양옆에는 남녀 공양인들이 단정히 앉아 있다. 이와 같이 한가운데 부처님을 모시고 양 옆에 협시의 보살을 안치한 작은 석굴이 의군현에는 산재해 있다.

이들 석굴이 언제쯤 만들어졌는지는 확실히 알 수 없다. 그러나 그

양식은 용문의 동위(東魏)석굴이나 공현(鞏縣)석굴의 공양인 예불도(禮佛圖) 등과 비슷하므로 남북조시대 말에 조성된 것으로 추정된다.

현재의 황릉현이나 의군현을 당나라시대 때는 방주(坊州)라고 불렀다. 이 방주의 적사향(赤沙鄕)에서 3리 가량 떨어진 작은 석굴에 번현지(樊玄智)라는 화엄행자가 살고 있었다.

그는 이 석굴에서 20여 년 동안 거주하면서 낮에는《화엄경》을 독송하고, 밤에는 좌선을 하였다. 그가 경을 읽고 있으면 새와 짐승들이 숲속에서 모여들어 조용히 독경소리를 들었다. 번현지의 독경은 단지 소리를 내어 읽는 것이 아니라 그 소리에는 덕(德)이 들어 있었던 것이다.

또한 호랑이나 표범 같은 맹수까지도 번현지의 덕이 담긴 독경소리를 듣기 위해 그의 주변으로 몰려들어 엎드렸다. 어느 날 나쁜 사람이 번현지를 벼랑에서 밀어 떨어뜨렸을 때 그는 아무런 상처도 없이 의연하였다고 한다.

당나라 영순 원년(682)의 일이었다. 마을 사람들이 석굴 안에서 빛이 새어 나오는 것을 보았다. 이상하게 생각되어 굴속을 들여다보니 번현지가 앉은 채로 세상을 떠난 것이다. 장례를 지내기 위해 시신을 밖으로 꺼내니 빛이 사라졌다. 마을 사람들은 시신을 화장하여 탑을 세웠다. 그때 번현지의 나이 70여 세였다.

번현지는 한평생 거사로서 지냈다. 16세 때 장안으로 가서 화엄종의 창시자인 두순(杜順)선자 밑에서 수행하면서《화엄경》독송을 생명으로 삼았다. 종남산 지상사에 입산하여《화엄경》교리를 공부했지만, 번현지가 가장 힘을 기울인 것은《화엄경》을 독송하는 일이었다. 그가 경을 외울 때마다 입 속에서 사리가 나왔는데 그 수가 100개나 되었다고 한다. 번현지는 그 사리를 스스로 부처님께 공양했을 뿐만 아니라 사람들에게도 나누어 주었다고 한다.《화엄경전기》권4)

번현지가 입에서 사리를 내어 그것을 부처님께 공양했을 뿐만 아니라 사람들에게도 나누어 줌으로써 사람들은 사리의 공덕을 알고 사리 공양의 중요함을 알게 되었던 것이다. 이런 영향으로 화엄종의 대성자인 법장(法藏)은 불과 16세의 소년이었을 때, 장안에서 멀리 서쪽에 있는 부풍(扶風)의 법문사 불사리탑 앞에서 자신의 손가락을 태워 발원하였으며, 만년에는 측천무후의 칙명에 의해 법문사의 불사리를 동쪽 수도의 내궁(內宮)으로 옮기는 역할을 거뜬히 해낼 수 있었던 것이다. 번현지야말로 거사이면서도 사리공양을 한 화엄 수행자였다.

## 보살의 십행이란 - 〈공덕화취보살십행품〉

제4야마천궁회의 서론에 이어 여기서는 본론인 〈공덕화취보살십행품(功德華聚菩薩十行品)〉과 〈보살십무진장품(菩薩十無盡藏品)〉을 설한다. 먼저 〈공덕화취보살십행품〉에서는 공덕림보살이 열 가지 행(行)을 설하고, 다음 〈보살십무진장품〉에서는 무진장한 보물창고에 대해 설한다.

부처님의 신력을 받든 공덕림보살이 선복삼매(善伏三昧: 번뇌를 억제시켜 일어나지 않게 하는 삼매)에 들었다. 모든 부처님들이 공덕림보살의 이마를 어루만지자 삼매에서 깨어나 보살의 10행을 설하였다.

불자들이여, 어떤 것이 보살마하살의 행(行)인가? 보살에는 열 가지 행이 있으니 그것은 삼세의 모든 부처님이 말씀하신 것입니다. 그 열 가지란 첫째는 환희행(歡喜行)이요, 둘째는 요익행(饒益行)이며, 셋째는 무에한행(無恚恨行)이요, 넷째는 무진행(無盡行)이며, 다섯째는 이치란행(離癡亂行)이요, 여섯째는 선현행(善現行)이며, 일곱째는 무착행(無着行)이요, 여덟째는 존중행(尊重行)이며, 아홉째는 선법행(善法行)이요, 열째는 진실행(眞實行)이다.

보살의 십행이란 ①환희행, ②요익행, ③무에한행, ④무진행, ⑤이치란행, ⑥선현행, ⑦무착행, ⑧존중행, ⑨선법행, ⑩진실행이다. 이 10행에 관해 경전은 아래와 같은 설명을 부가하고 있다.

① 환희행이란 평등한 마음으로 일체 중생에게 보시하되, 보시한 뒤에는 후회함이 없고 그 과보를 바라지 않으며, 명예를 구하지 않고 좋은 곳에 나기를 바라지 않으며, 이익을 구하지 않는 것이다. 이것은 번현지가 입에서 나온 사리를 아까워하지 않고 사람들에게 보시한 것과 같은 것이다. 보살이 이 환희행을 닦으면 일체의 모든 중생들의 마음에는 환희가 흘러넘친다. 모든 사람들을 환희시키는 것, 이것이 환희행인 것이다. 이것은 보시하는 자, 보시 받는 자, 보시하는 물건, 이 세 가지 모두가 공(空)인 것을 알고 일체의 집착을 떠났기 때문에 가능하다.

② 요익행이란 계율을 지키는 일이다. 깨끗한 계율을 굳게 지키면서 일체의 번뇌를 떠나는 것을 말한다. 번현지는 재가신자인 거사이면서도 독경과 좌선의 생활에 철저했으며 계율을 지켰다. 그렇지 않으면 독

210

경할 때 목소리가 덕에 넘치고, 맹수가 엎드릴 리가 없는 것이다. 이 수행에 철저하면 마왕이나 천녀 등의 어떠한 유혹에도 끌리지 않는다. "마음이 깨끗하기가 마치 부처와 같다"와 같이 되는 것은 이 행의 실천에 의해서이다. 이 행을 실천하기 위해서는 "일체의 법은 꿈과 같고 전광과 같다"는 것을 깨달을 필요가 있다.

③ 무에한행이란 인욕행을 말한다. 이 행에 철저하면 항상 온화한 얼굴과 정다운 말로써 남을 해치지 않는다. 예를 들면 어떤 이가 칼로 찌르려고 해도 화를 내지 않는 것이다.

④ 무진행이란 정진하는 것을 말한다. 번현지는 독경과 좌선을 하기 위해 석굴 속에서 20여 년을 살았다. 정진하기 위해서는 계속하는 것 이외에는 방법이 없다. 무슨 일이든 한 가지를 30년 정도 하면 전문가가 되는 것이다.

⑤ 이치란행이란 선정(禪定)을 닦는 것이다. 선정으로 바른 생각에 안주하여 마음을 산란케 하는 일이 없다. 바른 생각에 안주하면 "좋고 나쁜 소리를 들어도 마음에 좋아하고 미워함이 없다."고 하는 상태가 된다. 바른 생각에 안주해 있던 번현지는 나쁜 사람에 의해 절벽에서 떨어졌지만 전혀 상처를 입지 않았던 것이다.

⑥ 선현행이란 일체가 무상(無相)하다는 것을 관(觀)하는 지혜를 말한다. 일체의 모든 것이 무상의 상(相)이라는 것을 알면 속박도 없고 집착도 없는 법의 문으로 들어갈 수 있는 것이다.

⑦ 무착행이란 일체에 집착하지 않으면서 일체 세간에 순응하기를 원하는 것이다. 어떤 것을 보더라도 집착하지 않는다고 하는 것은 대단

히 어려운 일이다. 집착하지 않는 사람이야말로 진정으로 자유로운 사람인 것이다. "불국토를 보더라도 마음에 집착함이 없고, 불국토를 떠나도 마음에 애석함이 없다."고 하는 것이 무착행을 닦은 사람의 상태이다. 극락세계와 같은 마음에 드는 세계를 보더라도 거기에 태어나고 싶어 하거나 가고 싶다고 하는 집착이 없으며, 불국토나 정토를 떠나더라도 애석해 하는 마음을 가지지 않는다는 것이다.

⑧ 존중행이란 일체 중생을 구제하여 깨달음을 완성시키고자 하는 서원을 가지는 것이다. 이 존중행을 실천하는 자는 "스스로 자기 자신의 안락함을 구하지 않고, 오직 일체의 중생을 조복시키고, 일체의 중생을 청정하게 하며, 일체의 중생을 구제하려고 해야만 한다." 또한 "싫어하는 사람이나 좋아하는 사람을 평등하게 관하여 차별하지 않고, 마침내 피안에 이르러 위없는 보리를 성취한다"는 마음가짐이 필요하다. 싫어하는 사람이나 좋아하는 사람을 평등하게 대한다고 하는 것은 입으로는 간단하지만 실제로 실행하기란 대단히 어려운 것이다.

⑨ 선법행이란 열 가지 몸이 되어 일체 중생을 이익 되게 하는 행이다. 즉 일체 중생의 집이 되고, 구호자가 되고, 귀의처가 되고, 길잡이가 되고, 스승이 되고, 등불이 되고, 빛이 되고, 횃불이 되고, 광명이 되고, 갖가지 등불이 되는 것을 말한다. 간단히 말하면 중생의 의지처가 되고 광명이 되는 것이다. 사리를 입에서 뱉어낸 변현지는 진실로 중생의 광명이었음에 틀림없다.

⑩ 진실행이란 모든 부처님의 진실한 가르침을 배워 일체 중생을 제도하는 행이다. 이 진실행을 실천하는 자는 본원(本願)에 따라 중생을 청

정하게 하려고 한다. 본원이란 우주나 대자연의 생명 그 자체를 말하는 것으로서, 그 생명 속에서 살아가는 도리를 구현해 가는 것이다.

공덕림보살은 이 10행에 대해 설명한 후 이것을 다시 게송으로 읊었는데, 그 중에 "그것을 보는 이는 모두 헛되지 않아, 그 닦는 행이 다 진실하여 그가 지은 업을 깨뜨릴 수 없나니, 가장 뛰어난 행이네."라는 내용이 있다. 수행하는 것이 모두 다 진실하다고 하는 것은 화엄교학을 빌어서 말하면 '거체전진(擧體全眞)'이 된다. 변현지의 입에서 나온 침은 그대로 사리가 되고, 그의 음성은 덕으로 가득 차 있었기 때문에 새나 짐승까지도 그것을 들었던 것이다. 목소리가 그대로 부처님의 음성이 되는 것이 '거체전진'이다. 있는 그대로 행하고 말하고 생각하는 것이 부처의 행이고 부처의 음성이며 부처의 마음이 되어 있는 것을 말하는 것이다.

## 열 가지 무진장 – 〈보살십무진장품〉

이어서 공덕림보살은 열 가지 무진장(무진장한 큰 행)에 대해 설하는데 이것이 〈보살십무진장품〉이다. 이 품의 서두는 다음과 같은 말로 시작된다.

불자여, 보살마하살에는 열 가지 창고(藏)가 있으니, 그것은 삼세의 부처님이 다 말씀하시는 것입니다. 그 열 가지 창고란 이른바 믿음(信)의 창고, 계율(戒)의 창고, 남부끄러움(慚)의 창고, 자기 부끄러움(愧)의 창고, 들음(聞)의 창고, 보시(施)의 창고, 지혜(慧)의 창고, 바른 생각(正念)의 창고, 지님(持)의 창고, 변론(弁)의 창고이니, 이것이 그 열 가지입니다.

열 가지 창고란 ①믿음, ②계율, ③남부끄러움, ④자기 부끄러움, ⑤들음, ⑥보시, ⑦지혜, ⑧바른 생각, ⑨지님, ⑩변론을 말한다. 창고란 깊이 감추어 넣어 두는 것이라는 의미를 가지고 있으므로, 모든 것이 거기에 보관되고, 거기로부터 나오는 것이다.

① 믿음의 창고란 일체의 모든 것은 공(空)이고, 무상(無相)이며, 불생(不生)이라는 것을 믿어 마음을 맑고 깨끗하게 하는 것이다. 믿음의 창고를 완성하면 물러나지 않는 믿음, 흔들리지 않는 믿음, 파괴되지 않는 믿음, 집착하지 않는 믿음을 얻을 수 있다.《화엄경》에 대한 물러나지 않는 믿음이 없으면 그 경을 몇십 년이나 독송할 수 없는 것이다. 그러므로 번현지에게는 믿음의 창고가 확립되어 있었음을 알 수 있다.

② 계율의 창고란 10가지의 청정계를 지니는 것이다. 10가지 청정계란 요익계(饒益戒: 이롭게 하는 계율), 불수계(不受戒: 받지 않는 계율), 무착계(無着戒: 집착하지 않는 계율), 안주계(安住戒: 편히 머무는 계율), 부쟁계(不諍戒: 다투지 않는 계율), 불뇌해계(不惱害戒: 해치지 않는 계율), 부잡계(不雜戒: 잡되지 않는 계율), 이사명계(離邪命戒: 삿된 생활을 떠나는 계율), 이악계(離惡戒: 악을 버리는 계율), 청정계(淸淨戒: 청정한 계율)를 말하는데 이들 각각에 대해 경전은 설명하고 있다.

즉 요익계는 중생을 이롭고 안락하게 하는 것, 불수계는 외도의 계율을 받지 않는 것, 무착계는 욕심세계의 계율에 집착하지 않는 것, 안

214

주계는 오역죄(五逆罪: 아버지를 살해하고, 어머니를 살해하고, 아라한을 살해하고, 승려의 화합을 깨뜨리고, 부처님의 몸에 피를 내는 것)를 짓지 않는 것, 부쟁계는 중생이 서로 다투지 않는 것, 불뇌해계는 주술이나 약초로 중생의 번뇌를 구제하는 것, 부잡계는 잡된 계율을 지니지 않고 12연기를 관찰하여 청정한 계율을 지니는 것, 이사명계는 청정한 계율을 지니고 일체의 지혜를 구하는 것, 이악계는 스스로 계율을 지닌다고 말하지 않고 계율을 범한 사람을 보고도 욕하지 않는 것, 청정계는 살생·도둑질·사음·거짓말·나쁜 말·추한 말·두 가지 말·잡된 말과 탐욕·분노·어리석음 등을 버리고 10가지의 선(善)을 지니는 것으로서, 한마디로 청정한 계율을 지니는 것이다.

③ 남부끄러움의 창고란 남부끄러워할 줄 모르는 행을 떠나서 깨달음을 완성케 하는 것이다. "스스로 내 몸과 중생들을 생각하니 과거·현재·미래에 남부끄러워할 줄 모르는 법을 행하였네."라고 하는 것처럼 인간은 스스로 깊이 반성해 보면 자신도 타인도 아득한 옛날부터 지금에 이르기까지 남부끄러워할 줄 모르는 법을 행하여 왔다고 한다. 남부끄러워할 줄 모르는 행이란 삼독(三毒)이나 거짓 등 선하지 못한 것에 의해서 행동하는 것이다. 다시 말하면 악한 마음으로 인간이 서로 헐뜯는 것을 말하는 것이다.

④ 자기 부끄러움의 창고란 일체의 탐욕을 스스로 부끄러워하여 불도를 완성케 하는 것이다. 인간은 재물이나 처자, 명예 등 모든 것을 탐내어 "마음에 족하는 일이 없다"고 한다. 탐냄은 새로운 탐냄을 불러 일으켜 그 끝이 없다. 그것은 자신도 타인도 잘 반성해 보면 탐욕스러운

마음을 가지고 있기 때문이라는 것을 알 수 있다.

⑤ 들음의 창고란 많이 듣는 창고를 말한다. 즉 부처님이 설한 가르침을 듣고 위없는 도를 완성케 하는 것이다.

> 중생들은 오랫동안 생사에 흘러 다녀 어리석은 범부들은 도를 닦을 줄 모른다. 나는 밤낮으로 부지런히 공부하되 모든 부처님의 법의 창고를 받들어 지녀서, 끝내는 위없는 보리를 성취하여 중생들에게 진실한 법을 널리 설명하며, 그들로 하여금 위없는 도를 이루게 하리라.

이것에 의해 알 수 있는 바와 같이, 우리들은 오랫동안 어둠 속을 헤매고 다녀서 어떻게 불도를 수행해야 하는지를 전혀 알지 못하고 있다. 그러므로 밤낮으로 정진해서 위없는 깨달음을 얻어 어둠 속을 헤매는 사람들에게 진실한 가르침을 설명해 주지 않으면 안 된다고 한다.


## 재산이나 지위는 무상하다 – 보시의 어려움

⑥ 보시의 창고란 열 가지의 보시를 말한다. 열 가지 보시는 닦아 익히는 보시법(修習施法), 최후의 어려운 보시법(最後難施法), 안으로 보시하는 법(內施法), 밖으로 보시하는 법(外施法), 안팎으로 보시하는 법(內外施法), 일체를 보시하는 법(一切施法), 과거 보시법(過去施法), 미래 보시법(未來施法), 현재 보시법(現在施法), 끝까지 보시하는 법(究竟施法)이다.

첫 번째로 닦아 익히는 보시법이란 평등한 보시를 말한다. 스스로 탐내고 집착함이 없이 모두에게 은혜를 베푸는 것이다. '내 몸이 굶주려 괴로우면 저들도 굶주려 괴로울 것'이므로 음식을 나누어 주고 난 후 남으면 자기도 먹는 것이 닦아 익히는 보시법이다. 이것은 보통 인간으로서는 할 수 없는 일이다. 지극히 평범한 사람이라도 먹을 것이 없으면 인간의 고기라도 먹게 된다. 전쟁 중에 굶주림으로 고생하는 병사들의 참상을 보면 인간이란 얼마나 처참한 동물인가 하는 것을 알 수 있다. 극한 상황에 처하면 이 닦아 익히는 보시법은 실행할 수 없을 정도로 어려운 가르침이다.

두 번째로 최후의 어려운 보시란 남을 위해 자신의 목숨을 희생하는 것이다. '이것은 보살의 최후의 어려운 보시법'이라고 한다. 이것도 보통 사람들에게는 하기 힘든 일이다. 돈황의 막고굴 중에서 제254굴의 남쪽 벽에 북위시대의 벽화가 그려져 있다. 오른쪽 위에는 살타태자가 굶주림에 괴로워하는 호랑이 부자에게 자기 몸을 주려고 자기 몸에 상처를 내고 절벽에서 뛰어내리는 그림이 그려져 있고, 오른쪽 아래에는 호랑이 부자가 떼를 지어 그 고기를 먹고 있는 그림이 그려져 있다. 그 그림 위쪽에는 살타태자를 위한 공양탑이 보인다. 이와 같이 자기의 몸을 굶주린 동물이나 사람에게 주는 것은 보통 사람으로는 할 수 없다. 그것을 실행할 수 있는 사람이야말로 부처인 것이다.

세 번째로 안으로 보시하는 법이란 피나 고기, 뇌수 등을 구하는 자가 있으면 기꺼이 그것을 주는 것이다. 이것도 앞에서와 마찬가지로 자기의 생명을 버려서 남의 생명을 구하는 보시이다.

네 번째로 밖으로 보시하는 법은 지위나 재물을 달라고 하는 자가 있으면 기꺼이 그것을 주는 것이다. "부귀는 무상하여 반드시 빈천으로 돌아간다."라고 하는 좋은 말이 있다. 인간의 지위나 재물은 무상하다는 것을 명심하지 않으면 안 된다.

다섯 번째로 안팎으로 보시하는 법은 안으로 보시하는 것과 밖으로 보시하는 것을 함께 실행하는 것으로서, 신체나 재물을 달라고 하는 자가 있으면 기꺼이 주는 것이다. "내 몸도 저 재물도 다 견고한 것이 아니다. 그것은 무상하고 연약해 망가지는 법이다."라는 말을 인정하지 않으면 이 보시행을 실행할 수 없다.

여섯 번째로 일체를 보시하는 법이란 일체의 애착을 버리고 모든 것을 달라고 하는 대로 주는 것이다.

일곱 번째로 과거 보시법은 과거의 행동에 일체 집착하지 않고 중생을 교화하는 것이다. 인간은 일을 언제까지나 생각해서는 안 된다. "지나간 모든 법은 다 버려 버리자"라고 하는 것과 같이, 과거의 일을 버리는 것이 중요하다. 과거도 버리고 미래도 기대하지 않고, 오직 지금을 열심히 사는 것이 중요하다. 과거의 일은 두 번 다시 되돌릴 수 없으며, 미래의 일은 아직 오지 않았기 때문이다.

여덟 번째로 미래 보시법은 미래의 일은 생각하지 않고 오로지 현재의 교화만을 위해 노력하는 것으로서, 앞의 과거 보시법과 함께 실천해야 하는 것이다. 여섯 번째, 일곱 번째, 여덟 번째는 입으로 말하기는 간단하지만 실행하기는 어렵다.

또한 어려운 것이 아홉 번째의 현재 보시법이다. 현재를 열심히 사는 것도 쉬운 일은 아니다.

일체의 행은 다 꿈과 같아서 모두 진실이 아니다. 중생들은 그런 줄을 모르기 때문에 나쁜 길에서 헤맨다.

현재 행하고 있는 모든 행위는 꿈과 같은 것이어서 진실하지 못하다는 것을 아는 것이 중요하다. 그러므로 이것을 모르는 사람은 나쁜 길에서 헤맬 수밖에 없는 것이다.

열 번째로 끝까지 보시하는 법이란, 이 몸은 부정하고 보잘 것 없는 것이기 때문에 의지할 바가 못된다고 생각하여 중생들이 원하는 대로 일체를 다 주는 것이다.


## 독경 소리를 듣다

⑦ 지혜의 창고란 모든 사물의 진실한 모습을 아는 것이다. 모든 사물은 업보와 인연으로 되어 있어서 자성(自性)이 없고 견고하지 못하며, 진실하지 않고 모든 것이 공(空)하다는 것을 깨닫지 않으면 안 된다. 일체의 모든 것이 공하다는 것을 깨달아 그 진실한 가르침을 설하는 것이 지혜의 창고이다.

⑧ 바른 생각의 창고란 정념(正念)의 창고를 말하는 것으로서, 모든 부처님의 법의 창고를 생각하여 지니는 것이다. 법의 창고를 생각하여 지니면 일체의 모든 것에 집착하는 일이 없다고 한다.

⑨ 지님의 창고란 들어서 지님(聞持)의 창고를 말하는 것으로서, 모든

부처님의 가르침을 들어 지니는 것이다. 부처님의 가르침을 듣는다는 것은 자기를 완전히 부정하는 것이다. 그렇게 되면 "오직 부처님만의 경계로서, 다른 이는 아무도 미칠 수 없는 것이다"라고 하는 것이 된다. 자기 자신이 있는 한 부처님의 가르침을 들을 수 없는 것이다.

⑩ 변론의 창고란 지혜를 체득하여 중생을 위해 가르침을 설하는 것이다. 모든 부처님의 경전에 어긋남이 없이, 하루에 한 글귀 한 뜻의 법을 말하되 그 끝이 없는 것을 말한다. 번현지처럼 일생 동안《화엄경》을 독송하는 것도 하나의 변론의 창고이다. 음성에 덕이 담겨 있어 새나 짐승의 마음까지도 움직였다고 하는 것은 변론의 극치에 달한 것이라고 할 수 있다.

이상에서 설명한 10가지의 무진장한 창고에 대해 설한 것이 〈보살십무진장품〉이다. 여기서 무진하다고 하는 것은 영원히 고갈되지 않는다고 하는 것이다. 마치 샘물이 마르지 않고 무한히 솟아나는 것을 말하는 것이다. 무진이란 또한 끊임없는 정진을 말한다. 끊임없는 정진으로 10개의 창고에서 영원히 진실을 꺼낼 수 있는 것이다.

석굴에 틀어박혀 지내기 20여 년, 좌선과《화엄경》독송으로 일관한 번현지의 생활은 참으로 끊임없는 정진의 실천 그 자체였다. 그는 이 〈공덕화취보살십행품〉과 〈보살십무진장품〉을 도대체 몇 번이나 읽었을까? 읽고 또 읽고 하는 사이에 경문을 암기해 버렸음이 틀림없다. 머리로써 암기한 것이 아니라 몸 전체가 열 가지 행(十行)이나 열 가지 창고(十藏)의 가르침이 되어 버린 것이다.

방주(坊州)에서 3리 가량 떨어진 석굴에서《화엄경》을 독송하고 있던 번현지의 마음속에 스쳐간 것은 무엇이었을까? 그것은 어쩌면 보시창고의 가르침이었는지도 모른다. 일체의 모든 애착을 버리고, 과거도 현재도 미래도 버린 경지에서 오로지 독송만을 실천했기 때문에 새나 짐승이 모여들었던 것이 아닐까. 화엄 수행자의 독경소리가 지금도 들려오고 있는 듯한 기분에 사로잡힌다.

# 제12화
# 무량한 회향

여래승도솔천궁일체보전품(如來昇兜率天宮一切寶殿品) ·

도솔천궁보살운집찬불품(兜率天宮菩薩雲集讚佛品) · 금강당보살십회향품(金剛幢菩薩十廻向品)

부처님을 공경하고 섬기며, 불쌍한 사람을 구제하고, 어려움을 참고 견디며,

고요히 수행에 전념하고 대중에게 법문하시는 모습이다.

## 도솔천에 있던 혜원과 승휴

서안시(장안)에서 가장 규모가 큰 사원은 대흥선사(大興善寺)이다. 현재는 대흥선사공원이라는 이름으로 불리고 있는데, 공원에는 수목이 무성하고, 그 중심부에는 산문루·천왕전·종고루·대웅보전·관음전·법당·방장 등의 건물이 조용히 서 있다. 이 대흥선사는 수나라 문제에 의해 명명된 유서 깊은 사원이다.

수나라 개황 17년(597)의 일이었다. 《화엄경》을 강의하고 있던 영간(靈幹)이 병에 걸렸는데, 기절하여 의식을 잃었다. 몸은 점점 식어가고 있었지만 심장만은 식지 않고 그대로 있었으므로 매장하지를 못했다. 며칠 후 의식을 되찾은 영간은 사람들에게 도저히 믿을 수 없는 이야기를 하였다. 그 내용은 다음과 같다.

영간이 두 사람의 시종자와 함께 문을 지나 공중을 날듯이 걸어가니 수풀과 연못과 산이 모두 보석으로 장식된 큰 정원에 도착했다. 그 광경이 너무나 눈부셔서 영간은 똑바로 쳐다볼 수 없었다. 그때 나무 아래, 꽃으로 장식된 방석 위에 한 사람이 앉아 있었다.

그는 유명한 정영사 혜원(慧遠)법사였다. 그가 영간에게 "여기에 잘

오셨습니다."라고 말을 건네자 영간은 놀라서 "여기가 어딥니까?"라고
물었다. 그러자 혜원은 "여기는 도솔천인데 나는 승휴(僧休)법사와 함께
태어났습니다. 저기 남쪽 꽃방석에 앉은 이가 바로 승휴법사입니다."라
고 대답했다. 영간이 잘 살펴보니 과연 승휴법사가 앉아 있었다. 그러
나 살아있을 때의 모습과는 달리, 머리에는 천관(天冠)을 쓰고, 붉고 자
줏빛이 나는 옷을 입고 있었지만, 말씨는 옛날 그대로였다. 혜원은 또
한 "당신과 당신의 제자들은 모두 다 이곳에 태어날 것입니다."라고 말
했다고 한다.

　이것은 영간이 기절하여 사후의 세계 입구에서 체험한 일이었다. 도
솔천의 정원으로 간 영간은 지론종(地論宗)의 거장이었던 혜원과 승휴를
만났으며, 영간도 죽은 후에는 도솔천에 태어난다는 것을 알게 되었던
것이다.


## 대흥선사에 거주한 영간

　도솔천을 엿볼 수 있었던 영간은 10살 때 절에 놀러가 법문을 듣는
것이 가장 큰 즐거움이었다. 14살 때 수도 업에 있는 담연대덕(曇衍大德)
의 문하로 들어가 제자가 되었으며, 촌음을 아까워하며 공부에 열중했
다. 강의실에 들어갈 때는 도솔천과 같은 천궁에 들어가는 기분이었다.
이윽고 18살 때 《화엄경》을 강의하였는데 그의 강의가 너무나 훌륭했
기 때문에 사람들이 이상하게 여길 정도였다.

북주(北周)시대 때 폐불사건이 일어나자 잠시 난을 피해 숨어 살았지만, 수나라가 건립되어 다시 불교가 부흥되자 활동을 재개하였다. 마침 그때 해옥(海玉)법사를 중심으로《화엄경》결사가 열렸다. 그 결사에 초청된 영간은 그곳에 모인 사람들을 위해《화엄경》을 강의하였다.

　또한 그는 수나라 개황 7년(587)에 칙명으로 장안의 대흥선사에 거주하면서 경전의 번역사업에 종사하였다. 마침 사나굴다(闍那堀多)가 경전을 번역하고 있었으므로 그 일을 도운 것이었다.

　인수 3년(603)에 수나라 문제는 전국 113주에 사리탑을 세웠는데 대흥선사의 승려였던 영간도 칙명을 받들어 낙주(洛州)의 한왕사(漢王寺)에 사리를 봉안하였다. 그 후 대업 3년(607)에 대선정사(大禪定寺)가 건립되자 영간은 칙명으로 그 절의 상좌(上座)가 되었으며, 대업 8년 정월에 78세로 세상을 떠났다. 유체는 화장해서 종남산에 묻었다.

　영간의 일생은《화엄경》의 탐구로 일관되었으며, 이를 근거로《연화장세계관(蓮華藏世界觀)》과《미륵천궁관(彌勒天宮觀)》을 저술하였다. 생애를 도솔천에 왕생하는 것에 걸고 있던 영간은 임종에 이르러, 재차 푸른 옷을 입은 두 동자의 영접을 받게 되었다. 그는 도솔천의 성 밖까지 갔지만 아직 안으로 들어갈 수 없었다. 그러자 영간은 발꿈치를 들고 눈을 위쪽으로 하여 성 안의 보배나무를 보려고 했다. 그때 영간의 임종을 보고 있던 제자 동진(童眞)은 영간의 눈이 위쪽을 보려 하고 있는 것을 알았다. 잠시 후 영간은 숨을 거두었다. 도솔천궁에 들어가는 것이 소원이었던 영간은 과연 도솔천궁에 들어갈 수 있었던 것일까?

## 궁전의 장엄 - 〈여래승도솔천궁일체보전품〉

《화엄경》의 제5회인 도솔천궁회에서는 열 가지의 회향에 대해 설한다. 이 회에서는 〈여래승도솔천궁일체보전품(如來昇兜率天宮一切寶殿品)〉, 〈도솔천궁보살운집찬불품(兜率天宮菩薩雲集讚佛品)〉, 〈금강당보살십회향품(金剛幢菩薩十廻向品)〉의 3품이 설해진다. 처음의 2품은 이 회의 서문에 해당되고, 세 번째 품은 본문에 해당된다. 여기서 도솔천궁이란 도솔천의 궁전을 말하는 것으로서, 미륵보살이 여기서 설법하고 있다고 한다. 영간이 《미륵천궁관》을 저술한 것은 도솔천과 관계가 있기 때문이다. 실제로 도솔천궁에 들어간 적이 있는 영간이기 때문에 천궁의 모습을 상세히 설명할 수 있었을 것이다.

먼저 〈여래승도솔천궁일체보전품〉은 부처님을 초빙하는 것을 설한다. 부처님은 야마천궁의 보장엄전을 떠나지 않고도 도솔천궁의 일체보장엄전에 나타나셔서 장엄된 사자좌에 앉으셨다. 이 궁전은 갖가지 장엄도구로 장식되어 있었다. 백만억의 묘한 보석으로 장식된 궁전은 영간이 본 갖가지 진귀한 보석으로 장식된 숲과 땅과 산과 연못 등의 광경과 꼭 마찬가지였다.

궁전 안에는 백만억의 천신·용왕·야차왕·아수라왕·금시조왕·화락천왕을 위시하여 모든 천(天)과 모든 왕들이 부처님을 공경·예배하고 있었다. 그들은 모두 "부처님을 만나기는 참으로 어려운데, 그 공덕이 원만하고 지혜가 걸림이 없으며 평등하게 정각을 이루신 분을 지금 우리는 뵙게 되었네."라고 하였다. 부처님을 만나게 된 기쁨과 부처님을 만날 수 있게 된 즐거움을 나타내며, 꽃과 향으로써 부처님을 공양하였다.

도솔천왕은 다음과 같이 부처님을 찬탄했다.

아무런 걸림이 없는 여래는 마치 보름달 같아, 모든 길상(吉祥) 가운데 최상이시네. 중보장엄전에 드시었으니, 그러므로 이곳이 가장 길상하여라.

보름달과 같은 부처님을 길상 가운데 최상의 길상이라고 간주함으로써 부처님이 계신 이 궁전도 또한 최상의 길상한 곳이라고 찬양하고 있다.

## 보살들의 찬양 – 〈도솔천궁보살운집찬불품〉

다음은 금강당보살을 위시하여 10명의 보살이 각 세계의 보살들을 거느리고 부처님을 참배하고 공양·예배하였다. 이때 부처님은 양 무릎에서 백천만억의 광명을 발하여 일체의 세계를 비추었다. 그러자 10명의 보살은 게송으로써 부처님의 덕을 찬양하였다. 먼저 금강당보살은 다음과 같이 찬탄하였다.

부처님은 세상에 나지도 않고 또한 열반에 드는 일도 없지만, 원래

지닌 그 큰 원력으로써 자재한 법을 나타내 보이시네.

부처님은 세상에 나지도 열반에 들지도 않지만 우주의 생명력은 자유자재하게 일체 만물을 생존하게 하는 것이다. 부처님이 계시건 계시지 않건, 대자연의 생명력은 일체의 모든 장소에서 발현된다.《화엄경》의 본존불인 비로자나부처님은 바로 이와 같은 분이다. 그러므로 "물질로 된 육체는 부처가 아니요, 그 음성도 또한 그러하네."라고 하는 것이다.

부처님의 본원력이란 법신(法身)의 힘이기도 하다. 야광당보살은 다음과 같이 찬탄하였다.

비유하면 이 한 마음의 힘이 갖가지 마음을 내는 것처럼 부처님의 저
한 법신이 갖가지 부처님의 몸을 나타내시네.

하나의 마음의 힘, 의지의 힘, 원력의 힘이 갖가지 마음을 내는 것처럼 법신이 모든 부처님의 몸을 나타내는 것이다. 법신은 눈에 보이지 않는다. 그것은 대자연의 생명력 그 자체이며, 그 생명력이 부처님을 나타내는 것이다.

삼세의 모든 부처님은, 그 법신은 다 청정하지만 교화해야 할 중생의
근기에 따라 두루 묘한 색신(色身)을 나타내시네.

법신은 청정하다. 그 청정한 생명력을 발현하여 부처님의 색신을 나타내는 것이다. 다시 말하면 육신으로써 이 세상에 출현하신 부처님은 우주의 생명력이 만들어 낸 것에 지나지 않는 것이다. 《화엄경》은 이 우주의 생명력을 비로자나불이라고 부르고 있다.

그러면 법신은 어디에 있는 것일까? 이것에 대해 보당보살은 다음과 같이 설한다.

> 법신은 있는 곳이 없지만 시방세계에 가득하나니, 허공이 그 한계가 없는 것처럼 부처님의 몸은 헤아리기가 어렵네.

우주의 대생명의 작용 그 자체인 법신은 눈에 보일 리도 없으며, 존재할 만한 장소도 없다. 그렇다고 아무 곳에도 존재하지 않는 것이 아니라 시방세계에 충만해 있는 것이다. 이 법신은 우리들의 머리나 지혜로써 헤아릴 수 있는 것이 아니다. 그것은 마치 허공(큰 하늘)에 한계가 없는 것처럼 광대무변한 것이다.

또한 진실당보살은 다음과 같이 설한다.

> 중생들은 모두 허망하기 때문에 부처라 세계라 분별하지만, 진실한 법을 깨달으면 부처도 없거니와 세계도 없네.

우리들 중생은 어리석음 속에서 살고 있기 때문에 '이것이 부처다, 이것이 세계다'라고 분별하고 있다. 그러나 진실한 법신의 세계에서 보면 부처도 세계도 존재하지 않는다. '부처다, 세계다'하고 헤매기 때문에 임시로 분별하고 있는 것에 지나지 않는 것이다. 이와 같이 각 보살이 게송으로 부처님을 찬탄하였다.


## 열 가지의 회향 – 〈금강당보살십회향품〉

이때 금강당보살은 부처님의 신력을 받들어 명지(明智)삼매에 들어 백만의 부처님을 보았다. 이들 모든 부처님은 금강당이라 불렸다. 모든 부처님은 금강당보살에게 "장하다. 불자여! 그대는 명지삼매에 잘 들 수 있었구나."라고 말했다. 그것은 노사나불의 본원력에 의하기 때문이다. 모든 부처님은 오른손으로 금강당보살의 이마를 어루만지며 회향에 관해 설할 것을 권했다. 그러자 금강당보살은 열 가지 회향을 설했다.

　① 일체 중생을 구제하면서도 중생이라는 생각을 떠나는 회향.

　② 무너지지 않는 회향.

　③ 모든 부처님에게 평등한 회향.

　④ 일체의 모든 곳에 이르는 회향.

　⑤ 무진장한 공덕 창고의 회향.

　⑥ 일체의 견고한 선근을 따르는 회향.

　⑦ 평등한 마음으로 일체 중생을 따르는 회향.

　⑧ 진여 모양의 회향.

⑨ 속박도 집착도 없는 해탈의 회향.

⑩ 법계와 같은 무량한 회향.


위의 10가지 회향에 관해 경전은 상세히 설명하고 있다. 10가지 회향이란 보살이 닦은 선근을 중생과 보리와 진여의 3가지로 회향하는 것이다. 다시 말하면 10가지 회향은 중생회향·보리회향·진여회향의 3가지로 나눌 수 있는 것이다. 중생회향이란 대자비로써 중생을 구제하는 것이고, 보리회향은 선근(善根)을 위없는 깨달음으로 똑바로 향하게 하는 것이며, 진여회향이란 형상(相)을 버리고 이치(理)에 깨달아 들어가는 것을 말한다. 10가지의 큰 행으로써 3가지로 회향시키는 것을 설한 것이 10가지 회향의 법문이다.

첫 번째로 일체 중생을 구제하면서도 중생이라는 생각을 떠나는 회향이란 자기 자신의 선근을 회향해서 일체 중생을 위해 집이 되고, 구호자가 되고, 귀의처가 되고, 길이 되고, 안온처가 되고, 큰 광명이 되고, 횃불이 되고, 등불이 되고, 어른이 될 결심으로 중생을 구제하고자 하는 것이다.

그러면 중생의 상황은 도대체 어떠한가?


중생들은 언제나 애욕의 그물에 휘감기고, 무명에 덮이고, 생존에 대한 사랑에 집착하기 때문에 스스로 심부름꾼이 되어 자재함을 얻지 못한다. 그리하여 괴로운 지옥에 얽매여서 온갖 악마의 업을 따르고, 모든 부처님에 대해 의혹을 내므로 출세간의 도를 얻지 못하며, 안온한 곳을 보지 못하여 언제나 무량한 생사의 광야를 달리면서 한량없는 고통을 받는다.

중생은 애욕에 휘감기고, 무명에 덮이고, 지옥의 고통에 얽매이고, 마음에 의혹을 품고, 평안한 경지를 알지 못하여 생사의 황야를 헤매면서 무한한 고통을 받는 것이 중생의 현실이다. 보살은 이 중생의 고통을 구제하기 위해 스스로 쌓은 선근을 회향하는 것이다.

두 번째로 무너지지 않는 회향 등 이하에 대해서도 경전은 먼저 긴 문장으로 그 내용을 설하고, 이어서 금강당보살이 게송으로써 다시 설한다.


## 회향하여 피안에 이른다

세 번째로 모든 부처님에게 평등한 회향 가운데는 다음과 같은 문장이 보인다.

만일 집에 있을 때에는 처자와 함께 있으면서도 잠깐도 보리심을 버리지 않고, …… 비록 함께 살더라도 그 마음에 집착이 없고, 본래의 대자비로써 집에서 살고, 대자비로써 처자를 따르지만 보살의 깨끗한 도(道)에는 아무런 장애가 없네.

재가의 생활에 있어서 처자와 함께 살고, 처자의 말에 따르면서도 보살의 청정한 도를 지킬 수 있다고 한다. 여기에 재가불교의 근본이 있는 것이다.

네 번째로 일체의 모든 곳에 이르는 회향에서는 일체의 선근 공덕의 힘을 모든 곳에 이르게 한다. 그 이유는 그렇게 함으로써 먼저 모든 곳에 이르는 몸으로 짓는 업 · 입으로 짓는 업 · 뜻으로 짓는 업을 얻을 수 있으며, 또한 모든 곳에 이르는 온갖 것을 얻을 수 있기 때문이다. 여기서는 하나가 곧 전체(一即一切)라는 가르침을 설한다.

다섯 번째로 무진장한 공덕 창고의 회향에서는 일체의 선근을 회향하여 모든 부처님의 국토를 장엄한다. 그 이유는 이 회향에 의해서 10가지의 무진장한 공덕의 창고를 얻을 수 있기 때문이다.

　　보살은 허망한 모든 소견을 없애고 버려서 남음이 없고, 세간의 번뇌의 뜨거움을 여의어 끝내 청정한 경지에 이르네.

이 제5회향에 들어가면 허망한 아견(我見)과 번뇌를 완전히 버릴 수 있게 된다. 영간이 도솔천에 들어갈 수 있었던 것은 번뇌를 완전히 버리고 오직 심장만이 움직이고 있는 상태였기 때문인지도 모른다.

여섯 번째로 일체의 견고한 선근을 따르는 회향에서는 모든 보시행을 설하는데, 특히 청정한 보시에 대해 설명하고 있다. 또한 여기서는 회향에 관해서도 설명을 첨가하고 있다.

회향이란 무슨 뜻인가? 세간의 생사가 없는 저 언덕으로 영원히 건너가게 하므로 회향이라 하고, 모든 음(陰)이 없는 저 언덕으로 건너가게 하므로 회향이라 하며, 언어의 길이 없는 저 언덕으로 건너가게 하므로 회향이라 하고, 중생이라는 생각이 없는 저 언덕으로 건너가게 하므로 회향이라 하며, 몸이라는 소견이 없는 저 언덕으로 건너가게 하므로 회향이라 하고, 견고하지 않음이 없는 저 언덕으로 건너가게 하므로 회향이라 하며, …… 모든 세간 법이 없는 저 언덕으로 건너가게 하므로 회향이라 하는 것입니다.

회향이란 모든 것의 저 언덕으로 건너가는 것을 말한다. 보시를 행하는 것도 저 언덕으로 건너가기 위해서이다.

일곱 번째로 평등한 마음으로 일체의 중생을 따르는 회향에서는 보살이 한량없는 선근을 닦아서 중생을 위해 위없는 복밭이 되고, 중생을 청정하게 하는 것을 설한다.

부지런히 정진하여 게으르지 않고 일체의 서원에서 물러나지 않으며, 보살은 회향하여 저 언덕에 이르러 청정하고 묘한 법문을 얻었다.

정진하여 게으르지 않으며, 일체의 서원을 달성하기 위해 물러나지 않겠다는 결심이 있으면 회향하여 저 언덕에 도달할 수 있다고 한다. 영간은 도솔천궁에 들어가 혜원과 승휴를 만난 이후부터 그 이전

236

과는 비교가 안 될 정도로 "단정하게 관(觀)을 행하고, 사람들과의 만남을 끊었다."고 한다. 부동의 자세로 단정한 자세로 앉아서 좌선하며, 일체의 모든 인간과의 교제를 끊지 않으면 도솔천궁으로 들어갈 수 없었던 것이다.

## 무한한 회향

여덟 번째로 진여 모양의 회향이란 닦은 진여를 향해 선근을 회향하는 것이다. 보살이 이 회향에 안주하면 다음과 같이 된다.

> 모든 법의 자성은 자성이 있지 않다고 회향하고, 진여의 모습처럼 선근도 또한 그러하며, 모든 법은 모습이 없는 것이 진실한 모습이라고 회향하고, 진여의 법처럼 선근도 또한 그러하네.

즉 일체의 것은 자성이 없으므로 진여도 선근도 또한 자성이 없으며, 일체의 모든 것은 모습이 없는 것이 곧 진실한 모습이라는 것을 아는 것이다. 회향했다고 해서 선근이 증가되는 것도 아니며, 회향하지 않았다고 해서 선근이 감소되는 것도 아니다. 모습이 없는 선근, 공덕이 없는 선근이야말로 진짜 선근인 것이다. 영간이 해옥법사가 《화엄경》 결사를 열었다는 것을 알자 한 사람이라도 더 많은 사람들에게 알리고 싶어서 스스로 《화엄경》을 강의한 것은 단지 선근을 쌓기 위해서가 아니라 일체의 공덕을 구하지 않는 무공덕의 선근을 회향한 것이었다.

아홉 번째로 속박도 집착도 없는 해탈의 회향이란 모습에 속박되지 않고 생각에 집착하지 않는 해탈의 마음으로 선근을 회향하는 것이다.

속박도 집착도 없는 해탈한 마음으로 보현보살의 자재함을 얻어, 하나의 꽃 속에 모든 장엄한 세계를 다 편히 머물게 하네.

속박이 없는 무심한 마음으로 보현보살의 자유자재한 경지에 도달할 수 있으면 하나의 꽃 속에서 모든 장엄한 세계를 볼 수 있다. 장엄한 세계란 영간이 본 도솔천궁이나 연화장세계와 같은 것을 말한다. 더구나 그 세계를 한 송이의 꽃 속에서 볼 수 있다고 하는 것이다.

열 번째로 법계와 같은 무량한 회향이란 법계와 동등한 한량없는 부처님을 보고, 무량한 중생을 조복(調伏)하여 그 선근으로 모든 중생에게 회향하는 것이다.

이 회향에 안주하면 법계와 동등한 한량없는 모든 부처님을 볼 수 있고, 법계와 동등한 무량한 중생을 조복할 수 있으며, 법계와 동등한 무수한 불국토를 장엄할 수 있다. 법계와 동등하다고 하는 것은 허공처럼 한계가 없는 세계를 말한다. 한계가 없는 회향이란 참으로 웅대하고 웅혼하여 인간의 지혜로써는 헤아릴 수 없이 큰 것이다.

선근을 무엇인가에 회향한다고 하는 것은 일반적으로는 공덕을 쌓는 것을 의미하지만, 법계와 동등한 회향이 되면 회향하는 것도 회향 받는 것도 한계가 없게 된다. 《화엄경》이 목적으로 하는 것은 바로 무한의 세계인 것이다.

이와 같은 무한의 세계에서 살아가고 있는 인간의 생활은 너무나 왜소하다. 인간의 생활을 법계의 측면에서 보면 겨자씨와 같은 것이다. 이러한 사실을 알게 될 때 인간의 생활은 겸허함을 알게 된다.

영간은 일찍이 기절하여 도솔천궁의 광경을 본 적이 있는데 드디어 진짜로 임종이 다가왔다. 일단 의식을 잃었다가 재차 정신이 들었을 때 제자 동진이 "무엇을 보셨습니까?"라고 물었다. 그러자 영간은 "큰물이 사방에 꽉 차서 꽃 바퀴처럼 되는 것을 보았는데 내가 그 위에 앉아 있었다."라고 대답한 후 마지막으로 "서원이 부족했다."라는 말을 남기고 숨을 거두었다.

큰 물 위에 앉아 있는 것을 서원이 부족한 결과라고 하였다. 연화장 세계에 태어나지 못했을 뿐만 아니라 정영사 혜원 등이 앉아 있던 도솔천궁에도 태어나지 못한 것이다. 기절해서 천궁의 장엄세계를 볼 수 있었지만 정말로 죽었을 때는 그곳에 태어날 수 없었다. 그것은 서원이 모자랐기 때문인 것이다.

영간과 같이 일생 동안 오직 《화엄경》을 신봉하고, 《화엄경》에 생명을 걸고서 《화엄경》만을 강의한 사람이라도 사후에 도솔천궁에 태어날 수 없었다. 그는 도솔천궁에 태어나기를 원하여 《미륵천궁관》이라는 책까지 저술하였지만 결국 그곳에 태어나지 못했던 것이다. 하물며 우리 범부들이 어찌 감히 도솔천궁에 태어나기를 바라겠는가. 이러한 도솔천궁에서 부처님이 설한 것이 〈여래승도솔천궁일체보전품〉 이하의 세 품인 것이다. 그 오묘함과 영묘함을 새삼스레 깨닫게 한다.

# 제13화
# 환희에 찬 묘한 길

십지품(十地品) Ⅰ

타화자재천궁에서 금강장보살이 부처님의 의신력을 받들어 모든 보살에게 십지를 설하고 있다.

# 천궁을 본 대각사 혜광

숭산의 산기슭에 있는 소림사는 권법(拳法)으로 유명하며, 또한 달마대사가 은거하고 있던 장소로도 널리 알려져 있다. 이 소림사는 북위시대에 효무제가 불타선사(佛陀禪師)를 위해 세운 절이다.

불타선사는 인도의 선승이었지만 중앙아시아에서 서역의 여러 나라를 거쳐 북위의 수도 평성(大同市)으로 왔다. 당시 평성에는 유명한 운강석굴이 건립되고 있었다. 불타선사는 북위시대의 제왕의 모습과 닮은 운강석굴의 거대한 불상을 눈앞에 보고 무척 놀랐을 것이다. 그러한 모습은 현존하는 운강의 제16굴에서 제20굴까지의 불상에서도 볼 수 있다. 유목민이었던 흉노왕의 얼굴은 웅장하면서도 위엄이 있어서 보는 사람들을 압도해 버리는 강력함이 있었다.

평성의 성 안에 살고 있던 대부호 강가(康家)는 불교신자였는데, 불타선사를 위해 별원(別院)을 세워주었으므로 선사는 그곳에 머물면서 오로지 참선에 열중하였다.

효무제가 수도를 낙양으로 옮기자 불타선사도 함께 낙양으로 가서 숭산에 살기도 하고 낙양의 선원에 거주하기도 하였다. 그때 13살의 혜광(慧光)이 아버지의 손을 잡고 낙양으로 왔다. 이 혜광은 바로 훗날 율종(律宗)의 대덕(大德)인 동시에《화엄경》연구의 권위자가 된 사람이다.

아버지와 함께 불타선사의 선원에 도착한 혜광은 4월 8일에 선사로부터 삼귀계(三歸戒)를 받았다. 불교도가 될 것을 맹세했던 것이다. 선사는 타오르는 화염처럼 빛을 발하고 있는 혜광의 눈을 보고는 보통 사람이 아니라고 생각했다. 경을 읽어도 기억하는 것이 빨라 그 해 여름에는 드디어 출가시켰다. 보통 사람과는 다른 재능을 보인 혜광은 선사의 지시에 따라 먼저 계율에 대해 공부하였는데, 이로 인해 혜광은 율학의 거장이 되었던 것이다.

당시 인도에서 낙양으로 온 늑나마제는《십지경》의 주석서인 세친의《십지경론(十地經論)》을 중국말로 번역하고 있었다. 혜광도 그 번역사업에 참석하고 있었으므로 그가《십지경》과《십지경론》에 정통해 있었음은 당연하였다.《십지경》이란《화엄경》의〈십지품〉을 말하는 것인데 인도에서도 독립된 경전으로 유포되고 있었다.《십지경론》의 내용에 정통해 있던 혜광은《화엄경》이나《십지경》은 물론 그 밖의 대승경전 및《사분율(四分律)》에 대해서도 주석서를 저술하였다. 당시의 이름난 유학자들은 혜광의 학덕을 존중하여 성인으로 받들었다고 한다.

혜광은 단순히 불교학자만이 아니라 영능자(靈能者)이기도 했다. 어느 해 가뭄이 계속되자 사람들은 혜광을 찾아와서 비를 내리게 해 달라고 부탁했다. 혜광은 낙양의 서남쪽에 있는 숭산의 연못으로 가 산신에게 향을 사르며 비를 내려 달라고 기원했다. 그러자 낙양의 들판에는 거센 비가 내렸다고 한다.

북제시대가 되면 혜광은 북제의 수도 업으로 초청받아 종교 대신인 국통(國統)이 되어 종교 행정에도 탁월한 수완을 보였다. 그는 임종하기 하루 전날에도 마차를 타고 행정관청으로 향했는데, 대각사 문을 나서자마자 지붕이 무너지고, 관청에서 근무 중에도 책상 위에 흙덩이가 떨어졌지만 평소와 다름없이 태연자약했다고 한다.

드디어 임종에 이르러 숨이 끊어지려 하자 천궁이 내려오는 것을 보았다. 그 천궁이 도솔천궁이었는지, 《화엄경》 〈십지품〉에서 설하는 타화자재천궁이었는지는 아무도 아는 사람이 없다. 다만 천궁으로 영접받아 가서 훌륭히 왕생했을 것이라고 생각할 뿐이다. 그때 그의 나이는 70세였다. 훗날 화엄종의 대성자 법장은 그의 저술 《화엄경전기》 권2에 혜광의 전기를 수록하여 그의 유덕을 기렸다.


## 대자비의 마음을 가지다 – 제1환희지

《화엄경》 가운데서 가장 중요한 위치를 차지하고 있는 것은 보살 수행의 경지를 단계적으로 설명한 〈십지품(十地品)〉이다. 〈십지품〉에서 〈보왕여래성기품(寶王如來性起品)〉까지의 11품은 제6회 타화자재천궁(他化自在天宮)에서의 설법이다. 타화자재천궁은 욕계(欲界)의 제6천(天)에 해당하는 하늘로서, 욕계에서는 가장 높은 위치에 있다. 부처님은 이 타화자재천궁의 마니보전에서 설법을 한 것이다. 혜광이 임종 직전에 본 것도 어쩌면 이 타화자재천궁의 장엄한 풍경이었는지도 모른다.

부처님의 신통력을 받은 금강장보살은 먼저 십지(十地)에 관해 설명하였다. 십지란 ①환희지(歡喜地), ②이구지(離垢地), ③명지(明地), ④염혜지(焰慧地), ⑤난승지(難勝地), ⑥현전지(現前地), ⑦원행지(遠行地), ⑧부동지(不動地), ⑨선혜지(善慧地), ⑩법운지(法雲地)를 말한다. 금강장보살에 이어 모든 보살을 대표해서 해탈월보살은 십지의 중요성에 대해 "십지는 모든 부처님 법의 근본으로서, 보살이 이 십지를 갖추어 행하면 능히 일체의 지혜를 얻는다."고 말하면서 그 내용에 대해 명확히 설명해 줄 것을 청했다. 그러자 금강장보살은 해탈월보살의 요청에 답하여 십지에 대해 상세히 설명하였다.

제1환희지는 크고 큰 환희심을 내는 경지이다. 그것은 부처님과 보살들의 마음을 염(念)함으로써 생기는 종교적인 환희심이다. 크고 큰 환희심이 생기는 것은 대자비를 우두머리로 삼기 때문이다. '비심(悲心)은 지혜의 우두머리'라고 하는 것처럼 대비심이 없으면 중생을 구제할 수 없는 것이다. 다시 말하면 지혜만으로는 안 된다는 것이다.

혜광은 출가했을 당시 사람들로부터 '성사미(聖沙彌)'라고 불렸다. 이유는 사람들로부터 보시를 받으면 반드시 다른 사람에게 보시했기 때문이었다. 그는 때로는 스스로 배우고 익힌 경전의 내용을 다른 사람들에게 가르쳐 주었다. 말하자면 재시(財施)와 법시(法施)를 다 실행했던 것이다.《십지경》을 배우고 있던 혜광은 오로지 '환희심'에 들어간 보살의 실천을 스스로 실행하려고 했던 것이었다.

언제나 자비심을 내고 항상 믿고 공경하는 마음을 가지네. 부끄러워할 줄 아는 공덕을 갖추고 밤낮으로 좋은 법을 더욱 늘리며, 공덕의 참된 이익을 서원하고 다른 모든 욕심은 원하지 않네.

위의 문장과 같이, 항상 자비심을 가지고 불보살을 믿고 공경하며, 스스로 부끄러운 줄을 알고 밤낮으로 좋은 공덕 쌓기를 서원하며, 자신의 쾌락을 만족시키는 것을 일체 구하지 않는 것이 환희지에 들어간 보살의 실천인 것이다. 요즘 같은 세상에서는 이 가르침과 전혀 반대의 일이 행해지고 있다. 타인에 대한 자비심이 없이 자기 자신의 욕망의 충족과 쾌락만을 추구한다면 반드시 지옥에 떨어지고 말 것이다. 언제나 자비심을 갖는 것, 이것이 환희지에서의 수행인 것이다. 그렇게 하기 위해서는 큰 서원, 즉 원심(願心)을 가지는 것이 중요하다.

## 삼취정계 – 제2이구지

다음은 제2이구지(離垢地)로서 여기서는 번뇌의 더러운 때를 버리고 청정한 계율을 지킨다. 먼저 삼취정계(三聚淨戒)를 설하는데, 삼취정계란 섭률의계(攝律儀戒)·섭선법계(攝善法戒)·섭중생계(攝衆生戒)를 말한다. 섭률의계는 일체의 악을 끊고 계율을 지키는 것으로서, 구체적으로는 살생을 하지 않고(不殺)·도둑질을 하지 않고(不盜)·사음하지 않고(不婬)·거짓말하지 않는 것(不妄語) 등을 지키는 것이다. 섭선법계는 적극적으로 선(善)을 행하는 것이며, 섭중생계는 일체 중생을 보살펴 널리 이익을 주는 이타행(利他行)을 말한다. 또한 경전에서는 사음을 하지 않는 것에 대해 "그는 또 사음(邪婬)을 하지 않습니다. 그래서 자기 아내에게 만족하고 남의 여자에 대해서는 한 생각도 내지 않습니다."라고 설하고 있다. 재가의 입장에서 불사음계(不邪婬戒)를 설하고 있는 것이다.

섭선법계에서 중요한 것은 사람들에게 선법(善法)을 설할 뿐만 아니라 스스로도 선법을 실행하는 것이다.

> 만일 어떤 사람이 자신은 선(善)을 행하지 않고, 남을 위해 법을 설하고 선(善)에 머물게 하려고 한다면, 이러한 일은 있을 수 없다.

자신은 선을 행하지 않고 남에게 가르침을 설하면서 선을 실행하라고 한다면, 이것은 전혀 이치에 맞지 않는 것이다. 문제는 자기 자신이 먼저 선을 실행한 후에 다른 사람을 가르치는 것이다. 더구나 그 선의 내용은 상대방에게 보시하고, 부드럽고 온화한 말을 하며, 상대방을 이익되게 하고, 상대방과 같은 행동을 하는 사섭법(四攝法)이다. 다시 말해 여기서 말하는 선의 실행이란, 대승보살의 실천으로서 가장 중요한 이 사섭법을 실천하는 것이다.

그러므로 제2이구지에서 삼취정계를 설하는 것은 매우 중요하다. 불타선사가 혜광(惠光)에게 먼저 계학(戒學)을 배우고 익힐 것을 가르친 것은 바로 이 때문이었다. 불타선사는 혜광에게 다음과 같이 말했다.

> 이 사미는 보통 사람이 아니다. 만일 대계(大戒)를 받으면 먼저 율(律)

을 잘 들어라.

―《속고승전》권20, 〈혜광전〉

혜능의 비범한 재능을 꿰뚫어 본 불타선사는 먼저 계율에 대해 배울 것을 권했던 것이다. 계율은 지혜의 근본이므로 재능이 있는 사람이 아니면 쉽게 이해할 수 없으며, 경론만을 학습하고 있으면 계율을 가볍게 여기게 될 우려가 있기 때문이다. 또한 계율을 가볍게 여기는 마음을 가지게 되면 불법을 위기에 빠뜨리고 수행에 장애를 가져오기 때문이다.

이 불타선사의 가르침에 따른 혜광은 도복(道覆)율사 아래서 율학을 전수받았으며,《사분율(四分律)》을 실행하였다. 이러한 율학의 공부가 혜광으로 하여금 위대한 인품을 가지게 한 근거가 되었다는 것을 잊어서는 안 될 것이다.

## 불법의 귀중함 - 제3명지

다음의 제3명지(明地)는 발광지(發光地)라고도 한다. 먼저 제3지에 들어가려면 10가지의 깊은 마음(深心)이 필요하다고 설한다. 10가지의 깊은 마음이란 첫째는 깨끗한 마음이요, 둘째는 씩씩하고 예리한 마음이며, 셋째는 싫어하는 마음이요, 넷째는 욕심을 떠난 마음이며, 다섯째는 물러나지 않는 마음이요, 여섯째는 견고한 마음이며, 일곱째는 매우 밝은 마음이요, 여덟째는 만족이 없는 마음이며, 아홉째는 훌륭한 마음이요, 열째는 큰마음이다. 번뇌를 떠나 불도를 구하기 위해 필요한 10가지 마음이다. 여덟째의 만족이 없는 마음이란 만족함이 없이 끊임없이 추구하는 마음을 말하는 것이다.

> 설하는 바 그대로 행하는 자는 곧 불법을 얻게 되리.
> 다만 말로만 그친다면 그런 일은 있을 수 없네.

위의 말처럼 가르침대로 실행하지 않으면 진실로 불법을 자기 것으로 만들 수 없다. 다만 입이나 머리로만 그럴 것이라고 생각해서는 안되며, 가르침을 실행하는 것이 무엇보다도 중요한 것이다. 이것을 십바라밀 중에서 말하면 인욕바라밀과 정진바라밀을 중시하는 것이 제3명지이다.

불법을 구하기 위해서는 어떠한 괴로움도 참아야 된다고 하는 것을 경전은 다음과 같이 설명하고 있다.

> [불]법을 구하기 위해서는 때로는 아비지옥의 고통도 받네. 그런데 인간의 하잘 것 없는 갖가지 고통쯤이야.

아비지옥은 극악무도한 사람이 가는 지옥 가운데서도 가장 괴로운 곳으로서, 고통을 받아 끊임없이 울부짖는 아비규환의 장소이다. 그런데 불법을 구하기 위해서라면 아비지옥의 고통까지 받아도 상관없다고 하는 것이다. 아비지옥의 고통에 비한다면 인간세계의 고통쯤이야

문제가 안 되는 것이다. 이러한 것을 참고 견딜 수 없다면 불법을 구할
수 없다.

또한 경전은 다음과 같이 말한다.

밤낮으로 항상 정진하고, 듣고 받아들여 게으르거나 싫어하지 않으
며, 즐겨 이 법을 독송하고 지녀 오직 법만을 귀하게 여기네.

밤낮으로 항상 정진하여 나태함이 없어야 하고, 열심히 경문을 듣고
독송해야 한다고 한다. 혜광이 젊었을 때 불타선사 아래서 결코 흔들리
지 않는 마음으로 경전을 연구하고 있던 모습이 바로 이와 같았을 것이
다. 온 정열을 다 바쳐서 오직 불법만을 귀하게 여기고 다른 모든 것들
은 희생하는 것이 도를 배우는 마음가짐인 것이다.


## 묘한 구슬 - 제4염혜지

다음은 제4염혜지(焰慧地)이다. 지혜의 불이 번뇌를 태워버리므로 염
혜지라고 한다. 여기서는 먼저 사정근(四正勤)·사여의족(四如意足)·팔정
도(八正道)를 닦을 것을 요구한다.

사정근이란 깨달음을 얻기 위한 수행방법의 하나로서 ①아직 생기
지 않은 악이나 선하지 못한 일을 생기지 않게 발심하여 정진하는 것,
②이미 생긴 악이나 선하지 못한 일을 끊으려고 노력하는 것, ③아직 생

기지 않은 일을 생기게 노력하는 것, ④이미 생긴 선한 일을 잃지 않고 점점 더 증장시키려고 노력하는 것을 말한다. 이것은 말로는 간단하지만 실제로 행하기 위해서는 대단한 노력이 필요하다. 네 가지 가운데 한 가지 만이라도 실행하기란 쉬운 일이 아니다.

사여의족이란 사신족(四神足)이라고도 하며, 선정(禪定)으로 신통력을 발휘할 수 있는 것을 말한다. 족(足)이란 원인을 말하는 것으로서, 마음대로(如意) 갖가지 신통력을 발휘하는 원인이 된다. 여기서는 '욕정(欲定)'이라는 것을 설명한다. "욕정에 의해 끊는 행을 성취한다."라고 하는 바와 같이 먼저 선하지 못한 일을 퇴치할 것을 강하게 원하는 것이 '욕(欲)'이며, '정(定)'이란 마음을 하나의 대상에 집중시키는 것이다. 이 정(定)의 힘에 의해 번뇌를 끊는 것을 '끊는 행을 성취한다'라고 하는 것이다. 번뇌의 퇴치를 강렬히 원하고, 그렇게 하기 위해서 선정을 닦아 몸과 마음을 통일하는 것이 '욕정(欲定)'이다.

선정(禪定)을 닦으면 신통력을 발휘할 수 있다. 비를 내리게 한 혜광의 신통력도 선정에 의해 단련된 힘인 것이다. 당시 어떤 군인이 승려들로부터 세금을 받고 사찰의 재산을 군비에 충당하기 위해, '감히 반대하는 자는 사형에 처한다'는 포고를 내렸다. 그때 승관(僧官)이었던 혜광은 세금징수에 과감히 반대하였다. 승려나 사찰로부터 절대로 세금을 받아서는 안 된다는 주장을 한 그의 물러서지 않는 힘은 선정에 의해 단련된 것이다. 반대하는 사람을 죽인다고 하면 보통 사람들은 반대할 용기를 잃게 된다. 생명을 건 주장을 할 수 있었던 것도 선정의 힘에 의해 단련되어 있었기 때문이다.

보살이 이 제4지에 머물면 천억의 악마도 청정한 도(道)를 파괴할 수 없다. 그것은 마치 투명한 구슬이 진흙 속에 빠지거나 비를 맞아도 결코 맑고 깨끗함을 잃지 않는 것과 같이, 제4지에 머물면 그 지혜도 청정하게 되어 어떠한 유혹에도 흔들리지 않고 그 청정함을 유지하는 것이다.


## 무명의 어두운 길을 넘어서 - 제5난승지

제5난승지(難勝地)에서는 끊기 어려운 무명을 끊을 수 있다. 이 단계에 오르면 먼저 고집멸도(苦集滅道)의 사성제(四聖諦)ㆍ세제(世諦)ㆍ제일의제(第一義諦) 등 갖가지 진리를 알 수 있게 된다. 여기서 제(諦)란 진리를 말한다.

세제(世諦: 世俗諦)와 제일의제를 아는 것은 어려운 일이다. 세제란 세속의 입장에서의 진리를 말하며, 제일의제란 최고의 진리를 말하는 것이다. 경문에 "보살은 중생의 뜻을 따라 그들을 기쁘게 하기 때문에 세제를 알고, 일승(一乘)을 통달하기 때문에 제일의제를 안다."고 하는 것처럼, 중생을 기쁘게 함으로써 세속의 진리를 아는 것이다. 혜광이 비를 내리게 하고, 세금징수를 못하게 하고, 사람들에게 물건을 보시한 것은 모두 세속의 진리를 분별하고 있었기 때문이다.

인간이 살아가기 위해서는 세속의 생활을 하지 않을 수 없다. 살아 있다고 하는 것은 밥도 먹어야 하고, 잠도 자야 하고, 돈도 벌어야 하는 일상생활을 영위해 가는 것이다. 혜광의 경우에는 승려가 되어 말년에는 승려들을 통솔하는 국통(國統)과 같은 사회적으로 높은 지위에 올랐다. 그러는 사이 갖가지 고통과 만났을 것은 당연하다.

혜광이 세속의 일로 괴로워하고 있을 때 불타선사는 혜광을 불러 "너를 득도시켜 마음으로 과향(果向: 四向四果, 즉 4가지 수행목표와 도달한 경지)을 전하고자 할 뿐이다. 어찌 구질구질하게 세상사에 끄달리겠느냐. …… 국통의 직분은 네가 맡을 일이 아니다. 어찌 스스로 번잡케 하느냐."라고 말했다. 불타선사가 혜광을 제자로 삼은 것은 선의 수행과 그 경지를 전하고 싶었기 때문이다. 그러나 혜광은 국통이라는 세속적인 임무와 선정의 실천을 훌륭히 해내었다. 그것은 〈십지품〉 제5난승지의 가르침을 몸으로 실천했기 때문이다.

제5난승지에서 연마한 지혜와 선근(善根)은 모두 중생을 구제하기 위해서였다. 경문에 "일체의 선근을 쌓는 것은 일체 중생을 구제하기 위함이고, 일체 중생을 위해 안락함을 구하기 위함이며, 일체 중생을 이익 되게 하기 위함이네."라고 있는 것처럼, 일체 중생의 고통을 덜어주고 해탈시키기 위해 선근을 쌓는 이가 난승지에 머무는 보살이다.

이 난승지에 머무는 보살은 염자(念者) 혹은 지자(智者)라 불리기도 하고, 견신자(堅信者) · 수혜자(隨慧者) · 득신통자(得神通者) 등 갖가지 이름으로 불리기도 한다. 일체의 모든 것을 잊어버리지 않고 기억에 뛰어난 사람이라는 의미에서 염자(念者)라 부르며, "결정적인 지혜를 가지고 있기 때문에 지자(智者)라고 부른다."라고 하는 것과 같이, 지혜로써 모든 일들을 결정할 수 있으므로 지자(智者)라 하는 것이다. 또한 "계율을 버리지 않기 때문에 마음이 굳은(堅心) 사람이라고 한다."고 하는 것처럼, 계율을 지키는 사람은 견심자(堅心者)이다. 혜광은 "뜻을 세운 후부터 조용히 계업(戒業)을 엄격하게 닦았다."고 하는 것처럼 출가 후 일생 동안 계율을 지키면서 조용한 생을 보냈던 것이다. 혜광이야말로 바로 경문에서 말하는 견심자였다.

또한 경문은 "선정을 잘 닦기 때문에 신통을 얻은 자(得神通者)라고 한다."고 하는데, 혜광은 또한 득신통자라는 이름으로 불릴 만하다는 것에 대해서는 앞에서 설명한 것과 같다.

보살이 이 난승지에 머물면 다음과 같은 서원을 세우게 된다.

> 나는 모든 중생의 머리가 되고 뛰어난 이가 되며, 내지 모든 중생들이 의지하는 사람이 되리라.

중생을 구제하기 위한 주인공이 되고, 세상에서 가장 뛰어난 사람이 되며, 일체 중생들이 의지하는 사람이 되겠다고 하는 것이다. "중생들을 참으로 불쌍하게 여겨야 하네. 무명의 어둠에 떨어져 있고, 애욕의 인연에 얽매여 있네."라고 하기 때문에 보살은 중생을 구제하고 어둠을 비치는 등불이 되지 않으면 안 된다. 중생이 무명의 어두운 길을 헤매고, 애욕의 인연에 얽매여 있다고 하는 것은 부처님이나 보살의 입장에서 말할 수 있는 것이다. 우리 범부들은 무명의 어두운 길을 헤매고 있으면서도 그 사실을 모르고 있다. 부처나 보살의 입장에서 보면 얼마나 위험한 일일까.

다시 경문은 "세간을 이익 되게 하기 위해 경전 등을 저술하며……."

라고 설한다. 혜광의 일생은 끓어오르는 이타행(利他行)의 실천으로 불타 많은 경전을 저술하였다.《속고승전》은 혜광의 저술에 관해 "《승만경》·《유교경》·《온실경》·《인왕반야경》 등의 주석을 지었으며, 또한《사분율소》120지(紙)를 저술하였다."고 기술하고 있다. 이 외에도《대승의 율장(大乘義律章)》·《승제십팔조(僧制十八條)》 등 많은 저서를 찬술하였다. 저술 활동을 하는 것도 중생을 이익 되게 하기 위한 것이었지 자신의 명성을 드높이기 위한 것이 아니었다.《화엄경》에 "갖가지 선업을 쌓는 것은 일체 중생을 이익되게 하기 위함이다"라고 설해져 있는 것처럼, 혜광은 이타행을 실천했던 것이다.

위에서 〈십지품〉의 제1 환의지에서 제5난승지까지 보살의 수행방법과 그 결과에 대해 설명하였다. 경문은 각각의 지(地)에 대해 상세히 설명하고 있지만 여기서는 지면 관계상 개설적으로 설명하는 것에 그쳤다. 지혜가 있고 능력이 뛰어난 사람이 아니면 이해하기 어려운 가르침이지만, 가르침 가운데 어느 하나만이라도 실행함으로써 보살도에 접근하는 것이 중요하다.

제14화

# 감로의 비

십지품(十地品) Ⅱ

미혹을 끊어서 진여의 세계에 현전해가는 과정과
원숭이를 날뛰는 번뇌에 비유하여 원숭이를 교화하고 있다.

## 《화엄경》을 듣는 기러기 - 대각사의 승범

화북지방에 건국한 북제(北齊)의 문선제(文宣帝, 재위 550~559) 때, 수도 업에는 많은 사찰이 건립되었다. 큰 사찰이 4천 개, 승려가 8만 명, 강 의하는 곳이 2백 군데, 불법을 듣는 재가신자 수가 만 명이나 될 정도였 다.(《속고승전》 권10, 〈靖嵩傳〉)

그 수도 업에 현의사(顯義寺)라고 하는 큰 사찰이 있었다. 교주자사인 두필(杜弼)이 공양자가 되어 이 사찰에서 강경회(講經會)가 열리게 되었다. 두필의 요청에 의해 수도 업에 있던 동대각사의 승범(僧範)이 강경자(講經 者)로 초청되었다. 승범은 당시 《화엄경》 연구의 제일인자였다.

승범의 겨울철 강의가 《화엄경》 〈십지품〉의 제6지까지 진행되었을 때, 기러기 한 마리가 동쪽에서 날아왔다. 기러기는 탑 주위를 돌아서 강 경당(講經堂)으로 들어와 승범 앞에 날개를 접고 앉아 강의를 들었다. 이 윽고 강의가 끝나자 사찰 쪽으로 날아가버렸다고 한다.

또한 여름철 강의가 시작되었을 때에도 참새 한 마리가 날아와 조용 히 앉아 강의를 들었으며, 일찍이 제주(濟州)에서 강의했을 때에는 올빼 미가 날아와 청강했다고 한다. 기러기나 참새는 온순한 새지만 올빼미는 예부터 성질이 포악하고 잔인한 새로서 흉악한 것에 비유되는 새이다. 그러한 올빼미까지도 승범의《화엄경》강의를 들었던 것이다.

승범은 어릴 때부터 책 읽기를 좋아하여 23세 때는 중국 고전은 물론 인도의 주술에 관해서도 통달하여 많은 사람들에게 인정받았다. 이윽고 그는 불교에 뜻을 두어 자신의 손가락을 태워 공양했다. 후대의 화엄종 대성자인 법장도 출가하기 전에 연지공양(燃指供養)을 하였는데 승범도 같은 행동을 했던 것이다. 연지공양은 강한 결의와 원심(願心)이 없으면 불가능하다.

29세 때, 어떤 스님이《열반경》강의를 듣고 불교의 오묘함을 깨달아 마침내 수도 업에 있는 어느 사찰에서 출가하였다. 그 후《법화경》과《열반경》을 배우고, 또한 당시의 대학자인 혜광에게도 사사하였다. 이윽고 수도 업에서 강의를 하자 천여 명의 청중이 모여들었으므로 당시의 명장(明匠)이라 불렸다. 그는 대유학자 서준명(徐遵明)과 이보정(李寶頂) 등에게 보살계를 주었으며, 많은 대승경전의 주석서를 저술하였다.

승범은 유학자에서 불교로 전향한 사람이지만 그의 명성은 날로 높아져 일대의 고승(高僧)으로 존경받았다. 보시 받은 물건은 제자들에게 남김없이 나누어 주었으며, 옷과 먹는 음식에 대해 불만을 품은 적이 한 번도 없었다. 얼굴에 희로애락을 결코 나타내지 않았으며, 평생 계율을 엄격히 지켰다. 특히 정열을 기울인 것은《화엄경》연구로서, 낮에는 이 경을 강의하는 것을 업으로 삼았으며, 밤에는 천 분의 부처님에게 예배하는 것이 상례였다. 천보 6년(555) 3월 2일에 병이 들어 80세의 나이로 세상을 떠났지만, 그의 영특한 깨달음을 이을 자는 없었다고 한다.

# 사신(捨身)의 수행자 - 법희선사

승범이《화엄경》〈십지품〉의 제6지의 강의를 시작하자 기러기가 청강했다고 하는데, 〈십지품〉의 제6현전지(現前地)는 중요한 수행 단계이다. 제6현전지에서 반야의 지혜가 나타나고, 유명한 '유심게(唯心偈)'가 설해진다. 다음 제7지에서는 넓고 큰마음, 제8지에서는 신통력, 제9지에서는 지혜의 빛이 널리 비치는 것, 제10지에서는 모든 부처님의 법의 비를 맞는 것이 설해지고 있다.

제6현전지에 들어가면 보살들이 부처님을 찬탄하고, 또한 음악을 연주하는 천녀들도 부처님의 공덕을 찬양한다. 그 게송 가운데는 다음과 같은 내용이 있다.

> 언제나 보시를 행하여 모든 중생을 이롭게 하고, 비록 본래부터 청정하지만 계율을 지켜 그 마음을 견고히 하네.

마치 승범의 생애를 말해 주고 있는 듯하다. 이런 승범 앞에 기러기가 날개를 접고 앉아 청강하는 것은 어쩌면 당연한 일이었다.

해탈월보살이 금강장보살에게 제6지의 경지를 설명해 달라고 요청하자 금강장보살은 제6지에 들어가기 위해서는 10가지의 평등을 얻어야만 한다고 대답했다. 10가지의 평등이란, 일체법은 성품이 없고(無性), 모양이 없고(無相), 태어나는 일이 없고(無生), 멸함이 없고(無滅), 본래 청정하고(本來淸淨), 쓸데없는 말이 없고(無戱論), 취하지도 버리지도 않으며(不

取不捨), 떠나고(離), 꿈과 같고(幻夢), 있고 없음이 둘이 아님(有無不二)을 깨
닫는 것이다.

이 6지에 머무는 보살은 이어 12연기를 관(觀)함과 동시에 "삼계(三
界)는 허망하여 다만 이 마음이 지은 것이요, 12인연도 다 마음을 의지
하는 것이다."라고 하는 '유심게'를 관(觀)한다. 이 세계는 망념으로 이
루어진 것이며, 12인연도 마음에 의해 성립된다는 것을 밝히고 있다. 이
'유심게'의 문장이 게송으로는 다음과 같이 표현되어 있다.

> 삼계는 다만 탐하는 마음을 좇아 있다는 것을 환히 알고, 12인연도
> 오직 하나의 마음속에 있다는 것을 아네. 그렇다면 이 나고 죽는 것
> 은 단지 마음에서 일어난 것이니, 만일 그 마음을 멸하게 되면 생사
> 도 또한 다 없어지네.

여기서도 마찬가지로 탐심이나 망심이 삼계의 환상을 만들어 낸다
고 말하고 있다. 생사란 어리석은 세계, 유전(流轉)의 세계를 말한다. 어
리석은 세계도 탐하는 마음이 만들어 내는 것에 지나지 않는 것이다.

당나라시대 초기에 장안 근처 남전현의 진량사(津梁寺)에 살고 있던
법희(法喜)는 병이 들자 자신의 목숨이 얼마 남지 않았다는 것을 깨달았
다. 그는 약을 먹지 않고 제자들에게 "무상(無常)이 다가왔다. 당황해서
는 안 된다. 조용히 의연하게 나를 저 세상으로 보내거라. 다른 사람들
을 내 방으로 들여보내지 말기를 바란다."라는 말을 남기고, 방에서 일
심(一心)으로 "삼계는 허망하여 다만 이 마음이 지은 것이다."를 외웠다.

262

《화엄경》의 '유심게'를 외우면서 죽음을 맞이할 준비를 하고 있었던 것이다. 그때였다. 숲속의 북쪽에서 음악과 마차 소리가 들려 왔다. 제자들은 극락에서 마중 나온 것임을 알고 곧 법희에게 알렸다. 법희는 "나는 세속에서의 과보는 모두 버렸다. 어찌 극락에 태어나기를 바라겠는가. 그런 것은 귀찮을 뿐이다."라고 대답하면서 선정에 들었다. 방에는 향기가 진동했는데, 5경이 되자 단정히 앉은 자세로 세상을 떠났다. 안색은 산뜻하여 항상 선정에 들어 있을 때와 같았다.

법희는 자기의 시체를 산이나 들에 던져 새나 짐승에게 보시하기를 바랐기 때문에 생전에 제자들에게 시체를 버릴 장소를 지시해 두었다. 그러나 제자들은 시체의 얼굴이 너무 단정하고 청아하였으므로 감히 산에 방치해 둘 수 없었다. 이에 바위를 뚫어서 굴을 만들어 거기에 안치하려고 했다. 그러자 그날 저녁에 폭설이 내려 산길을 감추어 버렸다. 시체를 운반하는 도중에 죽은 법희의 목소리가 들려 왔다. "나의 시체를 산에 던져 새나 짐승에게 보시하려는 내 뜻을 따르지 않고 어째서 매장하려고 하느냐. 눈이 황야를 하얗게 덮었으니 지금 곧 장례행렬을 멈추어라." 그러나 제자들은 법희의 소원을 무시하고 바위 굴 속에 시체를 안치하였다.

며칠이 지나도 시체는 전혀 그 모습이 변하지 않았다. 신자 한 사람이 그 시체를 보러가니 얼굴빛이 조금도 변하지 않고 그대로 있었다. 그후 얼마가 지나도 시체가 썩지 않고 그대로 있으므로 이상하게 여겨 시체를 덮고 있던 천을 걷어 보니 시체는 얼굴만 남겨 놓은 채 목 아래쪽은 이미 무엇인가에게 먹혀 버리고 해골만 남아 있었다. 그렇게 되는 것

이 바로 법희의 소원이었던 것이다.《속고승전》권1,〈법희전〉)

"청계(靑溪)의 선승(禪僧)은 천하 최고라네."라고 하는 형주의 청계산 사(靑溪山寺)에서 법희는 젊었을 때 열심히 좌선을 하였다. 그러므로 법희의 죽음은 참으로 소원대로 이루어질 수 있었다. 임종하기 직전부터 '삼계는 허망하여 다만 이 마음이 지은 것이다'를 외우며, 극락에 왕생하는 것도 거부한 법희였기 때문에 이러한 기적이 일어난 것이다. 시체를 새나 짐승에게 보시하는 것이 법희의 본원(本願)이었다. 그것을 죽어 장사지낸 후에도 달성할 수 있었던 강렬한 의지는 외경의 마음을 일으키게 한다. 법희의 죽음은 사후에 극락세계에 왕생하기 위해 염불하는 사람들과는 하늘과 땅의 차이가 있다.

'삼계는 허망하여 다만 이 마음이 지은 것이다'를 몸으로 직접 받아들이게 되면 사후의 세계가 있건 없건 상관이 없다. 그것은 인간의 탐심이 만들어낸 환영(幻影)에 지나지 않는다. 죽으면 일심(一心)도 없어진다. 일심이 없어지면 극락도 지옥도 없다. 그러므로 남은 육체는 새나 짐승에게 보시하는 것으로 족하다. 법희와 같은 선승이야말로 '삼계는 허망하여 다만 이 마음이 지은 것이다'를 그대로 실천한 사람이다. 장례식도 묘지도 일체 필요없다고 생각한 법희는 공무(空無) 속에 살고, 공무(空無) 속에 죽어간 것이다.

일체 세간의 과보를 버리고 극락에 왕생하기를 거부하게 한 법희의 마음을 오고 간 것은 무엇이었을까? 종남산에서 불어닥치는 눈보라 속에서 그 시체는 무엇을 보고 있었던 것이었을까? 인간은 홀로 태어나 홀로 죽는 것이지만, 법희는 죽을 때 극락세계에 왕생하는 것까지도 거부한 사신(捨身)의 수행자였다.


## 원력과 신통력 – 제7원행지

───────

제7지에 들어간 보살은 성문·연각의 이승(二乘)의 경지를 멀리 떠날 수 있기 때문에 원행지(遠行地)라고 한다. 제6지에서 제7지에 들어가기 위해서는 10가지의 묘한 행을 실천하지 않으면 안 된다. 그 중에는 "삼계(三界)는 멀리 떠났으면서도 삼계를 장엄한다."라는 실천도 있다. 구도자는 먼저 삼계를 떠나지 않으면 안 된다. 승범이 유학자에서 불교로 전향했을 때 사람들로부터 "공(空)의 고요한 경지에 들어 세상의 일에 얽매이지 않네."(《법희전》)라고 들은 것과 같이, 세간의 잡다한 일들을 모두 다 버리고 오로지 좌선에만 몰두하여 일체가 공(空)이라는 것을 깨달아, 세간의 잡무나 인간관계에 마음을 쓰는 일이 없었다. 그러나 삼계를 버린 것만으로는 보살이라 할 수 없다. 보살은 중생을 구제하겠다는 서원으로 살아가지 않으면 안 된다. 그러므로 삼계를 장엄하지 않으면 안 되는 것이다. 삼계를 장엄한다고 하는 것은 이 현실에서 보살행을 실천하는 것을 말하는 것이다.

제7원행지 가운데는 다음과 같은 구절이 있다.


불자여, 비유하면 두 가지 세계가 있다. 하나는 결정코 청정하고, 다른 하나는 결정코 더러운 것이다. 그 두 세계의 중간을 지나기는 매우 어렵다.

이 세상에는 청정한 세계와 더러운 세계가 있으며, 이 두 세계의 중간을 지나기는 매우 어렵다고 한다. 보통 사람은 어느 한쪽의 세계에 치우쳐 살게 된다. 청정한 세계에만 살게 되면 더럽고 악에 물든 세계에 사는 사람들을 구제할 수 없다. 또한 더러운 세계에만 살고 있으면 평생이 걸려도 그에게 구원은 없다. 그러나 보살은 더럽고 혼탁한 세계에 살면 살수록 그만큼 더 청정한 세계를 의식하는 것이다.

그 두 세계의 중간을 지나기는 어렵지만 그 세계를 지나려면 신통[력]과 큰 원력이 있어야 한다.

삼계를 장엄하고, 더럽고 혼탁한 세계를 청정한 불국토로 만들기 위해서는 신통력과 큰 원력이 필요하다고 하는 것이다. 신통력이 없으면 더럽고 혼탁한 세계의 한복판으로 뛰어들 수 없는 것이다. 그러므로 경문은 이어서 "보살도 그와 같아서 갖가지 도를 행할 때 그것은 지나기가 어렵지만, 큰 서원의 힘과 큰 지혜의 힘과 큰 방편의 힘을 쓰기 때문에 능히 지나갈 수 있는 것이다."라고 한다. 갖가지 도를 행하기는 어렵다. 갖가지 도를 행한다는 것은 삼계를 장엄하는 것이다. 경전을 강의하고, 주석서를 저술하는 것 등은 모두 갖가지 도를 행하는 것인데, 이것들은 큰 서원과 큰 지혜와 큰 방편의 힘이 없으면 불가능하다. 특히 중요한 것은 큰 서원, 즉 원심(願心)인 것이다. 가거나 오거나 앉거나 눕거

266

나 항상 중생을 구제하겠다는 원심을 일으키는 보살은 10바라밀을 갖추어야만 한다. 10바라밀을 실천하는 보살은 "나는 마땅히 모든 중생의 머리가 되고, 뛰어난 이가 되며, 또한 모든 중생들이 의지하는 사람이 되리라."는 서원을 세워, 중생의 구제를 위해 용맹심을 발휘하여 일할 수 있는 것이다.

## 무너지지 않는 경지 – 제8부동지

수행이 완성되어 더 이상 흔들림이 없이, 저절로 보살행을 행하는 경지를 부동지(不動地)라고 한다. 그러므로 부동지에 들어간 보살을 심행(深行)의 보살이라 부른다. 이 보살은 일체 세간의 모습이나 탐욕과 집착을 벗어났으며, 더구나 성문·연각과 같은 수행자가 절대로 무너뜨릴 수 없는 부동의 경지에 머무를 수 있다.

부동의 경지는 간단히 얻을 수 있는 것이 아니다. 무술을 2, 3년 정도 배우다가 그만두면 금방 다 잊어버리게 된다. 그러므로 무슨 일이 있어도 퇴보하지 않는 경지에 도달한다는 것은 정말로 어려운 일이다.

부동지에 들어간 보살을 심행(深行)보살이라고 하나니, 모든 세간 사람들이 그를 측량할 수 없기 때문이다. 그는 일체의 모양을 떠나고, 일체의 생각을 떠나고, 일체의 집착을 떠났으므로, 어떠한 성문이나 벽지불도 그를 파괴할 수 없다.

동지에 들어간 심행의 보살은 세간의 상식으로는 헤아릴 수 없는 깊고 심원한 경지에 머물고 있는 것이다. 상념·망념·탐착·집착 등 일체의 모든 것을 끊어버린 보살이므로 이 보살의 경지는 타인이 파괴할 수 없다. 그러므로 부동지의 보살이라 하는 것이다. "희로애락을 나타내지 않고 더러움을 씻어 시종일관 계율을 지켰다."고 하는 승범이야말로 부동의 경지에 머물고 있었던 것이다. 희로애락의 감정을 나타내지 않고, 일체의 더러움과 혼탁함을 말끔히 씻어 버리고 청정한 세계에 머물면서 계율을 엄격히 지키기에 시종일관한 경지야말로 부동지의 보살이라 할 만하다. 기러기나 참새가 십지의 강의를 들었다고 하는 것은 승범의 〈십지품〉의 강의가 단지 머리로써만 이해한 것이 아니라 몸 전체로써 이해했기 때문인 것이다. 그것은 부동의 강연회였다.

불자들이여, 보살이 머무는 이 지(地)는 깨뜨릴 수 없기 때문에 그 이름을 부동지라 하고, 그 지혜를 굴릴 수 없기 때문에 그 이름을 부전지(不轉地)라 한다.

금강석과 같이 깨어지지 않기 때문에 부동지라 하고, 그 지혜가 확고하여 움직이지 않기 때문에 부전지라고도 한다. 이 외에도 제8지를 위덕지(威德地)·동진지(童眞地)·자재지(自在地)·성지(成地)·구경지(究竟地) 등 갖가지 이름으로 부르고 있지만 그 근본은 움직이지 않는 부동이라는 점에 있다. 더구나 그 부동을 지탱해 주는 것은 견고한 선정의 힘이라는 것을 잊어서는 안 된다.

## 설법의 무량함 – 제9선혜지

이 제9지에 들어간 보살은 지혜가 뛰어나서 어떠한 곳에서도 가르침을 설할 수 있다. 그러나 이 제9지에 들어가기 위해서는 10가지의 지혜가 필요하다. 그 가운데 다음과 같은 말이 있다.

　　부처님의 깊고 묘한 법의 창고에 들어가기를 원한다.

부처님이 설한 진리의 창고, 즉 경장(經藏)에 깊이 들어갈 필요가 있다는 것이다. 경장에 들어가지 않고서는 부처님의 가르침을 알 수 없기 때문이다. 승범이 죽을힘을 다해서 배운 것은《법화경》·《화엄경》·《십지경》·《보살지지경》·《유마경》등 여러 가지 대승경전이였다. 참으로 경장의 깊고 오묘한 내용을 통달했던 것이다.

경전의 강의란 단지 자기 혼자만이 깊이 연구했다고 해서 되는 것이 아니다. 대기설법(對機說法)이라는 말이 있듯이, 강의를 듣는 사람의 능력을 잘 파악해서 하지 않으면 안 된다. 교양있는 관리나 학자에게 하는 경우와 일반인이나 농민들에게 하는 경우 등 상대방에게 알맞은 가르침을 설할 수 있는 능력을 필요로 한다. 그러므로 "보살이 이 지(地)에 머무르면 모든 중생들의 마음과 모든 근기와 모든 욕망과 갖가지 다른 이치를 모두 잘 아네."라고 하는 것이다. 이 제9지에 머무르는 보살은 중생의 마음과 능력과 욕망과 각각 다른 청강자가 있다는 것을 잘 알아야 하는 것이다.

또한 "보살은 법사(法師)네. 사자왕 · 우왕(牛王) · 보산왕(寶山王)같이 안주하여 두려움이 없네."라고 하는 것처럼, 보살은 법사로서 큰 법을 설하는 자이다. 그는 백수의 왕인 사자왕이나 우왕, 보배산의 왕과 같이 어떠한 두려움도 없이 큰 소리로 용기 있게 법을 설한다. 어쩌면 승범의 설법모습은 사자왕과 같았는지도 모른다. 그렇지 않았다면 어찌 기러기나 올빼미가 설법을 들으러 올 수 있었겠는가.

제9지에 머무르는 보살은 사무애변(四無碍弁)으로써 설법한다. 사무애변이란 ①법무애변(法無碍弁: 가르침에 관해 막히는 일이 없는 것), ②의무애변(義無碍弁: 가르침의 내용을 잘 알아 막히는 일이 없는 것), ③사무애변(辭無碍弁: 여러 가지 언어에 능통하여 자유자재로 구사하는 것), ④요설무애변(樂說無碍弁: 이상 3가지의 지혜로써 중생을 위해 자유자재로 설법하는 것)을 말한다. 어느 하나만 결핍되어도 설법은 자유자재로 되지 않는다. 당시 명장(名匠)이라 불린 승범은 틀림없이 이 사무애변을 자유자재로 구사하면서 설법했을 것이다. 당시 천여 명의 청중이 모였다고 하는 것은 보통 사람에게는 상상할 수도 없는 일이다.


### 지혜의 완성 – 제10법운지

지혜의 구름이 널리 감로의 비를 내리는 경지이므로 법운지(法雲地)라 하고, 또한 그 설법은 진리의 비를 내리게 하는 구름과 같기 때문에 법운지라 하는 것이다.

법운지에 머물면 한 부처님이 내리는 큰 법의 광명의 비를 잘 맞으며, 두 부처님이나 세 부처님이나 내지 말할 수 없는 부처님이 일으키는 큰 법의 구름비도 다 견디어 맞는다. 그러므로 이 지를 법운지라 하는 것이다.

보살이 이 법운지에 머물면 무수한 부처님들로부터 비를 맞을 수 있다. 또한 제10지의 보살은 자재력을 갖출 수 있다.

보살이 이 지에 머물면 지혜로써 최상의 자재한 힘을 얻어 좁은 국토를 넓히기도 하고 넓은 국토를 좁히기도 하며, 더러운 국토를 깨끗하게 하기도 하고 깨끗한 국토를 더럽게 하기도 하는 등 이렇게 모든 세계에서 신력을 부린다.

지혜로써 자재력을 얻을 수 있다고 한다. 좁은 국토를 넓히기도 하고, 더러운 국토를 깨끗하게 하는 것이 자재력이다. 승범이 강의할 때 참새나 기러기 같은 길상한 새뿐만 아니라 불길한 새로 간주되는 올빼미까지도 날아와 《화엄경》 이야기를 들었다고 한다. 불길한 새도 극락에 있는 가릉빈가(迦陵頻伽: 妙音鳥)와 같이 신묘한 소리를 내는 새로 변할수 있는 것이다. 승범의 설법 소리가 울려 퍼지는 법당은 이 세상의 극락 국토이고, 법당의 섬돌에 있는 새는 극락에 있는 새와 같은 것이 아니었을까.

〈십지품〉의 마지막에는 십지의 정리로서 초지(初地)에서 제10지에 이르는 단계가 간략하게 설명되어 있다. 초지에서 넓고 큰 서원을 발하고, 제2지에서 계율을 지키며, 제3지에서 선(禪)을 닦고, 제4지에서 오로지 도행(道行)을 닦는다. 제5지에서 방편의 지혜를 연마하고, 제6지에서 깊고 깊은 인연을 알며, 제7지에서 넓고 큰마음을 닦고, 제8지에서 세간을 장엄하는 신통력을 발하며, 제9지에서 지혜의 빛으로 일체를 비추고, 제10지에서 모든 부처님의 큰 법의 비를 받는다고 하는 것이다.

십지에 머무르는 보살이 되는 것은 대단한 일이다. 초지인 환희지에 들어간 사람은 실제로 거의 없다고 해도 좋을 것이다. 그러나 이 십지의 경지를 자신의 수행 경지에 적용시켜 생각해 볼 필요가 있다. 인간은 수행에 의해 반드시 어느 경지에 도달할 수 있는 것이다. 승범이나 법희는 결코 우리와 다른 인간이 아니다. 다만 말로 표현할 수 없을 정도로 정진을 했으며, 크나 큰 원심(願心)을 가지고 있었기 때문에 보통 사람으로는 할 수 없는 신통력을 발휘할 수 있었던 것이다. 원심은 반드시 신통력을 일으키게 된다. 원심으로부터 일으킨 원력이 바로 신통력을 일으키게 하는 것이다.

# 제15화

# 화엄력 발휘

십명품(十明品) · 십인품(十忍品)

보현보살이 화엄력으로 과거, 미래를 보는 10가지 신통과 10가지 안내를 나타내는 모습이다.

## 화엄력을 체득한 혜오

중국 서안시의 남쪽에 우뚝 선 종남산은 불교·도교의 성지로서, 지금은 수나라시대에 세운 탑이 남아 있다. 수나라시대의 이름난 사찰 성수사(聖壽寺)는 종남산의 한 봉우리인 남쪽 오대산에 위치하고 있다. 성수사로 가기 위해서는 오대산 관리소의 오른쪽으로 난 좁은 산길을 따라서 계곡물을 건너 올라가면 당나라시대의 석관이 그대로 남아 있는 오불전(五佛殿)에 도달하게 된다.

오불전에서 성수사로 가기 위해서는 좁고 가파른 산길을 올라가야만 한다. 급경사를 다 올라가기 직전에 왼쪽의 나무들 사이로 수나라 시대에 건립된 유명한 불탑이 보인다. 현재 이 탑에는 잡목과 풀이 무성하지만, 수나라시대 역사의 중후함을 보이면서 우뚝 서 있는 그 모습에는 위엄이 넘친다.

오대산 관리소 앞에서 다시 차를 타고 꼬불꼬불한 산길을 달려가면 일찍이 어느 장관의 피서지였던 종남산장에 도착한다. 그 전망대에서 내려다보면 종남산 산봉우리가 끝없이 이어져 있는 웅대한 광경이 보인다. 이 산장에서 걸어 올라가면 자죽림(紫竹林)이라는 절이 있다. 거기서 다시 산 정상으로 올라가면 가는 곳마다 평평한 대지에 부서진 주춧돌과 기와가 흩어져 있는 사찰 터가 있다. 이 주위에는 일찍이 70개 정도의 사찰이 있었다고 하므로 종남산이야말로 바로 불교성지였던 것이다.

수나라 때 이 종남산에 은거하고 있던 사람 가운데 선정도량의 혜오(慧悟)가 있었다. 그는 뜻을 같이 하는 도반과 함께 종남산에 은거하였다. 두 사람은 나무 열매를 먹으며, 동굴 속에서 몇 년간 생활하면서 각각《화엄경》과《열반경》을 밤낮으로 독송하였다.

어느 날 문득 어떤 사람이 두 사람 앞에 나타나 절을 하며 "두 분 중 한 분을 초청해서 저희 집에서 공양을 드리고 싶습니다."라고 말했다. 두 사람이 서로 사양하자 그 사람은 "화엄의 법사를 초대하고 싶습니다."라고 말했으므로 혜오가 그를 따라 가게 되었다. 도중에 혜오가 "단월의 집은 어디에 있습니까?"라고 물었다. 그 사람은 "여기서 정남쪽에 있습니다."라고 대답했다. 이상하게 생각한 혜오는 "남쪽에는 산과 계곡뿐 마을이 있을 리가 없을 텐데요."라고 다시 물었다. 그러자 그는 "저는 종남산의 산신으로 동굴을 집으로 삼고 있습니다. 너무 괘념치 마십시오."라고 대답했다.

깜짝 놀란 혜오는 기암괴석 사이를 간신히 빠져나와 앞으로 나아갔다. 산신은 《화엄경》을 받들어 모시고 있는 법사는 신통력을 얻었습니까?"라고 물었다. 혜오가 "아직 신통력을 얻지 못했습니다."라고 대답하자 산신은 그를 공중으로 들어 올려 꽃으로 장엄된 궁전으로 안내했다. 정원에는 산해진미의 맛있는 음식들이 즐비했다. 산신이 혜오를 높은 자리에 앉히자 혜오는 자기는 이런 높은 자리에 앉을 자격이 없다고 사양했다. 그러자 산신은 "법사님은 화엄을 받들어 모시고 있으므로 높으신 분입니다."라고 대답했다. 그때 500여 명 정도의 승려가 주장자를 짚고, 발우를 들고 공중에서 내려왔다. 혜오가 놀라서 예배하려고 하니 승려들은 그를 말리면서 "우리는 항상 화엄을 수지 독송하고 있는 법사님을 존경하고 있습니다."라고 말하며 묵묵히 식사를 한 후 하늘로 높이 날아갔다.

궁전 안쪽 뜰에는 10여 명의 어린 동자가 놀고 있었다. 산신은 동자를 불러 혜오에게 공양하라고 일렀다. 그러자 한 동자가 그에게 가까이 와서 혜오의 입을 벌려 입 속을 들여다 본 후 병이 있다고 말했다. 동자는 손톱조각을 떼어서 혜오의 입 속에 넣었다가 잠시 후 입을 벌려 보고는 병이 다 나았다고 말했다. 마침내 동자는 춤추면서 혜오의 입 속으로 들어갔다. 이 동자는 약의 덩어리였다. 이로 인해 혜오는 신불(神佛)이 될 수 있었다.

산신과 헤어져 다시 그가 살던 곳으로 되돌아온 혜오는 도반에게 "나는 《화엄경》의 힘으로 선약(仙藥)을 얻었습니다. 인간과 신선은 서로 다르므로 함께 살 수 없습니다. 오랫동안 함께 생활했지만 안녕히 계십시오. 저 세상 부처님 전(前)에서 만납시다."라는 말을 남기고 갑자기 공중으로 사라졌다. 독송하고 있던 《화엄경》도 그 뒤를 따랐다.(《화엄경전기》권4)

# 과거·미래를 보다 - 〈십명품〉

---

제6타화자재천회(他化自在天會)에서는 〈십지품(十地品)〉·〈십명품(十明品)〉·〈십인품(十忍品)〉·〈심왕보살문아승지품(心王菩薩問阿僧祇品)〉·〈수명품(壽命品)〉·〈보살주처품(菩薩住處品)〉·〈불부사의법품(佛不思議法品)〉·〈여래상해품(如來相海品)〉·〈불소상광명공덕품(佛小相光明功德品)〉·〈보현보살행품(普賢菩薩行品)〉·〈보왕여래성기품(寶王如來性起品)〉의 11품이 있다. 이 중에서 이미 〈십지품〉은 설명했으므로 여기서는 〈십명품〉과 〈십인품〉에 대해 설명하기로 한다.

〈십명품〉 이하의 5품은 한마디로 십지(十地)에 대한 보충 설명이다. 〈십명품〉에서는 보현보살이 십명(十明)을 설한다 '명(明)'이란 부처님 지혜의 작용이 자유자재하여 모든 사물을 비추어 내보이기 때문에 '명', 즉 '밝음'이라 하는 것이다. 열 가지 밝음(十明)이란 다음과 같다.

① 다른 사람의 마음을 잘 아는 지혜의 밝음(善知他心智明).

② 걸림 없는 천안의 지혜의 밝음(無碍天眼智明).

③ 과거 겁에 깊이 들어가 전생을 걸림 없이 아는 지혜의 밝음(深入過去際劫無碍宿命智明).

④ 미래 겁에 깊이 들어가는 걸림 없는 지혜의 밝음(深入未來際劫無碍智明).

⑤ 걸림 없는 청정한 천이의 지혜의 밝음(無碍淸淨天耳智明).

⑥ 두려움 없는 신력(神力)에 편히 머무는 지혜의 광명(安住無畏神力智明).

⑦ 일체의 음성을 구별하는 지혜의 밝음(分別一切言音智明).

⑧ 한량없는 아승지의 색신(色身)장엄을 내는 지혜의 밝음(出生無量阿僧祇色身莊嚴智明).

⑨ 모든 법에 대한 진실한 지혜의 밝음(一切諸法眞實智明).

⑩ 모든 법이 멸한 삼매의 지혜의 밝음(一切諸法滅定智明).

이 열 가지 밝음은 모두 초인적인 지혜로서, 간단히 말하면 신통력이며, 혜오가 체득한 화엄력인 것이다. 이 열 가지 초능력을 얻게 되면 어떠한 중생의 마음이나 생각도 알 수 있게 된다. 예를 들면 착한 마음 · 나쁜 마음 · 이기고 싶은 마음 등 모든 마음의 움직임을 알 수 있게 되는 것이다. 이것이 첫 번째의 남의 마음을 아는 지혜의 밝음이다. 여섯 가지 신통력 가운데 타심통(他心通)이 이것에 해당된다. 남의 마음의 움직임을 다 알 수 있으려면 스스로 무심(無心)이 되지 않으면 안 된다. 무심이 되면 자기의 마음에 남의 마음의 움직임이 저절로 투영되는 것이다.

두 번째의 걸림 없는 천안(天眼)의 지혜의 밝음이란 천안통(天眼通)을 말한다. 이 신통력은 경문에 "모든 중생이 여기서 죽어 저기서 나는 것을 다 잘 압니다."라고 하는 바와 같이 모든 사람들의 죽음을 알고 어디에 태어나는가를 아는 것이다. 인간은 자신의 죽음을 예견할 수 없다. 그러나 새나 짐승은 스스로 죽을 때를 알고 죽음이 가까워오면 자신의 시체를 남의 눈에 띄지 않게 몰래 감춘다. 나의 서재와 인접해 있는 숲에는 많은 야생 조류가 찾아든다. 그러나 이 숲속을 여기저기 산책해 보아도 조류의 시체를 발견할 수 없다. 간혹 들고양이의 습격을 받은 족제비의 시체가 눈에 띌 뿐 자연사(自然死)한 것은 발견할 수 없는 것이다. 이에 반해 인간은 자신의 죽을 시기를 예견할 수 없다. 말기암 환자라도 내일 당장 자신의 목숨이 끝난다는 것을 모른다고 한다.

그러나 이 걸림 없는 천안의 지혜의 밝음을 얻은 사람은 인간이 죽는 시기를 안다는 것이다. 그것은 청정한 천안으로써 보기 때문이며, 청정한 천안은 인간의 업과 업의 과보를 꿰뚫어 볼 수 있기 때문이다.

세 번째의 과거 겁에 깊이 들어가 전생을 걸림 없이 아는 지혜의 밝음이란 숙명통(宿命通)을 말한다. 자기나 타인의 모든 과거의 일을 자유자재하게 기억하는 능력이다. 인간의 과거에 대한 기억력은 기껏해야 사물을 판별할 수 있는 능력을 가진 이후의 일 정도이다. 어머니의 태내에서 태어나기 전까지의 일은 전혀 기억이 없다고 말해도 좋을 것이다. 그러나 이 신통력을 얻게 되면 과거의 일을 명백하게 알 수 있게 된다. 현재 분자물리학 등의 연구에서 유전에 대한 해명이 급속히 진행되고 있는데, 이것에 의하면 과거의 정보가 자손에게 전해지고 있다고 한다.

네 번째의 미래 겁에 깊이 들어가는 걸림 없는 지혜의 밝음이란 미래를 알 수 있는 천안통(天眼通)을 말한다. 중생이 미래에 살고 죽을 때의 업이나 과보 등 미래의 모든 것을 다 아는 신통력이다. 이것은 두 번째의 걸림 없는 천안의 지혜의 밝음과 거의 비슷하지만, 이 네 번째의 경우는 중생이 미래를 알 뿐만 아니라 미래의 부처님이나 불국토의 상황에 대해서도 꿰뚫어 볼 수 있다. 다시 말하면 미래에도 부처님이 출현하실 수 있고, 정법(正法)이 영원히 머문다고 하는 것을 예견하는 것이다. 보통 사람은 내일 일도 예측할 수 없다는데 중생과 부처의 미래를 미리 알 수 있다는 것은 걸림 없는 지혜의 밝음이 있기 때문이다. 화엄력을 갖춘 혜오가 선약(仙藥)을 마신 후 내세의 부처님 전(前)에서 만나자고 하면서 공중으로 날아 올라가 버렸다고 하는 것은 내세에도 부처님이 계신다는 것을 확신하고 있었음을 말해 주는 것이다.

## 걸림 없는 지혜의 밝음

다섯 번째의 걸림 없는 청정한 천이(天耳)의 지혜의 밝음이란 여섯 가지 신통력 가운데 천이통(天耳通)을 말한다. 이 걸림 없는 천이의 능력을 갖춘 보살은 시방세계의 모든 음성을 다 들을 수 있다. 경문에 "듣고 싶으면 듣고, 듣기 싫으면 듣지 않기를 자유자재로 합니다."라고 있는 것처럼, 자기의 의지대로 듣고 싶은 음성과 듣고 싶지 않은 음성을 취사선택할 수 있는 것이다. 듣고 싶은 음성은 아무리 작은 소리나 말이라도 들을 수 있으며, 특히 한량없는 부처님의 음성이나 가르침을 모두 다 들을 수 있는 것이다.

우리들 범부에게는 부처님 말씀이 그리 쉽게 귀에 들어오지 않는다. 그것은 오로지 부처님의 가르침에 따르겠다고 하는 마음이 없기 때문이다. 그러나 걸림 없는 청정한 천이의 지혜의 밝음을 갖추게 되면 아무리 멀리 떨어진 부처님의 음성이나 말씀도 곧바로 들려오게 된다. 혜오는 《화엄경》 독송삼매의 생활을 하고 있었기 때문에 어느 날 산신의 말을 들을 수 있었으며, 산신을 따라 종남산 깊숙이 들어가 그곳에서 신통력을 얻어 불가사의한 광경을 볼 수 있었던 것이다. 그것은 화엄력에 의해 걸림 없는 천이(天耳)를 갖추고 있었기 때문이다.

여섯 번째의 두려움 없는 신력(神力)에 편히 머무는 지혜의 광명이란 신족통(神足通)을 말한다. 지혜의 밝음을 얻은 보살은 자재하여 지음이 없는 신력·평등한 신력·넓고 큰 신력·변하지 않는 신력·물러나지 않는 신력·깨뜨릴 수 없는 신력 등을 갖출 수 있다.

여기서 자재하여 지음이 없는 신력(自在無作神力)이란 자유자재로 신통력을 발휘할 수 있는, 전혀 인공의 힘이 가해지지 않은 자연 그대로의 힘을 말한다. 다시 말하면 억지로 무리하게 힘을 가해서 신통력을 발휘하는 것이 아니라 자연적으로 그 힘이 발휘되는 것을 말하는 것이다.

그것은 신통력에만 한정되는 것이 아니다. 무술을 한 적이 있는 사람이면 잘 알 수 있겠지만, 어깨에 힘이 들어가면 검도든 합기도든 수를 쓸 수 없다. 자연 그대로의 상태를 가능케 하는 것은 첫째로 끊임없는 단련뿐이다. 경문에서는 자재하여 지음이 없는 신력이라고 간단히 설하지만 이것을 체득하기 위해서는 엄청난 수행이 필요하다. 경전에서 설하는 말들 가운데 어느 하나 쉽게 체득할 수 있는 것이라고는 아무것도 없다. 그러므로 부처님이 설한 경전인 것이다.

자재하여 지음이 없는 신력이란 의지할 바가 없는 신력이라고 해도 좋다. 의지할 바가 없는, 다시 말하면 자기 자신의 힘에 의지하면서 또한 의지해야 할 자기 자신조차도 버리는 것이다. 그것은 사신(捨身)의 신통력이며 무심의 신통력이다. 그렇게 되면 당연히 물러나지 않는 신력을 얻을 수 있게 되는 것이다. 이 신력을 얻게 되면 언제 어느 장소에서나 부처님을 친견할 수 있게 된다.

일곱 번째는 일체의 음성을 구별하는 지혜의 밝음이다. 보살이 중생의 음성이나 말을 모두 이해할 수 있는 것은 이 신통력을 갖추고 있기 때문이다. 보살은 주변 여러 나라의 말이나 천신·아수라의 말까지 모두 다 알고 있기 때문에 어느 곳에 가더라도 그곳 사람들이 생각하고 있는 것을 이해할 수 있다고 한다.

여덟 번째는 한량없는 아승지의 색신(色身)장엄을 내는 지혜의 밝음이다. 보살은 일체의 모든 것을 알 수 있다. 그것은 형체가 있건 없건 상관이 없다. 사람의 지혜로 헤아릴 수 없는 불가사의한 교화로써 일체 중생을 구제하는 것은 바로 이 지혜의 밝음에 의한 것이다.

아홉 번째의 모든 법에 대한 진실한 지혜의 밝음이란 모든 법이 불생불멸이라는 것 등 일체법의 진실을 아는 지혜이다. 일체의 모든 것을 절대 부정하고 동시에 절대 긍정하는 대승불교의 입장을 서술한 것이다.

마지막 열 번째의 모든 법이 멸한 삼매의 지혜의 밝음이란 보살이 삼매에 들어 물러나지 않는 것을 말한다.

이상의 열 가지 지혜에 편히 머물게 되면 어떻게 될까?

> 보살마하살이 이 밝음(明)에 편히 머무는 경지는 모든 천인(天人)도 헤아리지 못하고, 일체 세간도 헤아리지 못하며, 성문과 연각도 헤아리지 못한다.

이와 같이 그 경지는 천인이나 성문·연각도 헤아릴 수 없으며, 다만 부처님이나 보살만이 알 수 있는 것이다.


## 열 가지 인지 - 〈십인품〉

다음의 〈십인품(十忍品)〉에서는 열 가지 인지(忍智)를 설한다. 여기서 인(忍)이란 앎(認)이란 의미로서 지혜(智)를 뜻한다. 열 가지 인지란 다음과 같다.

① 음성을 따른 인(隨順音聲忍).

② 순응하는 인(順忍).

③ 생멸하는 법이 없다는 인(無生法忍).

④ 환영(幻影)과 같은 인(如幻忍).

⑤ 아지랑이와 같다는 인(如焰忍).

⑥ 꿈과 같다는 인(如夢忍).

⑦ 메아리와 같다는 인(如響忍).

⑧ 번개와 같다는 인(如電忍).

⑨ 허깨비와 같다는 인(如化忍).

⑩ 허공과 같다는 인(如虛空忍).


이 열 가지 지혜를 완성하면 일체의 걸림 없는 지혜를 얻을 수 있으며, 모든 부처님의 한량없고 걸림 없는 법을 얻을 수 있다.

먼저 첫 번째의 음성을 따르는 인이란, 진실한 법을 듣고, 믿고 이해하여 받아 지니며, 편히 머무는 것이다. 진실한 법을 듣고 놀라거나 두려워하지 않는 것이 중요하다. 진실한 법의 가르침에는 어리광도 없고 위로함도 없다. 무상(無常)의 법은 인간은 누구나 죽는다는 것을 가르쳐준다. 인간이 어머니의 태내에서 나온 이후 가장 확실한 것은 오로지 죽음을 향해 나아가고 있다는 것이다. 이 가르침을 듣고 놀라거나 두려워하지 않고 그대로 받아들이는 것, 그것이 음성을 따르는 인(忍)인 것이다.

두 번째의 순응하는 인이란, 청정하고 정직한 마음으로 평등함을 관(觀)하는 것이다. 다시 말하면 일체 모두가 평등하다는 것을 아는 것이다.

세 번째의 생멸하는 법이 없다는 인이란, 불생불멸한 법의 성품을 알아서 더러움도 떠났고 무너짐도 없으며 움직이지도 않는 적멸(寂滅)의 경지에 머무는 것이다. "만일 움직이지 않으면 적멸의 경지일 것이며, 만일 적멸의 경지이면 욕심을 떠났을 것이다."라고 하는 것처럼, 일체의 번뇌를 적멸한 경지에 들어가게 되면 욕심을 떠날 수 있는 것이다.

네 번째의 환영(幻影)과 같다는 인이란, 일체의 법은 모두 환영과 같다고 관(觀)하는 것이다. "하나의 법 가운데서 많은 법을 알고, 많은 법 가운데서 하나의 법을 안다."고 하는 것처럼, '하나가 곧 전체'이고 '전체가 곧 하나'임을 아는 것이다. "일체 세간은 환영과 같다."고 관찰하는 것이 '환영과 같은 인'이다. 세간은 환영과 같다고 관찰하게 되면 인간의 일생은 환영이 되는 것이다.

다섯 번째의 아지랑이와 같다는 인이란, 일체의 세간은 모두 아지랑이와 같아서 본성이 없다는 것을 아는 것이다.

여섯 번째의 꿈과 같다는 인이란, 일체의 모든 것은 꿈과 같음을 아는 것이다. 일본 에도(江戶)시대의 타꾸앙(澤庵)선사는 죽기 직전에 '꿈'이라는 한 글자를 써 놓고 죽었다. 73세의 생애를 '꿈' 한 글자로 바꿔놓고 하직 인사로 삼은 것이었다.

일곱 번째의 메아리와 같다는 인이란, 일체의 모든 것은 메아리와 같이 본성이 없다는 것을 아는 것이다.

여덟 번째의 번개와 같다는 인이란, 부처님의 정법은 번개와 같이 일체를 비추고, 여기저기 모습을 나타내는 것에 걸림이 없으며, 한량없이 청정한 색신(色身)을 얻는 것이다.

아홉 번째의 허깨비와 같다는 인이란, 일체의 모든 것은 허깨비와 같아서 실체가 없다는 것을 알아 집착하지 않는 것이다.

마지막 열 번째의 허공과 같다는 인이란, 일체의 모든 것은 허공과 같음을 깨닫는 것이다.


## 일체는 환영과 같다

열 가지의 인(忍)을 설한 보현보살은 다시 한 번 이 뜻을 밝히기 위해 게송을 읊었다. 그 게송 가운데는 다음과 같은 말이 있다.

일체의 모든 것은 마음에서 만들어지며, 나타나 보이는 것도 환영 (幻影)과 같아 허망하여 진실이 아니니, 모든 존재는 다 환영과 같네. 비유하면 교묘한 요술쟁이가 네 거리에서 온갖 형상을 나타낼 때 중생들은 그것을 보고 기뻐하지만, 실제로는 아무것도 없는 것과 같네.

일체의 모든 것은 마음이 만든 것이기 때문에 환영과 같이 실체가 없으며, 허망하여 진실이 아니라고 하는 것이다. 그것은 마치 교묘한 요술쟁이가 네 거리에서 갖가지 형상을 나타내 보일 때, 그것을 본 구경꾼들은 기뻐하지만 그 형상은 실체가 있는 것이 아니라 순식간에 사라져 버리는 것과 같은 것이다.

혜오가 천궁에 올라갔을 때 500명이 넘는 승려가 재회(齋會)에 모여든 것도 환영에 지나지 않으며, 뜰에 있던 10명의 동자도 환영에 불과했다. 또한 한 동자가 혜오의 입 속으로 들어간 것도 환영이었는지 모른다. 그러나 혜오의 입 속에 약이 들어 있었던 것은 사실이었다.

이러한 것들은 객관적인 사실로서는 환영이었는지 모르지만 혜오에게는 사실이었다. 그것은 환각(幻覺)에 의해 일어난 것이라고 간단히 생각할 수도 있지만 혜오에게 있어서는 확실히 체험한 사실로서, 잊을 수 없는 불가사의한 것이었다. 그 불가사의한 일이 혜오에게만 일어난 것은, 혜오는 끊임없이 《화엄경》을 독송한 화엄 수행자로 《화엄경》의 힘을 몸에 갖추고 있었기 때문이다.

그 《화엄경》의 힘은 《열반경》을 독송하여 얻은 힘보다 훨씬 강한 것이었다. 산신이 《열반경》보다 《화엄경》을 독송하고 있는 혜오 쪽이 신통력의 잠재능력이 있을 것이라고 본 것은 옳았다. 《화엄경》의 〈십명품〉이나 〈십인품〉에는 불가사의한 신통력이 아낌없이 설해져 있다. 이 〈십인품〉의 마지막에는 다음과 같은 게송이 있다.

참 불자는 잘 공부하여 뛰어난 지혜의 힘(智慧力)과 법의 힘(法力)과 선정의 힘(定智力)을 이루고, 순응하여 보리를 닦는다.

불교인은 먼저 공부를 잘하는 것이 중요하다. 그것은 종남산에 은거하여 오랫동안 나무열매만을 먹고 생활하면서 오로지《화엄경》만을 독송하고 있던 혜오와 같이 끊임없는 수행이 필요한 것이다. 그러한 수행에 의해 탁월한 지혜의 힘과 법의 힘과 선정의 힘을 얻을 수 있게 되는 것이다. 지혜의 힘은 〈십명품〉에서 설하는 열 가지 지혜의 밝음이나 〈십인품〉에서 설하는 것과 같은 지혜를 말한다.

법의 힘이란 불법의 수행에 의해 체득한 힘으로서, 혜오가《화엄경》을 독송함으로써 얻은 힘이 여기에 해당된다. 혜오의 법이 산신에게 감응되었기 때문에 산신은 혜오에게 신통력을 부여하고 갖가지 불가사의한 일들을 생기게 할 수가 있었던 것이다.

'독송은 삼매다'라는 말이 있는 것처럼, 독송에 의해 삼매에 들 수 있는데 그것이 곧 선정의 힘(定智力)이 되는 것이다. 선정의 힘은 일반적으로는 선정의 수행에 의해 얻어지는 것이지만, 혜오의 경우는 독경삼매로서 얻었다. 신통력을 갖춘 지혜의 힘과 법의 힘, 그리고 선정의 힘을 체득한 혜오였기 때문에 선정력을 지닐 수 있었으며, 또한 공중으로 날아 올라가 부처님을 만나 뵐 수 있었던 것이다.

# 제16화

# 무한의 수와 수명

### 심왕보살문아승지품(心王菩薩問阿僧祇品) · 수명품(壽命品)

형상은 종종으로 변해도 그 바탕은 허공이니
우리의 수명도 무시무종이라는 것을 말하고 있다.

## 태백산의 화엄행자 – 법장

협서성 서안시를 출발하여 함양시(咸陽市)를 거쳐 자동차로 약 3시간쯤 가면 부풍현(扶風縣)에 이른다. 이 부풍현 서쪽 끝에 법문사(法門寺)라는 사찰이 있다. 북쪽으로 아름다운 산이 있고, 동쪽으로는 수려한 강이 흐르고 있으며, 남쪽으로는 진령산맥(秦嶺山脈)이 아득히 내려다보인다. 진령산맥의 주봉인 태백산(太白山)은 3,767미터에 이르는 높은 봉우리로 하늘을 찌를 듯이 높이 솟아 있다.

이 법문사가 최근 사람들의 이목을 끌게 된 것은 허물어진 진신보탑(眞身寶塔)의 지하 궁전에서 석가모니의 사리와 당나라시대의 보물들이 많이 발견되었기 때문이다. 나도 법문사 기념관이 낙성되던 1988년 11월 9일에 법문사를 참배하고 진신사리를 친견하였는데, 당나라 때에 이 법문사 사리탑 앞에서 소지공양(燒指供養)을 한 소년이 있었다. 바로 그 소년이 화엄종을 대성한 현수대사 법장(643~712)이었다.

귀족의 자제였던 열여섯 살의 소년 법장이 무엇 때문에 석가의 진신사리 앞에서 소지공양을 하였을까? 그의 선조는 중앙아시아 출신이었으므로 그의 몸 속에는 서역인의 피가 흐르고 있었다. 그런 그가 장안

(長安)을 떠나 법문사까지 와서 석가모니의 진신사리 앞에서 무엇을 서원하였던 것일까? 어쩌면 그는《화엄경》의 진수를 배울 것을 맹세했는지도 모른다.

열일곱 살이 된 법장은 장안을 돌아다니며 여러 대덕(大德) 승려들을 만나 가르침을 구하였으나 만족할 수 없었다. 그리하여 결연히 부모 슬하를 떠나 태백산으로 들어갔다. 법문사 앞에 우뚝 솟아 있는 태백산은 깊은 산이었다. 법장은 이 산에서 풀뿌리와 나무열매를 먹으며 뼈를 깎는 수행을 계속하였다. 태백산에는 선인(仙人)이나 은거하는 승려가 많았다. 산꼭대기는 일 년 내내 눈으로 덮여 있으며, 거센 바람이 비를 몰고 온다고도 한다. 법장이 훗날 갖가지 신통력을 보일 수 있었던 것은 이 태백산에서 수행하는 동안 길러졌던 것 같다.

부모님의 병환 소식을 듣고 장안으로 돌아온 법장은 때마침 운화사(雲華寺)에서 지엄(智儼)의《화엄경》강의를 듣고 그에게 사사하였다. 법장은 "무릇 타인에 의지해 깨달을 수 없으며, 스스로 아는 것만한 것은 없다."라는 태도를 가지고 자기 자신의 힘으로《화엄경》의 심오한 이치를 깨닫고자 하였다.

《화엄경》의 깊은 뜻을 깨달은 법장은 30여 회에 걸쳐《화엄경》을 강의하였다. 특히 천책만장 원년(695)에 새로 번역된《신화엄경》을 강의할 때 〈화장세계품(華藏世界品)〉의 화장해(華藏海)가 진동하는 단락에 이르자 사원이 진동하였으므로 청중들은 이구동성으로 "일찍이 없었던 일이로다."라고 찬탄했다고 한다.

가뭄이 들어 물이 부족할 때마다 법장이 기우(祈雨)하면 비가 내리곤

하였다. 또한 신공 원년(697)에 거란(契丹)이 반란을 일으키자 칙명에 따라 십일 면(十一面) 도량을 건립하고 관음상을 모셔 여러 날 동안 기원하였다. 그러자 정벌군 속에서 무수한 신왕상(神王像)과 관음상이 나타나 그 광경을 지켜보던 거란군은 두려움에 떨며 항복했다고 한다.

법장이 소년 시절 소지공양을 했던 법문사에 측천무후의 명으로 사리를 맞아들여 사리탑 앞에서 칠일 밤낮으로 기도한 후 사리함을 열자 휘황찬란한 광명이 비쳐 나왔다고 한다. 이때 법장은 대숭복사(大崇福寺)의 주지를 맡고 있었다.

이처럼 갖가지 영험을 보인 법장은 단순한 학자만은 아니었다. 태백산에 은둔 수행하여 신통력을 얻은 수행자이기도 했던 것이다. 그는《화엄경》의 심오한 이치를 규명했지만 결코 어렵게 설명하지는 않았다. 사람의 능력에 맞게 무진(無盡)의 이치를 설하였으며, 그 설명방법도 구체적인 예를 들어 가면서 알기 쉽게 설명했던 것이다.

예를 들면 측천무후의 초청을 받아 장생전(長生殿)에서 육상원융(六相圓融)의 이치를 설했을 때, 금사자의 비유로써《화엄경》의 현묘한 가르침을 이해시켰다.

또한 법장은 이해력이 둔한 사람을 위해 10면의 거울을 팔방과 위아래에 서로 마주 보게 설치한 뒤, 중앙에 불상을 안치하고 그 뒤에 촛불을 놓았다. 그러자 빛과 그림자가 서로를 비추어 '중중무진(重重無盡)'이 되었다. 법장은 이것으로 사람들에게 화엄의 무진의 이치를 쉽게 이해시키고자 했던 것이다.

## 무한의 수란 - 〈심왕보살문아승지품〉

이 유한의 세계, 한정된 수명 속에서 살아가고 있는 인간에게는 무한의 수(數)라든가 무한의 생명이라고 하면 관념적으로는 막연히 알 수 있을 것도 같지만 실제로는 이해하기 어렵다.

이 무한의 수를 설하고 있는 것이 〈심왕보살문아승지품(心王菩薩問阿僧祇品)〉이고, 무한의 수명을 설하고 있는 것이 〈수명품(壽命品)〉이다.

심왕보살이 부처님께 "세존이시여, 이른바 아승지(阿僧祇) · 불가량(不可量) · 무분제(無分齊) · 무주변(無周遍) · 불가수(不可數) · 불가칭량(不可稱量) · 불가사의(不可思議) · 불가설(不可說) · 불가설불가설(不可說不可說)이라는 말이 있습니다. 세존이시여, 무엇을 아승지 내지 불가설불가설이라 합니까?"라고 질문하자, 부처님은 무한의 큰 수에 관해 먼저 백천, 즉 십만을 들어 설명하였다. 십만의 십만을 1구리(拘梨, koti)라 하고, 구리의 구리를 불변(不變)이라 하며, 불변의 불변을 나유타(那由陀, nayuta)라 하고, 그 배수를 무한이라 한다. 구리만 해도 대단한 수이다. 구리는 구지(俱胝)라고도 하는데, 수의 단위로 $10^7$을 말한다. 혹은 1억, 1경이라고 생각해도 좋다. 구지겁이란 헤아릴 수 없는 긴 시간으로 백억겁(百億劫)이라고도 한다. 또한 나유타란 천억과 같은 무한의 수를 말한다. 이러한 큰 수를 차례로 곱하여 제121번째의 마지막 수를 여기서는 '일불가설전(一不可說轉)의 전(轉)'이라 부르고 있다.

무수의 무수를 일무수전(一無數轉)이라 하고, 무수전의 무수전을 일불가칭(一不可稱)이라 하며, 불가칭의 불가칭을 일불가칭전(一不可稱轉)이라 하고, 불가칭전의 불가칭전을 일불가사의(一不可思議)라 한다. 불가사의의 불가사의를 일불가사의전(一不可思議轉)이라 하고, 불가사의전의 불가사의전을 일불가량(一不可量)이라 하며, 불가량의 불가량을 일불가량전(一不可量轉)이라 한다. 불가량전의 불가량전을 일불가설(一不可說)이라 하며, 불가설전의 불가설전을 일불가설전(一不可說轉)의 전(轉)이라 한다.

인간의 두뇌로는 헤아릴 수도 생각할 수도 없으므로 불가설이라 하는데, 그것을 더 한층 초월한 무한수, 극대수(極大數)를 생각하고 있는 것이다.

자연수에 1씩을 더해 가면 무한히 큰 수가 된다는 것은 누구나 알 수 있는데, 이 무한수가 하나의 미세한 티끌 속에 들어 있다는 것을 밝힌 것이 〈심왕보살문아승지품(心王菩薩問阿僧祗品)〉이다.

일념(一念) 중에 불가설의 모든 세계를 설하고, 이루 다 말할 수 없는 모든 겁 동안에 일념 일념 차례로 연설하네.

일념 가운데 무한의 세계를 설하고, 무한의 시간 가운데 일념(一念) 일념을 설한다. 한순간이 곧 무한(一瞬卽無限)이고, 무한이 곧 한순간(無限卽一瞬)이라는 시간론을 설하는 것이다. 한순간 가운데 무한을 보고, 무한 가운데 한순간을 보는 것을 의미한다. 다시 말하면 시간적으로는 하나가 곧 전체(一卽多)라는 개념이 성립되고, 공간적으로는 "말로 설명할 수 없는 미세한 티끌 속에 불가설의 모든 중생이 있다."고 하는 것처럼, 하나의 미세한 티끌 속에 무수한 중생이 존재한다고 한다. 또한 미세한 모공(毛孔) 속에도 무량한 불국토가 존재하는 것이다. 경문은 이것을 구체적으로 묘사하고 있다. 예를 들면 하나의 신체에서 무수한 광명을 발하고, 하나의 광명에서 무수한 보련화(寶蓮華)를 꽃피우며, 하나의 달에서 무수한 달을 내는 것 등이다. 그 중에서도 특히 광명을 중시한다.

불가언설전(不可言說轉)을 섭취하여 광명을 발하는 것은 불가설이다. 그 하나하나의 광명 속에서 모든 부처님을 출현시키는 것도 불가설이다.

무수한 광명이 찬연히 빛나고 있다. 그 하나하나의 광명에서 무수한 부처님이 출현한다. 법장이 법문사의 사리탑 앞에서 소지공양하고 측천무후의 명으로 사리를 봉영(奉迎)할 책임자가 되었던 것은 사리에서 발한 광명에 깊은 관심이 있었기 때문인지도 모른다. 사리탑 앞에서 7일 동안 수행하자 광명이 찬란히 빛났다고 하는 것은 무수한 광명이 방출되었다는 증거이다.

한 오라기 털끝에 무량한 국토가 있지만 그 속에서 서로 부딪히지 않으며, 미세한 티끌 또한 크지 않지만, 넓은 불국토를 모두 포함해도 불국토는 잡란하지 않고, 형상은 본래와 같이 다름이 없네.

하나의 털끝에 무량한 국토가 들어 있지만 서로 근접해서 부딪히는 일이 없다. 또한 작은 털끝이 광대한 불국토를 포함하고 있지만 모든 불국토는 정연히 그 가운데 위치하여 결코 어지럽지 않으며, 불국토의 형태도 전혀 어그러지지 않는다고 한다. 상식적으로는 도저히 생각할 수 없는 일이다. 그러나 현재 분자생물학 등의 설명에 의하면 인체를 구성하고 있는 세포나 분자는 분명히 여기에 서술되어 있는 것과 같은 상태라고 해도 좋을 듯하다.

물론 《화엄경》에서는 부처님의 광명으로 비추어 드러나, 부처님의 눈으로 보면 여기에 묘사된 것과 같은 상황이 눈앞에 전개되고 있는 것이다. 부처님의 눈으로 보면 공양의 도구, 신심(信心), 시심(施心), 정진, 지혜, 신통력 등 모든 것이 불가설이며 무한대인 것이다.


### 화엄의 수론(數論)

무한의 수를 설하는 〈심왕보살문아승지품(心王菩薩問阿僧祇品)〉의 아승지(asaṃkya)란 무수(無數)라는 의미로, 수의 극치를 말하는 것이다. 법장은 《탐현기(探玄記)》 권15에서 다섯 종류의 수법(數法)에 대해 서술하고 있다.

첫 번째는 사람의 수법으로서, 가장 낮은 것이라고 한다. 이것이 헤아릴 수 있는 수를 의미한다.

두 번째는 제천(諸天)의 수법으로서, 사람보다도 뛰어난 수를 헤아리는 것이다. 예를 들면 자재천왕(自在天王)은 일념 가운데 대천(大千)의 빗방

울을 알 수 있다.

세 번째는 사리불(舍利佛)은 사람과 제천(諸天)을 초월한 수법을 알 수 있다.

네 번째는 보살의 수법이다. 보살에 따라 차이가 있는데, 예를 들면 〈입법계품〉에 나오는 선지식인 석천주(釋天主)동자는 모래알을 셀 수 있으며, 문수보살이나 보현보살은 찰진(刹塵), 즉 무수한 불국토의 수를 알 수 있다. 이러한 보살의 수법은 사람이나 제천 등과 같은 하위의 존재들은 전혀 이해할 수 없는 것이라고 한다.

다섯 번째는 부처님의 수법으로서, 부처님은 아는 것이 자유자재하여 무극(無極)의 수를 알 수 있다고 한다. 그러므로 무한의 수를 설할 수 있는 것이다. 부처님이 갠지즈강의 모래 수를 알 수 있다는 것을 나타내기 위해 법장은《대지도론(大智度論)》권7(《대정대장경》 25, p.114 중)의 한 문장을 인용한다.《대지도론》에서는 "일체의 산수(算數)로 알지 못하는 바를 오직 부처와 법신(法身)보살만이 그 수를 안다."라고 한 뒤 다음의 설화를 들고 있다.

어느 때 부처님께서 기원정사(祇洹精舍) 원림(園林)의 나무 아래 앉아 계셨다. 한 바라문이 부처님께 와서, "이 숲에는 몇 개의 나뭇잎이 있습니까?"라고 물었다. 부처님께서는 "약간의 나뭇잎이 있다."고 대답했다. 바라문은 부처님의 대답에 의문을 품었다. 그리하여 은밀히 나뭇잎 몇 개를 따버리고는 다시 부처님께 이 숲의 나뭇잎 수를 물었다. 그러자 부처님께서는 "지금은 약간의 나뭇잎이 전보다 적어졌다."고 대답했다. 바라문은 부처님이 모든 것을 알고 있다고 경탄하며, 부처님을 존경하여 출가했다고 한다. 부처님이 무수한 수를 정확히 알고 있다는 것을 비유한 설화이다.

이 법장의 설명으로 부처나 보살은 무한대의 수를 알고 있다는 것을 이해할 수 있지만, 그 능력은 인간이 다다를 수 없다. 무한의 수는 오직 불지(佛智)만이 알 수 있으며, 〈아승지품〉에서 설하는 무한의 수는 부처나 보살만이 알 수 있는 것이다.

법장은 또한 《화엄오교장(華嚴五敎章)》에서 수론(數論)을 전개하고 있다. 법계연기(法界緣起)를 설명하기 위해 1부터 10까지의 10전(錢)을 예로써 인용하면서 '상입(相入)'과 '상즉(相卽)'에 대해 서술하고 있다. 상입이란 '하나 속에 전체가 있고, 전체 속에 하나가 있다'는 것을 말하며, 상즉이란 '하나가 곧 전체(一卽多), 전체가 곧 하나(多卽一)'인 것을 말한다.

일반적 상식으로는 1에 1을 더하면 2가 된다고 생각하겠지만 그것은 잘못이고 있을 수도 없는 일이다. 그것은 1이 두 개 모인 것에 불과하며, 1이 증가했다고 할 뿐 2라는 하나의 자연수가 되지는 않는다. 새로운 자연수는 1을 더함으로써 가능하지만, 단지 1을 더할 뿐만 아니라 1을 더한 전체를 동시에 직관함으로써 2라는 자연수가 생겨나는 것이다.

그렇다면 이러한 직관은 어째서 가능한 것인가? 그것은 1 속에는 2 내지 10의 의미를 모두 갖추고 있기 때문에 1이 2 내지 10을 충분히 이룰 수 있다. 즉 1 가운데는 2 · 3 · 4 · 5 등이 구비되어 있는 것이다. 그러므로 1은 2 이하와 떨어진 채 단독으로 존재하는 것이 아니라 2 이하와 상대함으로써 1로 존재하는 것이다. 이것을 법장은 '연성(緣成)에 의한 1'이라고 하는데, 1이라는 자연수, 2라는 자연수가 성립하기 위해서

는 그 밖의 자연수와의 관계에 의해 성립된다고 하는 것이다. 그리고 1
이라고 할 때는 1 가운데 다른 자연수 전체가 내포되어 있다. 이것을 상
입(相入)이라고 하는 것이다.

다음으로, 임의의 자연수 하나를 꺼내면 그 임의의 자연수가 자연수
전체를 나타내며, 임의의 자연수와 자연수 전체가 상즉한다는 것을 밝
히고자 한다. 1을 정하면 1은 절대의 주체가 되어 2 이하는 의존·종속
의 관계가 된다. 즉 1은 유력(有力)하게 되고 2 이하는 무력(無力)하게 되
는 것이다. 따라서 1이 곧 2(一卽二), 1이 곧 3(二卽三), …… 1이 곧 무한수
(一卽無限數)로 될 수 있는 것이다.

다음으로 2를 주체로 삼아 생각해 보면, 1과 3 이하는 2에 종속되는
관계가 된다. 2가 유력하게 될 때, 1과 3 이하는 무력하게 되어 2에 흡수
된다. 그러므로 2가 곧 1(二卽一), 2가 곧 3(二卽三), 2가 곧 무한수(二卽無限數)
로 될 수 있는 것이다. 이러한 관계를 1이 곧 10(一卽十), 10이 곧 1(十卽一)
로 나타내는 것을 상즉(相卽)이라는 것이다. 참고로 화엄에서는 10을 원
만하고 완전한 수, 무한수로 간주하여 십전(十錢)의 비유를 설한 것이다.

법장이 생각해 낸 화엄의 수론(數論)은 고도의 지성이 아니면 창조해
낼 수 없는 사고이다. 이와 같은 수론을 설한 예는 중국에서는 거의 없었
던 것 같다. 법장의 선조는 중앙아시아 출신이었으며, 또한 그는 실차난
타(實叉難陀)의 번역 등에 도움을 주었고 산스크리트어에도 통달해 있었
다. 어학도 뛰어나고 강인한 사색력도 갖추었으며, 또한 신통력까지 발
휘할 수 있었던 사람이 화엄종의 대성자 현수대사 법장이었던 것이다.

# 수명의 무한함 - 〈수명품〉

〈수명품〉은 대단히 짧은 경문이지만 부처님 수명의 길고 짧음이 자유자재하다는 것을 설하고 있다. 설하는 사람은 앞에서와 같이 심왕보살(心王菩薩)이다.

> 불자여! 이 사바세계 석가모니부처님 국토에서의 일겁(劫)은 안락세계(安樂世界) 아미타부처님 국토에서의 하루 낮 하룻밤이 되고, 안락세계의 일겁은 성복당세계(聖服幢世界) 금강여래부처님 국토에서의 하루 낮 하룻밤이 된다.

사바세계 석가모니부처님 국토에서의 일겁(무한의 시간)은 바로 안락세계 아미타부처님 국토에서의 하루 낮 하룻밤에 상당하며, 그 안락세계의 일겁은 성복당세계 금강여래부처님 국토에서의 하루 낮 하루 밤에 상당한다고 한다. 그 다음부터 차례대로 선락광명청정개부불(善樂光明淸淨開敷佛), 법당불(法幢佛), 사자불(師子佛), 노사나장불(蘆舍那藏佛), 법광명정개부연화불(法光明淨開敷蓮華佛), 일체광명불(一切光明佛), 각월불(覺月佛), 현수불(賢首佛) 등의 국토에서는 그 앞의 부처님의 국토에서의 일겁이 하루 낮 하룻밤에 해당한다고 설하고 있다.

> 최후 세계의 일겁은 승연화세계(勝蓮華世界) 현수부처님 국토에서의 하루 낮 하룻밤이 된다. 보현보살(普賢菩薩) 등 여러 대보살들이 그 가

운데 충만해 있다.

승연화세계 현수부처님 국토에서는 무한의 시간이 하루 낮 하룻밤으로 단축된다고 설한다. 그 짧은 시간 중에 현수보살과 같은 대보살들이 그 국토에 충만해 있다는 것이다.

대단한 상상력이 아니면 이와 같은 무한한 시간을 생각해 낼 수 없다. 최고의 승연화세계 현수부처님 국토에서는 기절할 정도로 무한한 시간이 불과 하루 낮 하룻밤으로 끝나버리고 만다. 사바세계의 일겁은 최고의 승연화세계에서는 한순간도 되지 않는 것이다.

수명이란 도대체 무엇인가?《중아함경(中阿含經)》 권44의 〈앵무경(鸚鵡經)〉에서는 남녀의 수명의 길고 짧음에 대하여 서술하고 있다. 남녀가 살아 있는 동물을 살생해서 그 피를 마시고, 나쁜 마음을 품고 악한 일을 행하며, 인간을 비롯하여 곤충에게까지 일체의 살아 있는 것에 대해 자비심을 가지지 않고, 악업을 거듭 쌓아가면 그 수명은 반드시 짧아진다. 이에 반해 살생하지 않고, 칼과 몽둥이를 버리고, 불쌍히 여기는 마음과 자비로운 마음으로 일체 중생을 가까이 하면 수명이 긴 천계(天界)에 태어날 수 있다고 설한다. 선근(善根)을 쌓으면 수명은 길어지고, 악을 지으면 수명은 짧아진다고 하는 것이다.

부처님은 선근만을 거듭 쌓았기 때문에 그 수명이 장대하게 된 것이다. 그것은 육체적 생명뿐만 아니라 계명(戒命), 혜명(慧命)도 더해진다. 계명이란 청정한 계를 지키기 때문에 정명(淨命)이 무한히 이어지는 것이며, 혜명은 정법(正法)을 지켜 정진하기 때문에 바른 지혜가 쇠하지 않

302

는 것이다. 다시 말하면 청정한 계행과 바른 지혜에 의해 그 수명은 영원해지는 것이다. 인간에게 있어서도 이것은 당연한 것으로서, 계명이란 규칙적인 바른 생활이고, 혜명이란 목적을 가지고 정진하는 생활이다. 이 두 가지를 잘 지키면 육체적 생명도 당연히 길어지는 것이다. 장수의 비결은 이 두 가지에 있음이 분명하다. 또한 육체의 죽음이 찾아오더라도 정신은 불멸하게 된다. 찬란히 빛나는 광명이 되어 세계와 중생을 비추게 되는 것이다. 승연화세계(勝蓮華世界) 현수부처님의 국토에서는 길고 긴 수명을 누릴 수 있다. 그렇기 때문에 보현보살 등 대보살이 이 국토에 충만해 있는 것이다.

안락한 세계에서라면 오래도록 살고 싶어 하는 것이 인간의 바람이다. 이 사바세계에는 안락은 거의 존재하지 않고 고통만이 도처에 널려 있다. 괴로운 세계에서 살아가기 위해서는 인내할 수밖에 없으며, 지그시 참는 도리밖에 달리 방법이 없는 것이다. 힘들게 인내하는 시간은 길게 느껴지기 마련이다. 컴컴한 밤이 계속될 뿐 새벽은 오려고 하지 않는다. 그러나 인고(忍苦)의 세계에 있더라도 광명이 있는 안락의 세계가 존재한다는 것을 확신하게 되면 참고 견딜 수 있다. 지겹도록 괴로운 인생이라고 생각되는 사바세계의 삶도 안락세계의 아미타부처님 국토에 들어서면 한순간의 시간으로 변하는 것이다. 그러므로 이러한 세계의 실상을 잘 알아서 이 괴로운 인생을 끝까지 잘 살아가야 하는 것이다.

현수부처님과 현수보살의 명호를 받들던 현수대사 법장은 만년에 부풍(扶風) 법문사(法門寺)의 사리를 낙양으로 모셔 오는 임무를 완수하였다. 16세 때 소지공양을 하고 화엄을 궁구할 결의에 불타던 그가 이윽고 대장로(大長老)로서 다시 법문사의 사리를 대하였을 때, 그의 가슴 속에는 형언할 수 없는 커다란 감동이 울려퍼졌을 것이다.

법문사의 사리는 진신사리로서 부처님의 수명이 영원함을 나타내는 상징이었다. 그 진신사리를 친견했을 때의 감격은 말로써 다 표현할 수 없는 것이다. 몇 십 년에 한 번밖에 친견할 수 없는 사리라면 그것은 더욱 그러하였을 것이다.

《화엄경》의 〈수명품〉은 현장(玄奘)법사에 의해《현무변불토공덕경(顯無邊佛土功德經)》이란 제목으로 번역되었다.(《大正大藏經》제10권 수록) 법장은 현장이 번역한 이 경전을 읽고, "현장법사는 별도로 1권을 번역하여《현무변불토경(顯無邊佛土經)》이라 하였다. 이것이 이 품인 것이다."(《探玄記》권 15)라고 말하였던 것이다.

제17화
# 문수보살의 성지 오대산

보살주처품(菩薩住處品)

무시무종을 설법하고 있다. 성주괴공(成住壞空)을 묻는다면 어리석은 사람이다.

## 오대산 대화엄사

중국 산서성 오대산 대회진(臺懷鎭) 앞의 토산품 상점이 늘어서 있는 양림가(楊林街)를 지나가면 현통사(顯通寺)의 종각을 볼 수 있다. 종각을 빠져나가면 곧바로 현통사로 들어가는 문이 있다.

현통사 정문을 들어서면 소나무가 빽빽이 숲을 이루는 넓은 사찰 경내에 관음전을 위시하여 대문수전 · 대웅보전 · 무량전 · 천발문수전(千鉢文殊殿) · 동전(銅殿) · 후고전(後高殿)으로 이어지는 7개의 건물이 남쪽에서 북쪽을 향해 한 줄로 나란히 늘어서 있다.

오대산과 인연이 깊은 문수보살을 모시고 있는 것은 대문수전(大文殊殿)이다. 이 안에는 진흙으로 만든 7개의 크고 작은 문수보살상이 나란히 안치되어 있다. 중앙에 있는 대지(大智)문수 주위에 서대(西臺)의 사자(師子)문수 · 남대(南臺)의 지혜(智慧)문수 · 중대(中臺)의 유동(儒童)문수 · 북대(北臺)의 무구(無垢)문수 · 동대(東臺)의 총명(聰明)문수가 있으며, 또한 대지(大智)문수 뒤쪽에는 감로(甘露)문수가 있다.

무량전(無量殿)은 《화엄경》에 근거하여 7처 8회전(七處八會殿)이라고도 부르는데, 내부에는 《화엄경》의 교주인 비로자나부처님이 모셔져 있다.

동전(銅殿) 앞에 있는 동탑(銅塔)은 옛날에는 오대(五臺)에 맞게 5개의 탑이 있었지만, 지금은 13층의 동대탑(東臺塔)과 서대탑(西臺塔)만이 남아 있다. 이 동탑의 동쪽에 있는 것이 묘봉조사전(妙峰祖師殿)인데, 옛날에는 여기에 화엄종 제5조 청량대사 징관의 초상이 모셔져 있었다고 한다.

현통사는 오대산에서 가장 크고 오래된 사찰이다. 전설에 의하면 후한시대에 명제가 세운 대부영취사(大孚靈鷲寺)가 그 최초였다고 하지만, 사실은 북위(北魏) 효문제(孝文帝)시대에 건립된 사찰인 듯하다. 대부영취사의 '부(孚)'는 믿다(信)는 뜻으로서, 황제가 불교를 믿고 사찰을 세웠기 때문에 '대부(大孚)'라고 부른 것이며, 영취(靈鷲)란 말은 그 산세가 인도의 영취산(耆闍堀山, Gṛdhrakūṭa: 왕사성 동북쪽에 있는 산으로 부처님이 설법한 곳으로 유명함)과 닮았기 때문에 붙인 것이다. 이 대부영취사 앞에는 꽃동산이 있었기 때문에 대화원사(大花園寺)라고도 불렀다. 또한 측천무후 때에 번역된 80《화엄경》에 실려 있는 "문수보살이 청량산에 머물고 있다."는 경전 구절로 인해 이 사찰을 대화엄사(大華嚴寺)라 고쳐 불렀다고 한다.(澄觀의《華嚴經疏遊演義鈔》권76) 또한 징관이 이 대부영취사에서 《화엄경소》를 지었기 때문에 칙명에 의해 대화엄사로 이름을 바꾸었다는 설도 있다.(《광청량전》권上) 어쨌든 옛날의 대부영취사, 현재의 현통사를 당나라시대에는《화엄경》을 인연으로 대화엄사라고 불렀던 것이 확실하다.

## 오대산의 화엄행자 - 징관

징관(澄觀)은 대력 11년(776)에 오대산에 올라가 다섯 대(臺)를 순례하고 예배하였으며, 문수보살의 신령한 유적을 방문하여 그 모습을 뵙는 신비로운 상서를 체험할 수 있었다. 그러나 징관은 문수보살만으로 만족할 수 없었으며, 마침내 보현보살을 뵙고 예배할 수 있게 되었다.

문수는 지혜(智)를, 보현은 이치(理)를 나타내고, 지혜와 이치가 둘이 아닌 모습이 비로자나부처님인 것을 알고 있었던 징관은 이윽고 오대산을 내려와 보현보살을 만나기 위해 보현보살의 성지인 사천성(西川省) 아미산(峨眉山)으로 향하였다. 아미산에서는 지금도 부처님의 광명이나 등불을 볼 수 있다고 한다. 당시 징관이 아미산에 오른 것은 대단한 일이었다. 험준한 산길과 가파른 언덕을 올라가 마침내 보현보살의 모습을 뵙고 예배한 징관은 홀연히 큰 깨달음을 얻었다. 그것은 문수보살, 보현보살과 비로자나부처님이 완전히 원융함을 깨닫는 것이었다.

후에 징관은 이때의 체험에 의거하여 《삼성원융관(三聖圓融觀)》을 저술하였다. 또한 그 이유는 분명하지 않지만 아미산 불교문화권에 속하는 안악현(安岳縣)과 대족현(大足縣)에 화엄동(華嚴洞)을 비롯하여 수많은 화엄삼성상(華嚴三聖像)이 분포되어 있는 것은 징관의 《삼성원융관》 사상과 어떠한 연관이 있지 않을까 생각된다.(拙稿, 〈中國 · 重龍山石窟과 安岳石窟〉, 《大法輪》 57권 2호)

징관은 아미산에서 보현보살을 예배하고 다시 산서성 오대산으로 돌아왔다. 대화엄사에 머무르고 있던 징관에게 이 절의 주지인 현림(賢

林)화상이 《화엄경》을 강의해 달라고 요청하였다. 징관은 잠시 생각에 잠기었다. 이유는 법장이 저술한 《화엄경탐현기》는 문장이 복잡한데 비해 뜻이 너무 간략하다고 생각했기 때문이었다. 이에 문수보살과 보현보살이 합쳐져 비로자나부처님이 되었다는 것을 깨달은 징관은 새로이 《화엄경》을 주석하여 그 참된 뜻을 널리 펴지 않으면 두 보살에게 면목이 없다고 생각하였다.

징관이 《화엄경》을 주석하기로 결심한 후, 어느 날 그는 햇빛을 받으며 서 있는 한 금인(金人)이 손짓으로 자신을 부르는 꿈을 꾸었다. 그쪽으로 간 징관은 그 금인에게 압도되어 버렸다. 깜짝 놀라 깨어보니 온몸이 땀투성이였다. 징관은 이 금인은 광명을 의미하고, 자신이 광명 속에 압도되어 광명과 하나가 된 것은 자신이 세상을 두루 비추게 될 증거라고 생각하였다. 또한 자신이 《화엄경》을 주석하고 그 가르침을 널리 펴 사람들을 두루 비추지 않으면 안 된다는 것도 깨달았다.

드디어 징관은 흥원 1년(784) 정월에 대화엄사에서 《화엄경소》를 집필하기 시작하였다. 추운 겨울의 오대산은 기온이 영하 15도에서 20도까지 내려가고 대화엄사는 눈보라에 뒤덮이기도 하였지만 집필은 매일 매일 계속되었다. 4년의 세월이 순식간에 지나가 정원 3년(787) 12월에는 드디어 집필을 끝낼 수 있었다. 많은 승려들이 모여 그 완성을 축하하였다. 이것이 현존하는 징관의 《화엄경소》 60권이다.

이 《화엄경소》가 완성되자 징관은 다시 꿈을 꾸었다. 자기의 몸이 용이 되어, 머리는 남대(南臺)의 산봉우리에 올려놓고 꼬리는 산의 북쪽에 칭칭 감아 놓은 채 비늘이 푸른 하늘 아래 찬연히 빛나고 있었다. 한순간 그 큰 용이 움직이자마자 그 순간 조그만 용으로 변하여 푸른 하늘로 뛰어 올라 사라져 버렸다. 징관은 이 꿈으로 화엄의 가르침을 널리 유포하지 않으면 안 된다는 것을 깨달았다. 다음 해 정월에 징관은 현림화상의 요청을 받아 이 새로운《화엄경소》를 강의하였다.(《宋高僧傳》권5〈五臺山清凉寺澄觀傳〉) 현재의 현통사는 바로 징관이 강의했던 장소이기도 하다.

## 청량산의 문수보살 – 〈보살주처품〉

제6타화자재천회(他化自在天會)는 11품으로 되어있는데 앞 장의 〈수명품(壽命品)〉 다음이 〈보살주처품(菩薩住處品)〉이다. 〈수명품〉이 시간에 따라 부처님의 덕을 설명한 것이라면, 이 〈보살주처품〉은 "공간에 약(約)하여 보살의 화용(化用)을 밝힌다."라고 하는 것처럼, 공간에 따라 보살의 활동을 밝힌 것이다.

〈보살주처품〉에서는 심왕(心王)보살이 보살의 사는 곳(菩薩住處)에 대하여 설하고 있다. 먼저 동방에 보살이 사는 곳이 있는데 선인기산(仙人起山)이라고 부른다. 그곳에는 금강승(金剛勝)보살이 300명의 권속과 함께 있으며, 항상 그들을 위해 설법하고 있다고 한다. 심왕보살은 이어서 차례대로 보살의 설법장소와 보살의 이름과 권속의 수를 들어 설명하고 있다.

남방 ― 승누각산(勝樓閣山) ― 법혜(法慧)보살      ― 500권속

서방 ― 금강염산(金剛焰山) ― 무외사자행(無畏師子行)보살 ― 300권속

북방 ― 향취산(香聚山)      ― 향상(香象)보살      ― 3,000권속


이어 경전에는 "동북방에 보살이 사는 곳이 있으니 이름이 청량산이 며, 과거에 모든 보살들이 항상 그 속에서 살았다. 현재에도 거기에 보 살이 있으니 이름이 문수사리이며, 1만 보살 권속이 있어 항상 그들을 위해 법을 설한다."라고 쓰여 있다. 아마 《화엄경》 〈보살주처품〉을 쓴 사람은 인도를 중심으로 갖가지 실재하는 산과 전설적인 산에 여러 보 살들이 머무르고 있다는 것을 밝히기 위해 이 품을 쓴 것이므로 구체적 으로 현실에 있는 산을 가리킨 것은 아니다. 물론 인도에서 멀리 떨어져 있는 중국 오대산을 염두에 두고 썼을 리도 없다.

그러나 이 〈보살주처품〉의 한 문장, 즉 동북방에 청량산이 있고, 그 곳에는 문수보살이 머무르며 2만 권속에게 설법하고 있다는 것은 중국 불교인들에게 강렬한 충격을 주었다. 측천무후 때에 활약한 화엄종 대 성자 현수대사 법장은 그의 저서인 《화엄경탐현기》 권15에서 다음과 같이 설명하고 있다.

청량산이란 곧 이 대주(代州) 오대산(五臺山)을 말하며 산 속에는 현재 에도 옛 청량사가 있다. 겨울은 물론 여름에도 눈이 쌓이기 때문에 청량(淸凉)이라 이름한다. 이 산과 문수보살의 신비한 감응 등은 전기 (傳記) 권3에 있다.      ―《대정대장경(大正大藏經)》 35, p.391 상


312

법장시대에 이미 《화엄경》의 청량산은 오대산이라고 되어 있었던 것이다. 그 산에는 현재 청량사가 있으며, 청량산이라고 부르는 이유는 겨울은 물론 여름에도 산꼭대기에 눈이 있기 때문이라고 한다.

법장은 다시 《화엄경전기》권4에 오대산에서 문수보살을 만난 해탈(解脫)과 명요(明曜)의 전기를 쓰고 있다. 오대현(五臺縣) 출신인 해탈은 산서성(山西省) 개산(介山) 포복암(抱腹巖)의 혜초(慧超)를 사사하여 위없는 선정(禪定)을 체험한 후, 오대산으로 돌아가 오대산 서남쪽 기슭에 불광정사(佛光精舍: 현재의 佛光寺)를 세웠다. 《화엄경》에 의거하여 불광관(佛光觀)을 닦은 해탈은 중대(中臺)에서 동남쪽으로 펼쳐진 꽃동산의 북쪽에 있는 대부영취사(대화엄사)로 가 두세 차례에 걸쳐 문수보살을 만나 뵐 수 있었다고 한다. 법장은 해탈과 명요가 문수보살을 친견한 일에 깊이 감격하여 그것을 《화엄경전기》에 기록하였던 것이다.


## 청량산이 곧 오대산

《화엄경》〈보살주처품〉에 나오는 청량산이 중국의 오대산에 해당된다는 설은 화엄종 제3조 법장이 처음 말한 것은 아니다. 당(唐)나라 초기 사분율종(四分律宗)의 대성자인 도선(道宣, 596~667)이 저술한 《집신주삼보감통록(集神州三寶感通錄)》하권에는 다음과 같이 기록되어 있다.

대주(代州) 동남쪽에 오대산이 있는데 옛날에는 신선의 집이라고 불렀다. 산은 사방으로 삼백 리이며 깎아지른 듯한 암벽이 대단히 높다. 다섯 개의 높은 대(臺)가 있는데 그 위에는 초목이 자라지 못하며, 울창한 소나무와 잣나무 숲이 빽빽이 들어서 있다. 이 산은 대단히 춥고, 남쪽은 청량산이라 부르며, 또한 청량부(淸涼府)를 세웠다. 경전에 문수보살이 선인(仙人) 오백 명을 거느리고 눈이 쌓인 청량산에 갔다는 것은 바로 이 산을 말한다. 이러한 까닭에 옛날부터 구도하는 수행자들이 이 산을 많이 찾았다.

도선이 활약한 7세기 중엽에는 이미《화엄경》의 청량산이 산서성 오대산이라고 전해져오고 있었다. 다섯 대(臺)의 정상에는 초목이 없으며 소나무와 잣나무가 골짜기에 무성하다는 오대산의 상황은 지금도 그대로이므로 도선의 이 기록은 정확하다고 볼 수 있다.

또한 도선의 기록에 의하면, 중대(中臺)에는 북위(北魏) 효문제(孝文帝)가 세운 조그만 석탑이 천 개 정도 있으며, 중대의 정상에는 태화지(太華池)라는 큰 샘이 있다고 한다. 현재 큰 샘은 없지만 조그만 샘이 도처에서 솟아나며, 여름이면 아름다운 고산식물들이 조그마한 꽃을 피우고 있다.

오대산이 바로 청량산이라고 밝힌 도선과 법장의 뒤를 이어, 징관은 〈보살주처품〉을 주석하는 가운데 다음과 같이 말하였다.

청량산은 곧 대주(代州) 안문군(雁門郡)의 오대산이며, 현재 중간에 청량사가 있다. 세월이 갈수록 얼음이 단단하게 쌓이고 여름에도 눈이 날리며, 전혀 무덥지 않기 때문에 청량(淸凉)이라고 한다. 다섯 봉우리가 우뚝 솟아 있고 산꼭대기에는 수풀이 없으며, 흙을 쌓아 올린 대(臺)와 같으므로 오대(五臺)라고 한다.

—《대정대장경(大正大藏經)》35, p.859 하

여름에는 눈이 내리고 무덥지 않기 때문에 청량산이라는 것이다. 또한 징관은 경전에 있는 '동북방'이라는 것은 애매한 표현이라 말하고, 당나라 보리유지(菩提流志)가 번역한《문수사리보장다라니경(文殊師利寶藏陀羅尼經)》에서 다음 문장을 인용하고 있다.

내가 멸도(滅度)한 후, 이 첨부주(贍部洲) 북동쪽에 나라가 있으니 이름이 대진나(大振那)이다. 그 나라의 중간에는 오정(五頂)이라 부르는 산이 있는데 문수사리 동자가 여행하며 머물렀다.

즉 이 경전에 있는, 인도의 동북쪽에 진나(振那: 중국)라는 나라가 있으며, 그 나라에 오정이라 부르는 산이 있다는 문장은《화엄경》의 청량산이 바로 중국의 오대산이라는 구체적 근거를 제시하였던 것이다.

징관은 다시《화엄경소》가운데 "나는 어린 시절부터 이 경전을 공부하였는데 이 구절에 이르면 항상 경전을 덮고 깊이 찬탄하였다. 드디어 만 리를 멀다하지 않고 목숨 바쳐 이 신성한 곳에 와서 머무르니, 보고 감동하는 일이 이곳에서 10년이 되었다."라고 기록하여,《화엄경》〈보살주처품〉의 이 문장을 만난 감격과 만 리를 멀다하지 않고 오대산에 들어온 지 10년이 지났다는 것을 술회하고 있다. 오대산 대화엄사에서 이와 같이 기록한 징관은 얼마나 감개무량했을까!

## 안양의 영천사 석굴

또한 〈보살주처품〉에서는 중국에 대해 다음과 같이 기록하고 있다.

진단(眞丹) 국토에 보살들이 사는 곳이 있다. 이름은 나라연산(那羅延山)이며, 과거에 여러 보살들이 항상 그 안에 살았다.

이것에 의하면, 중국에 보살들이 사는 나라연산이라는 곳이 있다고 한다. 징관은 나라연산이란, 견산산(堅山山) 곧 청주(靑州)의 뇌산(牢山)이나 오대산 남대의 나라연굴(那羅延窟)의 둘 중 하나라고 한다. 한편 《광청량전》 상권에서는 동대(東臺)의 신령한 유적 11곳 가운데 나라연굴을 들고 있다.

나라연굴의 나라연(那羅延)이란 나라야나(Nārāyaṇa)를 중국어로 옮긴 말로서 힌두교에서는 비슈누신의 또 다른 이름이며, 불교에서는 금강역사(金剛力士)를 말한다.

오대산의 나라연굴과는 별도로, 하남성 안양시 영천사(靈泉寺)의 대주성(大住聖) 석굴을 나라연굴이라고 부른 적이 있다. 영천사는 하남성 안양시 서남쪽 30킬로미터에 있는 태행(太行)산맥의 줄기인 보산(寶山)의 동쪽 기슭에 있다. 대주성굴은 수(隋)나라 개황(開皇) 9년(589)에 건립된 것으로, 영천사 석굴군 중에서 가장 훌륭한 석굴이다. 이 굴은 영천사 서쪽 500미터에 있는 보산의 남쪽 기슭에 깎아지른 듯한 석회암 암벽 위에 남쪽을 향해 뚫려 있다. 굴 밖의 양 옆 석벽에 얕은 감실이 있고, 그 안에는 커다란 호법신왕(護法神王)의 입상(立像)이 두드러지게 조각되어 있는데, 오른쪽이 나라연신왕(那羅延身王)이고 왼쪽이 가비라신왕(迦毘羅神王)이다. 감실 밖의 석벽에는 《법화경》,《대집경》,《마하마야경》 등의 경전에서 설하고 있는 구절들이 새겨져 있다.

석굴 내부 동·서·북의 3벽에는 대형 아치형 감실이 있는데, 북벽은 노사나부처님, 동벽은 미륵부처님, 서벽은 아미타부처님의 감실이다. 북벽 감실 중앙에는 높이 1.02미터의 노사나부처님이 결가부좌하고 있으며, 좌우에는 보살상이 서 있다. 이 대주성굴이 바로 보산의 나라연굴이라고 불렸던 곳인데, 나라연신왕이 두드러지게 조각되어 있는 것으로 보아 나라연굴이 확실한 것 같다.


## 보산의 나라연굴

영천사의 대주성굴, 즉 나라연굴은 앞에서 설명했듯이 수나라 개황 9년(589)에 영유(靈裕)가 건립한 것이다. 영유의 전기는 《속고승전》 권9에 있다. 영유는 유(裕)보살이라고 존칭되었던 덕 높은 스님으로서 수나라 문제와 황후에게 보살계(菩薩戒)를 주었으며, 황제의 명령에 의해 국통(國統)에 임명되었다. 전기 가운데 "보산(寶山)에 석굴 감실 하나를 만들어 이름을 '금강성력(金剛性力: 금강역사)이 맡아 다스리는 나라연굴'이라고 하였다. 다른 벽면에는 법이 멸하는 모습을 새겼다."라고 하는 것에 의해 알 수 있는 것처럼, 영유는 보산에 나라연굴이라고 부르는 석굴을 만든 것이다. 나라연굴이라는 이름은 《대집경(大集經)》 월장분(月藏分) 〈건립탑사품(建立塔寺品)〉과 《화엄경》 〈보살주처품〉에 의거하여 붙인 것이 분명하다.

말법시대가 닥쳐와 법(法)이 쇠멸할 것을 염려한 영유가 《말법기(末法記)》라는 책을 지은 것에서 알 수 있듯이, 말법에 대하여 강렬히 자각하고 있었다. 나라연굴을 만들기 약 15년 전인 574년에 북주(北周) 무제(武帝)가 불교탄압을 단행하여 경전을 불사르고 불상을 부수었으며 승려들을 환속시켰다. 환속하지 않은 승려들은 모두 죽였으며, 사찰은 귀족들의 저택으로 삼았다. 이때에 환속한 비구·비구니가 3백만 명이었고, 몰수된 사찰이 4만 채였다고 한다.

영유는 이 큰 불교탄압을 직접 체험한 뒤, 부처님의 가르침을 영원히 남겨야 한다는 뜻을 굳히게 되었다. 그렇게 하기 위해서는 무슨 일이 있더라도 경전의 내용을 견고한 암벽에 새겨 놓지 않으면 안 되었다. 이리하여 보산의 나라연굴이 만들어지게 된 것이다. 영유가 암벽에 경전을 새긴 사업의 뒤를 이어, 정완(靜琬)은 수나라 대업(大業) 연간(605~617)에 원(願)을 세워 북경 교외인 방산(房山)에 여러 경전을 새겼는데, 이것이 유명한 방산석경(房山石經)이다.

318

# 열 가지 서원을 세우다

《화엄경》〈보살주처품〉은 대단히 짧은 경전으로서 인도를 중심으로 여러 보살들이 머무르는 산이나 장소에 대해 기록한 것이지만, 마침 문수보살이 있는 청량산과 진단국(眞旦國: 중국)의 나라연산 등이 기록되어 있으므로 중국의 오대산과 영천사의 나라연굴에 대하여 설명한 것이다. 그러나 누구보다도 이 〈보살주처품〉에 주목한 사람은 징관이었다. 징관은 〈보살주처품〉을 주석하게 되자 당시 자신이 머무르고 있던 오대산, 즉 청량산을 가장 상세하게 썼던 것이다.

징관은 평소부터 항상 열 가지 서원을 세우고 있었다. 그 열 가지 서원 중에는 다음과 같은 것이 있었다.

첫째, 방장(方丈: 높은 스님이 머무는 처소)에 오래 머무르고, 오직 세 가지
옷과 발우를 가지며 여분을 쌓아 두지 않는다.
둘째, 명예와 이익을 버린다.
셋째, 눈으로 여인을 보지 않는다.

일곱 제왕의 국사(國師)가 된 징관이었으나 명예와 이익을 구할 생각이 없었으며, "눈으로 여인을 보지 않는다"는 것에도 철저하였다. 오직 문수보살과 만나기를 염원하여 오대산에 들어간 징관에게는 여인의 모습이 눈에 들어오지 않았다. 오대산에 펼쳐진 맑은 하늘과 다섯 대(臺)에 흐드러지게 피어 있는 고산식물의 아름다운 꽃과 쌓인 눈으로 뒤덮인

새하얀 산봉우리만이 보인 것이다. 또한 눈은《화엄경》의 글자들을 뚫어지게 보고 있었다. 그 경전의 글자들을 해석해 가는 정신의 활기찬 움직임이《화엄경소》60권으로 응결된 것이다.

일곱째, 영원히《대화엄경》을 강의한다.
여덟째, 평생 낮이나 밤이나 눕지 않는다.

이 두 가지 서원도 보통 사람으로는 할 수 없는 것이다. 징관은《화엄경》을 강의하는데 목숨을 걸었으며, 평생 동안 누워 자는 일이 없었다. 아마 앉아서 잠을 잤을 것이다. 징관은 102세의 나이로 세상을 떠날 때까지 이 서원에 의해 한평생 수행을 쌓았다고 한다.(《宋高僧傳》권5, 〈澄觀傳〉)
　102세의 장수를 누린 것조차 보통 사람으로서는 불가능한 일이었다. 징관은 이렇게 장수하는 동안《화엄경》을 강의하는 일에 모든 정력을 쏟았다. 여자를 멀리하고 오대산의 신령한 기운을 받으며 살았던 징관이야말로 바로 오대산의 화엄행자라고 할 수 있을 것이다.《화엄경》〈보살주처품〉은 짧은 품이지만 이것에 의해 동아시아 불교성지인 오대산이 생긴 것은 진실로 불가사의한 인연이라고 말하지 않을 수 없다. 오대산은 지금도 여전히 문수보살의 성지로서 생명을 유지하고 있다.

320

# 제18화

# 부처님의 광명

불부사의법품(佛不思議法品) · 여래상해품(如來相海品) · 불소상광명공덕품(佛小相光明功德品)

32종의 인다라망 중에 320종의 부사의 법문을 설한다.
32종을 각각 10가지로 법문하고 있다.

## 안양 수정사 탑과 혜장

하남성 북부의 하북성과 가까운 곳에 안양시가 있다. 안양시 북쪽을 흐르는 원하(洹河) 상류에는 영천사 석굴이 있으며, 현성(縣城)의 서북 35 킬로미터에는 태행산맥의 한 줄기로서 해발 609.6미터의 청량산이 있다. 수정사(修定寺)는 바로 이 청량산의 남쪽 기슭에 세워져 있다. 안양현의 서쪽 부분은 동위(東魏)·북제(北齊)·수(隋)·당(唐)시대의 불교성지이며, 수정사 남쪽 50킬로미터에는 영천사 석굴과 소남해(小南海) 석굴이 있고, 수정사 북쪽 33킬로미터에는 유명한 남북 향당산(響堂山) 석굴이 있다. 이곳에서는 덕 높은 스님들이 많이 배출되었다.

북제시대에 수정사에는 대화상이 있었는데 그가 곧 대통법상(大通法上)이다. 법상의 전기 가운데 다음과 같은 구절이 있다.

보시를 받아 산사 한 채를 지었다. 본래 이름은 합수사(合水寺)였으며, 즉 업(鄴)의 서산(西山) 이른바 지금의 수정사가 이것이다. 산꼭대기에 미륵당(彌勒堂)을 지었으며, 여러 곳을 장엄하여 화려함의 극치를 이루었다. 또한 사사(四事: 음식·의복·침구·탕약)를 공양 받는 승려가

150명이었다.

—《석고승전(釋高僧傳)》권8, 〈法上傳〉

법상은 사람들의 보시를 받아 합수사를 지었으며, 수·당시대가 되자 그 사찰을 수정사라 부르게 되었다. 또 산꼭대기에는 화려한 미륵당을 세웠으며, 그곳에 150명의 승려들이 머무르고 있었다. 현재 이 수정사 건물은 모두 사라졌지만 당나라시대에 세운 수정사 탑만이 산기슭에 우뚝 솟아 있다.(《安陽修定寺塔》, 文物出版社, 1983년 5월 간행)

이 합수사는 북제시대에 비구·비구니 2백만 명을 통솔한 대통법상이 온 힘을 모아 건립한 사찰이다. 북제의 유명한 승려들은 영천사와 함께 이 합수사를 방문했을 것이 틀림없다. 합수(合水)라는 이름은 청량산에서 흘러 나오는 두 갈래의 조그만 계곡이 합류하고 있으므로 붙여진 것이다. 청량산 합수사는 북제의 서울인 업(鄴)의 서쪽에 있던 큰 사찰이라고 할 수 있다. 법상은 580년에 이 합수사에서 세상을 떠났다.

법상이 활약하고 있던 북제의 무성제(武成帝, 562~565) 때에 혜장(慧藏)이라는 한 화엄행자가 있었다. 그는 무성제의 초청으로 수도의 태극전(太極殿)에서《화엄경》을 강의하였다. 그때 귀족 출신의 재가신자들과 승려들이 구름처럼 모여들었으며, 사람들은 이 행사를 웅장하고 성대하다고 칭찬하였다.《화엄경》법회가 얼마나 성대했는가를 알 수 있다.

혜장은 하북성 조현(趙縣)에서 태어났다. 조현에는 후한(後漢)시대에 건립되었다고 하는 백림사(柏林寺)가 있다. 현재는 탑밖에 남아 있지 않지만 수·당시대에는 관음원(觀音院)이라고 불렸던 유명한 사찰이다. 아마 혜장은 어린 시절에 백림사를 몇 차례 방문했을 것이 틀림없다.

11살에 출가한 혜장은《열반경》과 율(律)을 공부하고, 또한《십지경》,《화엄경》등의 경전도 깊이 연구하였다. 사람들은 그의 넓고 깊은 학식에 놀라 그를 스승으로 받들었다. 그러나 혜장 자신은 불교학의 심오한 경지를 깊이 연구하였다고 생각하지 않았다. 단순히 머리로 이해한 것만으로는 어딘가 부족하던 것이다.

불혹의 나이 40세가 되자 마침내 결심하고 하북성 내구현의 작산(鵲山)에 은거하여 수행하였다. 작산이란 산꼭대기에 까치 모양을 한 돌이 있기 때문에 지은 이름이다. 작산에 들어간 혜장은 나무열매를 먹고 계곡에 흐르는 물이나 샘물을 마셨으며, 마음을 맑게 가라앉히는 일에 힘썼다. 혜장은 많은 경전을 연구하여 왔지만 마음의 깊이와 현묘함을 느낀 뒤부터는《화엄경》을 근본의 종(宗)으로 삼아야겠다는 것을 깨달았다.

혜장은《화엄경》의 깊고 그윽한 이치를 깨달았지만 자신의 깨달음이 옳은지 불안하였으므로 부처님의 신령한 감응을 받아 옳고 그름을 결정하려고 하였다. 밤에 작산의 신령한 기운이 혜장의 몸을 감싸더니 갑자기 신령한 감응이 내려왔다. 공중에서 "옳다. 옳다."라는 소리가 들렸다. 혜장의《화엄경》에 대한 이해와 깨달음은 올바르다고 한 것이었다. 이 계시를 들은 혜장은 즉시《화엄경》을 주석하기 시작하였다.

혜장의 주석은 유명해졌다. 그것은《화엄경》의 정수를 취하여 쓴 것이기 때문이었다. 앞에서 언급한 것처럼, 얼마 안 있어 혜장은 무성제의 초청을 받아 태극전에서《화엄경》을 강의하게 되었다.

북주(北周)의 불교탄압 사건이 일어났을 때는 잠시 몸을 숨겼으나 이윽고 수(隋) 문제가 불교를 다시 일으키고 혜장을 서울로 초청하여 6대덕(大德) 가운데 한 명으로 모셨다.

대업 원년(605) 11월 29일에 혜장은 84세의 나이로 장안 공관사(空觀寺)에서 생을 마쳤다. 유언으로 "시신을 산에 방치해두라."는 말을 남겼다. 제자들은 그 유언을 지켜 시신을 숲속에 그대로 방치해두었으며, 유골을 흙으로 덮고 그 위에 탑을 세웠다. 그 탑은 장안 남쪽 교외의 종남산 지상사 앞 산봉우리에 있었다. 지상사는 종남산 계통 화엄의 근본 도량이었다.

혜장은 종남산의 화엄학을 이어받은 사람이 아니라 하북성 남부에서 오로지 여러 경전을 연구하고 작산에서 《화엄경》의 심오한 뜻을 깨달은 사람이다. 말하자면 스승없이 홀로 깨달은 사람이었다. 작산의 신령한 기운을 받으면서 마음의 현묘하고 심오한 이치를 깨달은 것이었다. 그러나 《화엄경》으로써 근본 종으로 삼는다'는 혜장이야말로 종남산 계통 화엄의 법통을 잇는 제1인자로 인정받았던 것이다.


## 영묘한 부처님 덕의 작용 - 〈불부사의법품〉

제6타화자재천회 가운데 〈십명품〉에서 〈보살주처품〉까지의 5품은 예부터 승진(勝進)의 작용을 밝힌 것이며, 다음의 〈불부사의법품(佛不思議法品)〉과 〈여래상해품(如來相海品)〉, 〈불소상공덕품(佛小相功德品)〉의 3품은 차별(差別)의 결과를 나타낸 것이라고 하였다.

〈불부사의법품〉은 집회에 모인 보살들이 모든 부처님의 국토·청정한 서원·종성(種姓)·세상에 나오심·법신·음성·지혜·신통력의 자재·걸림없는 머무름이라는 열 가지 모두 불가사의하다고 생각한 것에서 시작된다.

부처님은 많은 보살들의 생각을 알고 청련화(靑蓮華)보살에게 부처님의 신통력과 지혜와 훌륭한 말솜씨를 주었다. 부처님의 신통력을 받은 청련화보살은 연화장(蓮華藏)보살에게 부처님의 열 가지 과덕(果德)을 설명하였다. 부처님의 과덕에 대하여 32문(門)에 걸쳐 상세히 설명하고 있는 것이 바로 〈불부사의법품〉이다. 그것은 열 가지 법계의 한량없음·열 가지 끝없는 지혜·열 가지 때를 놓치지 않는 일·열 가지 불가사의한 경계·열 가지 지혜를 내어 거기에 머무름·열 가지 한량없는 내법(內法) 등 부처님의 32가지 덕을 되풀이하여 설명한 것이다.

예를 들면 모든 부처님의 열 가지 머무름으로 향하는 법이란 다음과 같다.

① 일체의 부처님은 모두 깨달음의 일체 법계에 머무른다.
② 일체의 부처님은 모두 큰 자비에 머무른다.
③ 일체의 부처님은 모두 본래의 서원에 머무른다.
④ 일체의 부처님은 모두 중생들을 버리지 않고 교화하는 일에 머무른다.
⑤ 일체의 부처님은 모두 의지함이 없는 법에 머무른다.

⑥ 일체의 부처님은 모두 허망함이 없는 법에 머무른다.

⑦ 일체의 부처님은 모두 생각에 잘못이 없는 법에 머무른다.

⑧ 일체의 부처님은 모두 걸림 없는 마음에 머무른다.

⑨ 일체의 부처님은 모두 편안한 마음으로 머물러 아직 산란한 적이 없다.

⑩ 일체의 부처님은 모두 모든 법의 평등하고 무너지지 않는 실제(實際)에 머무른다.


  이것이 모든 부처님의 열 가지 머무름이다. 머무름이란 물러나지 않는 것, 즉 그 상태를 지속하여 결코 물러나지 않는 것을 말한다. 모든 부처님이 일체 법계를 자각하는 것은 당연하며, 큰 자비를 실천하고 본원(本願) 속에 살면서 끝없이 중생들을 교화하는 것도 부처님의 덕 가운데 하나이다.

  모든 부처님은 의지함이 없이 머무른다는 것은 바람직하다. 보통 사람들은 무엇인가를 의지하면서 살아가고 있다. 그것이 부부이기도 하고 자식이기도 하며, 또는 재산이기도 하고 지위이기도 하다. 그 의지하는 것을 잃었을 때 자신을 지탱하는 힘을 잃는 것이 보통이다. 의지하는 것이 없다는 것은 바꾸어 말하면, 임제(臨濟)선사가 즐겨 쓰는 '자유'라는 말과 같다. 자유(自由)란 자기 자신을 따른다는 것을 말한다. 부처님은 자유였으며 임제선사도 자유였다. 이렇게 의지하는 것이 없거나 자유의 경지가 되기 위해서는 대단한 수행이 필요하다. 혜장이 작산에서 두문불출하며 나무열매만을 먹었던 것은 무엇을 위해서였을까? 그것은 의

지하는 것 없이 머무르기 위함이었다. 의지하는 것이 없으면 죽은 몸을 산야에 내놓고 짐승의 먹이가 되는 것도 예사로와진다.

의지하는 것 없이 머무른 모든 부처님은 허망함이 없음에 머무르게 되고, 한 생각도 잘못이 없으며 걸림없는 마음이 된다. 방해나 장애가 모두 없어지고 집착과 얽매임이 사라지며, 언제나 선정심(禪定心)에 머무르고 있으므로 마음이 산란해지는 일이 없어진다. 이리하여 확고히 움직이지 않는 진실한 마음에 머무를 수 있는 것이다.

다음으로 경전에서는 대력나라연당(大力那羅延幢)부처님의 머무는 법을 설하고 있다. 안양의 수정사 남쪽에 보산이 있는데 이 보산에 '금강역사가 맡아 다스리는 나라연굴'을 만든 것은 영유였다. 영유는 불법이 사라지는 것을 염려하여 이 산에 나라연굴을 만든 것이다. 〈불부사의법품〉 가운데 "마치 금강석같이 파괴할 수 없기 때문……."이라고 있는 것처럼, 나라연굴은 금강석같이 무너지지 않는다는 것을 나타내기 위하여 '금강역사가 맡아 다스린다'는 이름을 붙인 것이 분명하다.

경전은 대력나라연당부처님의 열 가지 머무는 법을 설명한 뒤, 계속해서 열 가지 정법(定法) · 열 가지 과법(果法) · 열 가지 청정법 · 열 가지 일체지(一切智)에 머무름 · 열 가지 삼매 · 열 가지 걸림 없는 해탈을 설하며 〈불부사의법품〉을 끝낸다. 이 품에서는 부처님 공덕의 불가사의함과 작용의 위대함을 남김없이 밝히고 있다.

## 부처님의 대인의 모습 - 〈여래상해품〉

다음의 〈여래상해품(如來相海品)〉에서는 보현보살이 부처님 몸에 갖춰진 94가지의 훌륭한 모습을 들어 부처님의 뛰어난 공덕을 설명하고 있다. "부처님에게 대인(大人)의 모습이 있네."라고 말하며 그 특유의 모습을 94가지에 걸쳐 설한 것이다. 〈여래상해품〉은 보현보살이 "마땅히 당신들을 위하여 부처님 모습의 바다를 말하리."라는 이야기로 시작한다.

먼저 부처님 정수리에 30가지의 모습이 있음을 밝히고 있다.

> 부처님 정수리에 대인(大人)의 모습이 있으니 이름은 명정(明淨)이라
> 하네. 32가지 보배로 장엄하고 널리 한량없는 대광명의 그물을 놓아
> 일체 세계를 두루 비추네.

우선 첫째로 대인 모습의 이름을 말하고 있는데 그것은 명정이라고 한다. 둘째는 그 모습의 장엄에 대하여 32가지 보배로 장엄하고 있다고 설명한 것이다. 셋째로는 빛의 작용에 대해 한량없는 대광명의 그물을 놓는다고 설하고 있으며, 넷째로는 빛의 효과에 대해 일체 세계를 두루 비춘다고 말하고 있다.

이와 같은 설명방식으로 부처님 정수리의 30가지 모습을 설명해 간다. 동일한 내용을 반복해서 설명하고 있으므로 어지간한 근기가 아니면 끝까지 읽어 낼 수가 없다. 그러나 이처럼 "부처님에게 대인의 모습이 있으니……"라고 말하며 그 특유의 모습을 반복하여 설명해 가는

힘은 보통이 아니다. 부처님에 대한 지극히 깊은 신앙과 그것을 지탱하는 정열이 없으면 설명할 수 없는 것이다. 〈여래상해품〉이란 바다와 같이 광대하고, 바다와 같이 깊은 부처님의 모습을 설명한 품인 것이다.

정수리의 모양을 다 설명하자 다음에는 눈썹 모양 · 눈 모양 · 코 모양 · 혀 모양에 대해 밝히고 있다. 혀 모양의 설명 가운데는 다음과 같은 것이 있다.

> 부처님에게 대인의 모습이 있으니 이름은 순법계운(順法界雲)이라 한다. 혀끝의 묘한 모양은 금빛의 깨끗한 보배로 장식되어 있고, 한량없는 금빛 광명을 내어 모든 부처님 바다를 두루 비추며, 큰 사자후(師子吼)로 묘한 음성을 떨쳐 일체 세계에 두루 도달하므로 일체 중생들 가운데 듣지 못하는 사람이 없네.

부처님의 혀끝은 금빛의 깨끗한 보배로 장식되어 있고 금빛 광명을 비추며, 사자가 포효하는 듯한 대음성을 내고 있다. 그렇기 때문에 어디에 있어도 그 소리가 들리고 어떠한 중생도 그 부처님의 소리를 들을 수 있다. 《화엄경》으로써 부처님의 가르침의 근본으로 삼아 온 인격 · 온 몸 · 온 마음을 다해 열중한 혜장이 자신의 견해가 올바른지 아닌지를 부처님에게 요청했더니 밤에 공중에서 "그대의 이해는 올바르다." 하는 소리가 들렸다고 하는 것은 바로 부처님의 음성을 들은 것이다.

작산의 깊은 산속에서 선정에 깊이 들어 있으면 부처님 음성이 들릴 것이다. 《화엄경》만이 부처님의 가장 본질적인 가르침이라고 생각하고 그 경전을 매일 독송하고 있으면, 온몸이 그대로 《화엄경》의 화신이 되고 온 마음 그대로 《화엄경》의 정신으로 변할 것이다.

부처님의 음성은 시간과 공간을 초월하여 큰 사자처럼 포효하고 있지만, 혜장은 작산에 들어가기 전까지는 그 소리를 듣지 못했다. 낭랑하게 널리 울려 퍼져 있는 부처님의 음성이 작산에 들어오기 전까지는 혜장의 귀에 들리지 않았던 것이다. "일체 중생 가운데 듣지 못하는 사람이 없네."라고 경전에 쓰여 있어도 들을 귀가 없는 사람에게는 부처님의 음성이 들릴 리가 없다. 작산의 암자 아래 암반에서 움직이지 않고 단정하게 앉아 《화엄경》을 온몸과 마음을 다해 읽고 그 깊은 뜻을 깨닫는 순간 혜장의 마음의 귀에 부처님의 음성이 똑똑히 들린 것이다.

〈여래상해품〉은 부처님의 혀 모양을 설명하고, 다시 계속해서 부처님의 잇몸 · 큰 어금니 · 치아 · 어깨 · 가슴 · 옆구리 · 배 · 하반신 · 손 · 남근 · 넓적다리 · 장딴지 · 머리카락 · 발 모양에 대하여 설명해 간다. 마지막으로 발 모양에 대해서는 13가지에 이르는 설명을 하고 있다. 이것들은 부처님의 32가지 뛰어난 모습에 대하여 일일이 《화엄경》적으로 해석한 것이다. 예를 들면 부처님 머리카락의 상서로움에 대해서 다음과 같이 설명하고 있다.

부처님에게 대인의 모습이 있으니 그것을 모단(毛端)이라고 부른다. 안으로는 모든 부처님 국토를 나타내고, 한 모공(毛孔)에서 일체 보배의 광명을 발하여 시방의 일체 법계를 두루 비추며, 한 모공에서 모든 부처님의 자재함과 모든 부처님 국토를 나타내 보인다.

한 털구멍에서 광명을 놓아 일체 세계를 비추고, 한 털구멍에서 부처님의 자재함과 불국토를 모두 비추어 나타내 보인다. 이것은 다만 32가지 모습만을 설명한 것이 아니다. 하나가 곧 전체이고 전체가 곧 하나라는 《화엄경》 사상에 의거하여 해석한 것이 분명하다. 모든 것, 모든 부처님 일을 화엄의 입장에서 새롭게 고쳐 쓴 것이 《화엄경》이다. 《화엄경》에 쓰여 있는 사실이나 현상은 다른 경전에도 설명되어 있는 것이지만, 한번 《화엄경》 집필자의 눈에 띄면 전혀 다른, 이른바 《화엄경》적이라고 할 수 있는 해석이 되며, 이리하여 그 독특한 이해를 훌륭한 문장으로 표현한 것이 《화엄경》인 것이다.

마지막으로 〈여래상해품〉은 다음과 같은 이야기로 끝맺고 있다.

불자들이여, 부처님 몸에는 이와 같은 열 가지 연화장세계의 바다, 티끌의 수와 같이 한없는 부처님의 대인 모습이 있으며, 모든 뼈마디는 갖가지 묘한 보배로 장엄되어 있습니다.

부처님 몸에는 한량없고 헤아릴 수 없이 많은 대인의 모습이 있으며, 다시 몸 각각의 부분도 헤아릴 수 없이 많은 묘한 보배로 장엄되어 있다는 것이다. 이와 같이 인간이 갖는 지식의 한계를 초월한 상상력에 의해 묘사된 것이 바로 〈여래상해품〉의 부처님 모습이다.

## 광대한 부처님 국토 - 〈불소상광명공덕품〉

다음의 〈불소상광명공덕품〉에서는 부처님의 광명을 받아 다섯 가지
욕심의 번뇌가 모두 사라지는 것을 밝히고 있다. 부처님의 광명은 다음
과 같은 작용을 한다.

> 열 가지 세계 티끌 수 같은 국토를 두루 비추고, 그것의 지옥 중생들
> 을 두루 비추어 고통을 없애주며, 그 중생들의 열 가지 눈 · 귀 · 코 ·
> 입 · 몸 · 의식의 모든 감각기관을 닦아 모두 청정해지게 하네.

광명은 지옥 중생에게도 이르러 그 지옥 속에서 고통에 시달리고 있
는 중생들의 여섯 가지 감각기관과 마음을 청정하게 해준다. 중생들은
부처님의 광명을 보고 대환희심을 내며, 목숨이 끝나면 도솔천에 태어
날 수 있다.

도솔천에 다시 태어난 중생들은 하늘 사람이 되며, 하늘 사람의 귀
에는 부처님의 음성이 들려온다. 그 음성은 하늘 사람들에게 지옥에 있
었던 것은 다만 어리석음에 쌓여 있었기 때문이며, 본래는 지옥에 있었
던 것이 아니라고 설명한다. 그리고 하늘 사람들에게 "다섯 가지 욕망에
집착하여 모든 선근을 방해하지 말라."고 설하였다.

> 모든 천자들이여, 다섯 가지 욕망으로 얽매인 마음은 염불삼매를 닦
> 아 모두 없애 버립니다. 그러므로 모든 천자들이여, 마땅히 은혜를

갚을 줄 알아 한결같이 노사나보살을 공경하고 생각해야 합니다.

다섯 가지 욕망의 번뇌를 끊기 위해서는 어떻게 하는 것이 좋을까? 염불삼매를 닦으면 된다. 염불삼매란 한마음으로 부처님을 생각하는 것을 말한다. 지옥에서 구제되어 하늘에 태어나 하늘 사람이 된 것이기 때문에 그 은혜를 잊으면 안 된다.그러므로 오로지 노사나보살을 공경하라고 하는 것이다. 노사나보살은 광명 그 자체이다. 광명의 은혜로 지옥에서 빠져 나올 수 있었으므로 그 은혜를 갚기 위해서는 광명의 화신인 노사나보살의 모습에 예배하라는 것이다. 하늘 사람들은 실제로 노사나보살의 모습을 만나뵐 수는 없었지만 하늘의 소리로써 그 음성을 들을 수 있었다. 그 가운데 "모든 부처님들도 또한 이와 같아 마땅히 제도해야 할 중생들을 따라 모두 구제해 주는 것을 즐거워한다."라고 설하고 있다. 모든 부처님들은 구제해야 할 사람에 따라 모습을 나타내 보인다는 것이다. 어떤 사람을 구제해야겠다고 생각하면 그 사람 앞에 모습을 나타내는 것이 부처님이다. 부처님의 모습은 보이지 않으며 음성도 들리지 않지만, 열렬하게 구제해 주기를 바라고, 깨닫기를 바라며, 해탈하기를 바라는 사람 앞에는 모습도 보이고 음성도 들리는 것이다. 혜장이 작산에서 부처님의 음성을 들을 수 있었던 것도 이러한 이유 때문이다.

하늘의 음성은 일체 세계의 교화하는 곳을 따라 모두 들을 수 있다.

도솔천에 있는 하늘 사람들은 큰 환희와 편안한 마음을 얻고, 모공에서 한량없이 만발한 꽃의 향내음을 만들어 노사나부처님께 공양하였다. 향내 나는 꽃을 흩뜨리자 꽃송이 하나하나에서 부처님의 모습이 나타났다. 이 꽃의 향 내음을 맡은 사람들은 몸과 마음이 모두 상쾌해졌다. 만약 중생들이 이 향기를 맡으면 죄업의 장애를 없앨 수 있다. 죄업의 장애란 5백 가지 번뇌를 비롯한 헤아릴 수 없는 번뇌이다. 향기를 맡음으로써 한량없는 번뇌를 없앨 수 있다는 것이다.

〈불소상광명공덕품〉은 마지막으로 불국토의 광대함을 밝히고 있다. 그 광대함을 예를 들어 설명하면, 보살이 왼손에 한량없이 많은 티끌을 가지고 동쪽으로 헤아릴 수 없이 많은 세계를 지나가면서 한 세계를 지날 때마다 티끌을 하나씩 떨어뜨린다. 그리하여 손에 가지고 있는 티끌이 모두 없어질 때까지 동쪽으로 동쪽으로 나아간다. 보살은 이 티끌이 몇 개인지 알고 있으며 티끌을 떨어뜨린 세계 숫자도 잘 알고 있다고 한다. 이 한량없는 많은 세계를 모은 국토가 바로 불국토인 것이다.

부처님은 보수(寶手)보살에게, "이와 같이 광대한 불국토를 헤아릴 수 있겠는가?"라고 물었다. 그러자 보수보살은 "부처님이시여, 이와 같은 불국토는 너무나 넓고 크기 때문에 상상조차도 할 수 없습니다."라 대답하고 계속해서, "부처님이시여, 신기하고 신기합니다. 이 비유를 듣는 사람도 만나기 어려우며, 또한 이 비유를 듣고 믿는 사람도 만나기 어려울 것입니다."라고 대답하였다. 이 비유담을 듣는 사람은 거의 없으며, 더욱이 듣고 믿는 사람은 극히 드물 것이라는 대답이었다. 부처님은 보수보살에게, 이 비유를 듣고 믿는 사람에게는 모든 깨달음을 이룰 수 있다는 증명을 주겠다고 말씀하셨다.

지금 설명한 비유는 인도적인 사유의 한 단편을 훌륭히 보여 주고 있는 것이다. 《화엄경》은 한량없는 시간과 공간 속에서, 오직 지금 이 장소와 이 시간에 살고 있는 인간의 진실한 모습을 설명하려고 한다. 대우주의 광대한 공간과 지구가 생기기 이전의 한량없는 과거로부터 연속되는 인간 행위의 계속됨이라고 하는 어찌할 수 없는 시간 속에서 사물을 보는 것이다. 이 한량없는 시간과 공간을 임시로 이름하여 노사나부처님이라고 부르는데, 그것은 곧 광명이며 구체적으로 말하면 태양의 빛이다. 《화엄경》을 읽으면 읽을수록 인간의 행위는 너무나도 작은 것에 놀라게 되어, 노사나부처님에게 저절로 합장하고 머리 숙여 공경하지 않을 수 없게 된다.

# 제 19 화

# 보현보살의 행원

보현보살행품(普賢菩薩行品)

보현보살이 수행자가 지녀야 할 10종법(十種法)을 설하고 있다.

## 북산석굴의 보살

    사천성 대족현(大足縣)은 석굴마을이라고 불릴 정도로 석굴이 많다. 또한 대족현 일대에는 수많은 마애조상(磨崖造像)이 있어 부처님마을이라고도 할 수 있다. 유명한 석굴로는 보정산석굴과 북산(北山)석굴이 있으며, 그 밖에 묘고산(妙高山)·석전산(石篆山)·석문산(石門山)·남산(南山) 등에 많은 석굴이 있다.

    당나라 말기에서 송나라시대에 걸쳐 조각된 대족(大足)석굴에는 황하 유역에 산재해 있는 병영사(炳靈寺)·맥적산(麥積山)·운강(雲崗)·용문(龍門) 등의 석굴에서 볼 수 있는 것과는 다른 조각상이 보인다. 예를 들면 밀교(密敎) 조각상·수월관음상(水月觀音像)·천수관음상(千手觀音像)·화엄삼성상(華嚴三聖像) 등이 있다. 특히 비로자나부처님을 주존불로 모시고 양옆에 각각 보현보살과 문수보살을 배치한 화엄삼성상은 사천성의 석굴들에 그 연원을 두고 있다고 할 수 있다.

    대족현 북산석굴의 제136호 굴은 북산에서 가장 큰 석굴로서 '심신거굴(心神車窟)'이라 불리고 있다. 이 굴은 제일 안쪽 벽 중앙에 석가모니부처님상이 있고 그 양옆에 문수보살과 보현보살이 있으며, 좌우의 벽에 20여 개의 보살상이 늘어서서 완전히 일체가 된 조상형식을 취하고 있다.

이들 조각상들은 각각의 성격을 훌륭하게 표현하고 있는데, 왼쪽 벽에 조각된 문수보살상은 포효하는 사자의 등에 앉은 남성으로 만들어져 지성을 나타내는 단정하고 침착한 모습을 하고 있다. 이 상과 대조적인 것이 보현보살상이다. 동양 여성이 지니는 건전한 아름다움을 갖춘 여성으로 만들어진 보현보살은 수려하고 풍만한 용모로 크고 온순한 코끼리 등에 앉아 눈을 약간 내려 뜨고 입술을 가늘게 다물고 있으며, 미소를 머금고 있는 것 같은 표정을 보이고 있다. 다정함과 친밀감이 넘쳐흐르면서도 위엄을 잃지 않고 있는 훌륭한 상이다. 눈은 아래를 보고 있어서 마치 대천세계(大千世界)를 내려다보고 있는 것 같으며, 보는 사람에게 자비와 지혜를 느끼게 한다. 보현보살 아래에는 코끼리가 눈을 부릅뜨고 눈썹을 치켜뜬 사나운 모습을 하고 있어 조용한 보현보살과는 대조적으로 호탕하고 쾌활한 분위기를 자아내고 있다.

보현(普賢)보살의 보현이란, "덕이 법계에 두루 가득한 것을 보(普)라 하고, 훌륭한 선(善)을 따라 실천하는 까닭에 현(賢)이라 한다."(《탐현기》 권 16)는 뜻으로서, 보현보살의 실천을 보현행(普賢行)이라 한다. 이 보현행을 닦은 사람으로는 번현지(樊玄智)·두순(杜順)·보제(普濟) 등 많은 화엄 실천자가 있었다.

## 보현행과 신기한 꿈 - 보제와 변재

화엄종의 초조(初祖)인 두순(杜順)은 보현행을 닦은 사람으로 유명하며, 당시 화엄 실천가라고 불리었던 사람들 중에도 보현행을 닦은 사람이 많았다. 예를 들면 종남산의 보제(普濟)도 그 중의 한 사람이다.(《속고승전》권27) 보제는 출가하여 보원(普圓)선사에게 사사하였다. 보원은 경치 좋은 산천을 찾아다니며 항상 두타행(頭陀行: 걸식하며 여행하는 일)을 닦았으며, 끊임없이 《화엄경》을 독송하였다.

보제는 보원선사를 따라 걸식행을 닦았기 때문에 언제나 홀로 숲속에 있었을 뿐 결코 일반 사람들의 집에 머무르지 않았다. 숲속에서는 항상 좌선을 하였으며, 때로는 산골짜기에 머물기도 하였으나 표범이나 호랑이를 피하는 일이 없었다. 어느 곳으로 여행하더라도 경전을 버리지 않았으며 《화엄경》을 독송하였다.

북주시대에 불교탄압이 일어나 승복을 입은 승려들은 모두 살해되었기 때문에, 보제는 태백산(太白山)에 숨어 살면서 목숨을 보존하였다. 태백산은 장안의 남쪽으로 가로놓인 종남산의 줄기이다.

북주의 불교탄압이 끝나고 수나라 문제가 다시 불교를 부흥시키자 보제는 마을로 내려왔다. 그는 사신공양(捨身供養: 몸을 보시하는 공양)하는 일에 뜻을 두었으며, 보현행을 닦아 현수국(賢首國)에 태어나기를 일심으로 염원하였다. 이윽고 부처님의 가르침이 크게 융성해진 것을 보고 그 원이 이루어질 시기임을 알아 몸을 보시할 결심을 굳혔다. 많은 수행자들을 거느리고 있던 보제는 종남산의 한 바위 계곡으로 들어가 깎아지른 듯한 낭떠러지 위에서 '사홍서원(四弘誓願)'을 외우며 스스로 계곡 아래로 몸을 던졌다. 계곡에는 먼 곳에서 모인 사람들로 가득 찼다. 그들은 계곡 위의 높은 봉우리에 백탑(白塔)을 세워 보제의 영혼을 위로하였다. 이러한 보제의 전기는 법장(法藏)이 편집한 《화엄경전기(華嚴經傳記)》 권4에도 실려 있다.

한편, 변재(辯才)도 보현보살과 깊은 인연을 갖고 있기 때문에 《화엄경전기》에서는 보제의 전기에 이어 변재의 전기를 싣고 있다. 변재는 출신은 분명하지 않지만 어려서 출가하여 영유(靈裕, 518~605)법사에게 사사하였다. 영유는 지론종 남도파 계통의 승려로서, 하남성 안양 영천사(靈泉寺)의 대주성굴(大住聖窟)을 세운 사람이다.(堀著, 《中國佛敎史》 제4권, p.377)

변재는 영유에게서 화엄교학을 배웠다. 그는 《화엄경》이 더없이 뛰어난 경전이라고 믿고 일념으로 공부하였지만 그 깊은 뜻을 깨달을 수 없었다.

그래서 번뇌로 장애받고 온갖 더러움으로 쌓여 있는 자신을 반성하여 참회하려고 하였다. 몸을 깨끗이 하고 향내나는 상자를 만들어, 그 속에 《화엄경》을 넣어 머리에 이고 돌면서 독송한 지 3년이 되자 마침내 꿈을 꾸었다. 보현보살이 꿈에 나타나 《화엄경》의 심오한 구절을 친히 내려준 것이었다. 이 신기한 꿈을 꾼 변재는 보현보살에게서 받은 구절을 단숨에 외울 수 있었으며, 맑은 거울에 비치듯이 처음부터 끝까지 명확하게 이해할 수 있었다.

변재는 떨리는 감동으로 더욱 열심히 노력하여 《화엄경》의 가르침에 통달하였으며, 사람들을 지도할 수 있게 되었다. 변재의 죽음에 대해

서는 아무것도 알 수 없지만, 어쩌면 사람들 모르게 보제처럼 종남산 계
곡에 몸을 던졌을지도 모른다.


## 성내는 마음 – 악 중의 악

《화엄경》의 〈여래명호품〉에서 〈불소상광명공덕품〉까지의 28품은
수생인과(修生因果: 差別因緣)를 밝힌 것이고, 〈보현보살행품〉과 〈보왕여래
성기품〉의 2품은 수현인과(修顯因果: 平等因緣)를 밝힌 것이다.

이 〈보현보살행품〉은 바로 보현행을 설명한 것이다.《탐현기(探玄記)》
권16에서는 열 가지 보현행으로서 ①시각(時劫)에 이른다, ②세계를 안
다, ③근기를 안다, ④인과를 안다, ⑤이치를 통달한다, ⑥사물의 모습
을 모두 비추어 본다, ⑦항상 선정에 머무른다, ⑧언제나 자비심을 낸
다, ⑨신통을 보인다, ⑩번뇌를 멸하여 항상 고요하다는 십문(十門)을 들
고, 다시 각각의 문에 또 십문이 있으므로 백문(百門)의 보현행이 있다
고 설명하고 있다. 이 품이 보현의 모든 인(因)을 밝힌 것이라면 다음의
〈보왕여래성기품〉은 성기(性起)의 결과를 밝힌 것이다. 보현행이란 모든
중생들을 구제한다는 서원의 실천을 말한다. 보현행을 닦아 현수국(賢首
國)에 태어나려고 한 보제의 보현행은 인(因)이고, 현수국에 태어남은 그
결과인 것이다.

〈보현보살행품〉은 먼저 보현보살이 일체 보살들에게 알리는 말로
시작한다.

불자들이여, 만약 보살마하살이 한번이라도 성내는 마음을 일으키면 모든 악 중에서 이 악보다 더한 것은 없습니다.

성내는 마음을 한 번이라도 일으키면 그것이 바로 모든 악의 근원이 되므로 악 중의 악이라는 것이다. 그 이유는 "성내는 마음을 일으키면 곧 백천 가지 장애의 법문을 받게 되네."라는 것이다. 성내는 마음을 내면 수많은 장애가 있다고 한다. 경전에서는 수많은 장애에 대하여 보리(菩提)를 보지 못하는 장애 · 바른 법을 듣지 못하는 장애 · 부정한 나라에 태어나는 장애 · 나쁜 길에 빠지는 장애 등 백천 가지로 설명하여 이 장애가 모두 한 번 성내는 마음에서 생긴다고 설하고 있다.

그러면 어떻게 하는 것이 좋을까?

불자들이여, 그러므로 보살마하살이 보살행을 빨리 갖추려 한다면 마땅히 열 가지 바른 법을 닦아야 합니다.

경전에서는 이 뒤를 이어 모두 60가지 행문(行門)을 들어, 그것을 실천해야 한다고 설하고 있다.

여기서 문제가 되는 것은 모든 악의 근원이 한 번 성내는 마음이라는 사실이다. 법장은 《탐현기》권16의 《전설결정비니경(傳說決定毘尼經)》《대정대장경》10, p.40 중) 가운데 한 구절을 취하여 다음과 같이 인용하고 있다.

보살은 차라리 백천 가지 탐내는 마음을 일으킬지언정 한 번이라도

성내지 말아야 하네. 대비(大悲)에 어긋나는 해로운 일은 이보다 더한
것이 없기 때문이네.

욕심을 백천 가지로 일으킬지라도 성내는 마음은 자비심을 해치므
로 한 번이라도 일으켜서는 안 된다고 한다. 성냄이 바로 가장 큰 악인
것이다. 《법구경》에도 다음과 같은 이야기가 있다.

진실을 말하고 성내지 말며, 누군가 요청할 때에는 비록 자신의 물
건이 적더라도 그것을 내주어라. 이 세 가지 일에 의해 하늘에 갈 수
있네.

진실을 말하는 것·절대로 성내지 않는 것·사람들에게 보시하는
것, 이 세 가지 일을 실천하면 하늘에 갈 수 있다고 한다. 앞에서 설명한
보제와 영변의 경우에도 《화엄경》〈보현보살행품〉을 외우고 있었기 때
문에 성내지 않음을 보현행의 근본으로 삼은 것이 아니었을까. 이들은
불교탄압 사건이 일어났을 때 어떤 박해에도 성내지 않고 오로지 걸식
행을 철저히 했으며, 사람들에게 《화엄경》 보현행의 중요함을 가르치고
마지막에는 자신의 몸을 보시한 사람들이었다.

## 하나로 일체를 포섭하는 행 - 보현행

한 번 성내는 것이 백천 가지 나쁜 장애를 일으킨다고 설하였는데, 그러면 성내지 않기 위해서는 어떻게 하는 것이 좋을까? 경전에서는 열 가지 바른 법을 닦아야 한다고 설하고 있다. 열 가지 바른 법이란 다음과 같다.

① 일체 중생을 버리지 않는다.

② 모든 보살에 대해 부처님이라는 생각을 갖는다.

③ 언제나 모든 부처님 법을 비방하지 않는다.

④ 모든 부처님의 세계에서 끝없는 지혜를 얻는다.

⑤ 보살이 행하는 것을 공경하고 즐거이 믿는다.

⑥ 허공계와 같은 보리심을 버리지 않는다.

⑦ 보리를 분별하고 부처님의 힘을 다 성취하여 저 언덕에 이른다.

⑧ 보살의 모든 변재를 닦아 익힌다.

⑨ 중생들을 교화하는 마음에 싫증이 없다.

⑩ 일체의 세계에서 태어남을 나타내 보여도 집착하지 않는다.

제1은 '일체 중생을 버리지 않는다'는 것으로서, 모든 중생들을 구제하려는 서원으로 사는 것은 보현행에서 가장 중요하다. 그것은 제9의 중생들을 교화하는 일에 싫어하는 마음이 없다는 것으로 이어진다. 중생들을 끝까지 교화하는 것이 보현행인 것이다.

제2의 '모든 보살에 대해 부처님이라는 생각을 갖는다'와 제3의 '언제나 모든 부처님 법을 비방하지 않는다'는 것도 중요하다. 모든 보살들이 부처님이라는 생각을 잊어서도 안 되며, 부처님의 가르침을 비방해서도 안 되는 것이다. 《화엄경전기》에는 보제의 전기로 다음과 같은 일화가 기록되어 있다.

보제는 이틀만에 《화엄경》 한 편을 독송하는 것을 하루하루의 일과로 삼고 있었다. 그 독송하는 음성이 밖으로 낭랑하게 들려 왔다. 그러나 보제가 이렇게 익숙해지기까지는 상당한 시간이 걸렸다. 몸이 쇠약해져 피를 토하기를 서너 달, 마침내 독송을 중지하였으며 식사도 하지 못하게 되었다. 3일이 지나자 함께 구도하는 도반이 걱정하며 탕약을 준비하여 보제에게 마시도록 하였다. 보제는 그것을 사양하며, "경전에 일반 의사들의 치료는 병을 고치기는 하지만 그것은 일시적인 것이다. 그러나 부처님께서 치료하면 병이 재발하는 일이 절대로 없다고 하였으므로 저에게 탕약은 필요하지 않습니다."라고 대답하였다. 이리하여 보제는 몸을 청결히 한 후 향과 꽃을 공양하고 온 세상의 모든 부처님들께 예배하며 큰 소리로 《화엄경》을 독송하자 마침내 병이 회복되었다고 한다.

이 보제는 오로지 부처님의 가르침만을 믿었기 때문에 그러한 행동을 할 수 있었던 것이다. 일반적인 의료를 거부하고 부처님의 치료에 모든 것을 맡겼기 때문에 보제의 신체는 원래대로 회복되었으며, 그 후로도 보제는 이틀에 한 편씩 《화엄경》을 낭랑하게 독송할 수 있게 되었다. 바로 열 가지 바른 법의 일곱째와 같이 부처님의 힘을 모두 성취하여 저 언덕에 도달할 수 있었던 것이다.

이 열 가지 바른 법을 닦는 것이 백천 가지 장애를 없애는 보현행의 출발점이다. 이 열 가지 바른 법을 닦고 나면 다음에는 열 가지 청정을 이룰 수 있고, 청정하게 되어 더러운 번뇌를 여읨으로써 열 가지 바른 지혜를 성취할 수 있으며, 바른 지혜가 완전히 갖추어지면 대상을 따라 교묘하게 순응하여 들어갈 수 있게 된다. 그것이 열 가지 교묘하게 순응하여 들어감이다. 그 가운데 "일체 중생들의 몸을 모두 한 몸에 들이고, 한 몸에서 한량없는 모든 몸을 내놓는다."라고 한 것과 같이, 한 몸이 일체의 몸이고 일체의 몸이 곧 한 몸이라는 설명이 있다. 관세음보살이 33가지 몸으로 나타나는 것도 교묘하게 순응하여 들어가는 법문에 의한 것이다. 교묘하게 순응하여 들어감이란, 대상에 따라서 교묘하게 순응하여 그 속으로 완전히 들어가 버리는 것을 말한다. 걸림이 없는 경지에 이르지 않으면 모든 사람들과 서로 하나가 될 수 없다. 자신의 마음 속에 조금이라도 장애가 있는 한 서로 하나가 되어 통할 수 없는 것이다.

이 열 가지 교묘히 순응하여 들어가는 것이 가능해지면 열 가지 바른 마음에 편안히 머무를 수 있다. 바른 마음이란 자재롭게 회전하는 것이며 진실로 나아갈 수 있는 것을 말한다.

바른 마음에 편안히 머무를 수 있게 되면 열 가지 교묘한 방편법을 얻을 수 있다. 바른 마음에 의해 교묘한 방편법을 일으킬 수 있는 것이다.

경전에서는 열 가지 교묘한 방편법에 대하여 "불자들이여, 그러므로 보살마하살은 한 마음으로 공경하면서 이 법을 듣고 받아 지녀야 합니다."라고 설하고 있다. 이 가르침을 들을 수 있으면 조그만 방편에 의하여 위없는 깨달음을 얻을 수 있으므로 가르침을 듣고 받아 지니도록 권한 것이다. 이것이 바로 보현행의 특징이다. 보현행에서는 하나로 일체를 포섭할 수 있기 때문에 경전을 독송하는 한 가지 방편의 힘으로 현수국에 왕생할 수 있는 것이다.

## 보현의 서원

보현보살은 중생들을 깨우쳐 보리심을 내게 하려고 다시 121가지 게송으로 보현행을 설명하였다. 그 가운데 보현보살의 서원을 다음과 같이 설하고 있다.

> 나는 세상의 등불이 되어 공덕으로 몸을 장엄하고, 열 가지 힘의 지혜를 모두 갖추리.
> 일체의 모든 중생들은 탐냄·성냄·어리석음으로 불타고 있네. 나는 마땅히 저들을 위해 한량없는 악행의 고통을 제거해 주리.

이것이 바로 보현의 큰 서원이다. 먼저 세상을 비추는 등불이 되는 것·공덕과 열 가지 지혜를 몸에 갖추는 것·그 위신력에 의해 탐욕과 성냄 그리고 어리석음이라는 세 가지 독으로 괴로워하고 있는 중생들의 고통을 제거하는 것이 보현보살의 사명이다. 어떻든 중생들의 악행으로 인한 괴로움을 없애 버리는 것이 보현보살의 큰 바람이고 서원인 것이다.

보현의 깨끗한 지혜 모두 갖추어 보현의 서원을 모두 이루네. 보살은
마지막 실천으로 깊고 더할 나위 없는 지혜에 들어가네.

위의 말처럼, 보현의 지혜와 서원을 모두 갖추면 최고의 훌륭한 지
혜에 들어갈 수 있다. 최고의 훌륭한 지혜로 알 수 있는 것은 "낱낱의 티
끌 속에서 과거 · 현재 · 미래의 법을 두루 나타내고, 다섯 갈래의 삶과
죽음의 길을 모두 분별해 아네."라는 것이다. 낱낱 티끌 속에 과거 · 현
재 · 미래가 비치고 지옥 · 아귀 · 축생 · 인간 · 하늘이라는 다섯 갈래로
윤회하는 모습을 모두 알 수 있다고 한다.

다섯 갈래의 윤회를 시간적으로만 아는 것이 아니라 공간적으로 일
체 세계의 이루어짐과 무너짐 · 국토의 흥성과 쇠멸 등을 전부 알 수 있
다는 것이다. 또한 중생의 악한 행동으로 지옥에 떨어지는 것도 잘 알 수
있으며, 혹은 일체의 세계를 하나의 세계에 넣을 수도 있다.

진정한 부처님 제자 보현은 불가사의한 지혜로써 불가사의한 국토
를 알고, 그 국토의 끝없는 경계를 환히 아네.

이처럼 보현은 바로 부처님의 진정한 제자이며, 불가사의한 지혜로
불가사의한 국토를 알 수 있다. 보제가 왕생을 목표로 한 현수국이란
이 불가사의한 국토를 의미하는 것일 것이다. 보통사람은 결코 현수국

에 들어갈 수 없지만, 보현행을 닦은 사람은 이 불가사의한 국토에 들어갈 수 있다.

## 큰 지혜와 자비

다음에는 보현보살의 큰 지혜행과 큰 자비행을 설하고 있다. 먼저 큰 지혜행을 설명한다.

> 모든 세계는 꿈과 같고 요술과 같음을 깊이 깨달으며, 일체 중생세계
> 는 모두 번개와 같음을 환히 아네.

세상은 꿈이나 요술과 같고, 중생들이 사는 세계도 번개와 같은 것에 지나지 않는다. 그렇게 보면, "중생과 세계와 겁(劫)과 모든 부처님 및 부처님 법이 모두 허깨비 같으니, 법계에는 두 가지가 없네."라고 이해할 수 있게 된다. 중생들과 중생들이 살고 있는 세계와 시간 그리고 모든 부처님과 부처님의 가르침도 모두 허깨비와 같다는 것이다. 시간도 허깨비, 공간도 허깨비, 부처님도 허깨비, 부처님이 설한 가르침도 허깨비라고 관찰할 때에 법계의 모습을 분명하게 알 수 있을 것이다. 부처님의 몸이라든지 법신이라는 것은 구체적으로 존재하는 것이 아니다. 경전에 있는 다음과 같은 구절을 보자.

비유하면, 맑은 물에서 그림자를 보아도 아무것도 없는 것처럼, 법신은 온 세계에 두루 이르지만 또한 아무데도 이르는 곳이 없네.

깨끗하고 맑은 물에 물체가 비치면 그것은 어디까지나 그림자에 불과할 뿐 실제로 존재하는 것은 아니다. 법신도 또한 온 세계에 존재하고 있지만 구체적으로 이것이 법신이라는 것을 눈으로 볼 수 있는 것은 아니다. 법신은 "비록 몸(身)이라고 해도 몸이 아니다."라는 것이다. 법신은 "영원하지도 않고 무상하지도 않은 것으로서 모든 세계에 나타난다."고 설명하는 것처럼, 이 중생들이 사는 세계에 모습을 나타내 보인다.

이와 같이 큰 지혜로 세계를 관찰한 보현보살은 큰 자비로써 중생들을 구제하려고 한다.

한량없는 중생들을 제도하여 안온한 곳에 이르게 하지만, 법계를 평등하게 관찰하여 거기에 집착하지 않네.

고뇌와 장애에 얽매어 구제되기를 바라고 있는 중생들을 안락한 세계를 갈 수 있게 하는 일이 바로 보현보살의 사명이지만, 보살은 안락한 세계에 집착하지 않는다. 보제도 또한 현수국에 태어나기를 원했지만 현수국에 태어나는 일에 집착하지는 않았다. 단호하게 몸을 계곡 아래로 던져 자신의 몸을 공양했던 것이다.

이와 같이 묘한 방편으로 깊이 보살행에 들어가면, 모두 보현보살처럼 부처님 법에 따라 태어날 수 있네.

모든 사람들은 부처님에게서 태어난 것이므로 큰 지혜와 큰 자비를 갖추어 보살행을 실천하면 보현보살과 같아질 수 있다. 어떠한 사람이라도 큰 지혜와 자비를 갖추면 보현보살이 될 수 있다는 것이다. 보현보살은 모든 사람들의 마음 속에 살아 있지만 오직 우리들이 그것을 자각하지 못하고 있는 것에 불과하다. 보현보살의 성지인 사천성 아미산에 올라가 보현보살의 모습을 본다고 하는 것은 곧 신령한 산속 성지에 들어가 자신의 마음 속에서 보현보살을 발견하는 것이다.

그러나 우리 중생들은 좀처럼 자기 마음속 깊은 곳에서 보현보살을 만나 볼 수 없다. 그것은 "일체 중생들의 무리는 착한 생각과 악한 생각이 같지 않아, 혹은 천상에 나기도 하고 혹은 모든 나쁜 갈래에 떨어지기도 하네."라는 말처럼 착한 일을 하는 중생도 있고, 나쁜 일을 하는 중생도 있으며, 그 결과 천상에 태어나는 사람도 있고 지옥에 떨어지는 사람도 있기 때문이다. 그것은 모든 업(業)의 인연에 의해 그렇게 되는 것이다.

우리들은 허망한 생각에 사로잡혀 삶과 죽음을 떠돌고 있다. 허망과 장애라는 그물에 걸려 몸을 움직일 수 없어 발버둥치고 있는 것이 중생들인 것이다. 보현보살은 이 중생들의 업이 생기는 인연을 조용히 내려다보고 있다. 그것을 자각하고 있는지의 여부에 따라 구제될 수 있는지가 결정된다고 할 수 있다. 변재가 보현보살을 만나는 신비한 꿈을 꾸고 《화엄경》의 깊은 뜻을 깨닫기 위해서는 삼 년에 걸친 독송행이 필요하였다. 독송행이라는 것은 한 마음으로 삼매에 들어가 경전을 독송하지 않으면 전혀 효과가 없다. 경전과 하나가 되어《화엄경》을 독송하는 음성이 천지에 낭랑하게 울려 퍼지면 이윽고 보현보살의 모습이 꿈에 나타나는 것이다.

# 제20화

# 부처님의 출현

보왕여래성기품(寶王如來性起品)

부처님의 음성과 마음을 묘사하고 중생을 교화하는 음성은 천녀의 노래에 비유하고 있다.

## 보살의 출현 – 숭복사의 혜소

화엄과 인연이 깊은 사찰 가운데 장안 숭복사(崇福寺)가 있다. 이 사찰은 원래 측천무후(則天武后)가 어머니 양(楊)씨의 명복을 빌기 위해 세운 것으로 처음에는 태원사(太原寺)라고 불렀다. 수공 3년(687)에는 태원사를 위국사(魏國寺)라 불렀으며, 690년에는 다시 숭복사라는 이름으로 바뀌었다.

이 숭복사에서는 측천무후 때 인도 승려 지바가라(地婆訶羅, Divākara: 日照三藏)가 경전을 번역하였으며, 현수대사 법장(法藏)은 지바가라에게서 인도 불교학계의 정세에 관한 이야기를 들었다. 숭복사의 주지였던 법장은 율종(律宗)의 승려 수십 명과 함께 기주(岐州) 법문사(法門寺)에서 부처님의 사리를 모셔 와 숭복사에 안치한 일도 있었다. 숭복사는 측천무후와 깊은 관계가 있었기 때문에 그녀가 직접 쓴 현판이 걸려 있었다고 한다. 이 유명한 사찰인 숭복사도 당나라 말 회창(會昌)의 불교탄압 사건 때 파괴되어 다시는 복원되지 못하고 말았다.

법장과 함께 공부한 혜소(惠招)도 이 숭복사의 큰 스님이 되었다. 혜소는 어린 시절부터 법장과 함께 화엄종의 제2조 지엄(智儼)에게 사사하였으며 오로지 화엄을 배웠다. 신라에서 유학 온 의상(義湘)법사의 일도 알고 있었다.

혜소는《화엄경》중에서 〈보왕여래성기품(寶王如來性起品)〉을 가장 좋아했기 때문에 일념으로 독송하여 1품 3권의 〈보왕여래성기품〉을 완전히 암송하였다. 695년 무렵에 실차난타(實叉難陀: Śikṣānanda)가 새로이 번역한《화엄경》에서는 〈보왕여래성기품〉을 〈여래출현품(如來出現品)〉이라고 했으므로, 혜소는 〈여래출현품〉도 함께 독송하고 있었다. 말하자면 〈보왕여래성기품〉을 자신의 생명으로 삼고 있었던 것이다.

혜소는 숭복사에 거처하기 전에는 종남산(終南山)에서 선정삼매에 들었다. 매일 밤 몸을 깨끗이 하고 향을 피우며 명석 위에 앉아 〈보왕여래성기품〉을 독송하였다. 어느 날 밤 한창 독송하고 있을 때였다. 10명 남짓의 보살들이 땅에서 솟아나듯 홀연히 나타나 각각 연화대(蓮華臺) 위에 앉았다. 그 신체는 금빛으로 빛났으며 부근 일대를 광명으로 비추고 있었다. 게다가 그 보살들은 합장하며 일심으로 혜소가 독송하는 경전 구절을 듣고 있는 것이었다. 독송이 끝나자마자 보살들의 모습은 온데간데없이 사라져 버렸다.

후에 혜소는 법장에게 이 사실을 있는 그대로 이야기하였으며, 법장은 제자인 혜량(惠諒)·혜운(惠雲)·현관(玄觀) 등에게 혜소의 불가사의한 체험을 이야기하여 세상에 전했다고 한다.(《華嚴經感應傳》)

한창 독송하고 있으면 보살들이 출현할 정도로 〈보왕여래성기품〉은 불가사의한 힘을 갖고 있는 것이다.

# 믿음의 눈 – 〈보왕여래성기품〉

〈보현보살행품〉에서는 평등해지는 인(因)을 밝혔으므로, 이 〈보왕여래성기품(寶王如來性起品)〉에서는 평등의 결과(果)를 밝힌다. 보현행을 닦으면 부처님이 나타나기를 바라는 소원을 이룰 수 있다. 그 부처님의 출현에 대해 설한 것이 바로 이 〈보왕여래성기품〉이다. 보왕(寶王)이란 마니보배를 말하는데 이는 가장 귀중한 것이므로 보배(寶)라 한다. 이 마니보배가 자재롭게 갖가지 보배를 나오게 할 수 있기 때문에 이것을 예로써 사용한 것이다.

현수대사 법장은 성기에는 3가지가 있다고 설명하고 있다. 먼저 제1의 인성기(因性起)란, 인간이 본래 갖추고 있는 이성(理性)을 수행에 의하여 표현해 가는 것을 말한다. 이것을 바로 성기의 일어남(起)이라 한다. 제2는 행성기(行性起)라고 하며, 수행의 의미를 나타낸 것이다. 여기서는 선지식과 경전에 의해 가르침을 받아 본래 갖추고 있는 이성을 개발하고, 마침내 부처님과 같아지는 결과를 이루는 것을 일어남(起)이라고 한다. 제3은 과성기(果性起)인데, 수행에 의해 완성하여 부처님같이 된 깨끗한 결과를 이룬 입장에서 성기를 설한 것이다. 제1은 원인에서, 제2는 과정·방법·수단에서, 제3은 결과에서 성기를 설명하였으나, 한마디로 말하면 '본래 갖추고 있는 성품을 발현시킨다(體性現起)'는 것으로서, 부처님의 출현을 설명한 것이다.

이 품은 부처님이 두 눈썹 사이 백호상(白豪相)에서 대광명을 놓은 일로부터 시작된다. 부처님의 백호상이 바로 성기의 상징인 것이다. 여래성기묘덕(如來性起妙德)보살이 부처님의 바른 깨달음을 찬탄하자 부처님의 입 안에서 대광명이 발하였다. 그러자 여래성기묘덕보살은 보현(普賢)보살에게 부처님의 대광명은 어떠한 상서로운 일이 있느냐고 물었다. 이에 대해 보현보살은 이 상서로움은 바로 부처님께서 중생들이 본래 갖추고 있는 부처님 성품(佛性)이 일어나게 하는 바른 법을 설명하실 징조라고 대답하였다. 성기묘덕보살은 보현보살에게 부처님을 대신해서 부처님 성품이 일어나게 하는 바른 법을 설명해 달라고 부탁하였다.

그때 보현보살은 "부처님 성품이 일어나게 하는 법은 조그만 인연으로 깨달음을 이루어 세상에 나오는 것이 아닙니다. 부처님께서는 열 가지 한량없고 헤아릴 수 없는 인연으로 깨달음을 이루시고, 그 법을 세상에 내보이신 것입니다"라고 대답하였다.

부처님이 깨달음을 얻어 세상에 나타나기 위해서는 갖가지 인연이 뒤따른다. 보현보살은 그 예로서 ①보리심을 낸다, ②오랫동안 덕을 쌓는다, ③자비로운 마음으로 중생을 구제한다, ④큰 서원을 이루기 위해 수행한다, ⑤공덕을 쌓는다, ⑥모든 부처님을 공양한다, ⑦방편과 지혜를 낸다, ⑧공덕을 완성한다, ⑨지혜를 갖춘다, ⑩모든 법의 진실을 설한다는 열 가지를 들고 있다. 어떠한 것이라도 조그만 인연으로 생기는 것이 아니다. 이 우주가 생긴 것, 지구가 생긴 것도 갖가지 커다란 인연에 의해 비로소 생긴 것이다. 하물며 인류가 발생되기 이전에 처음으로 진리를 깨달은 부처님이 조그만 인연으로 이 세상에 모습을 나타낼 리 없다는 것이다.

계속해서 보현보살은 부처님 성품이 일어나게 하는 바른 법의 공덕이 한량없음을 밝히고 있다. 그것에 대하여 부처님의 몸으로 짓는 것(身業)과 말로 짓는 것(語業), 뜻으로 짓는 것(意業) 등을 설하였다.

먼저 부처님의 법신은 허공처럼 형체도 색깔도 없지만 모든 곳에 두루 가득 차 있다는 것을 밝히고 있다. 그것은 "비유하면 해가 세상에 나와, 한량없는 일로써 중생들을 이롭게 하는 것과 같네."라는 것처럼, 해가 떠 모든 어두움을 없애고 일체의 초목과 곡식을 기르듯이, 부처님의 법신은 광명을 놓아 모든 것을 비추어 낸다는 것이다.

해가 뜨면 먼저 가장 높은 산을 비추고 다음에는 큰 산을 비추며 다시 대지를 비추지만, 해 자체는 먼저 높은 산에서 비추기 시작하여 대지를 비춘다고는 생각하고 있지 않을 것이다. 다만 산과 대지에 높고 낮음이 있기 때문에 비추는 순서가 생길 뿐 해 그 자체는 모든 것에 대해 평등하게 비추고 있는 것이다. 부처님의 광명도 그것과 마찬가지로 보현보살 등 모든 보살들을 비추기 시작하여 연각(緣覺)·성문(聲聞)·선근을 쌓은 중생·악한 사람에 이르기까지 차례대로 비추어 가지만 부처님의 광명에 차별이나 순서가 있는 것은 아니다. 부처님의 광명은 차별하지 않고 모든 것을 평등하게 비추고 있지만, 중생들은 희망이나 서원·선근 등이 서로 다르기 때문에 부처님의 광명에 차별이 있는 것 같이 보일 뿐이다.

다음으로 보현보살은 '태어날 때부터의 장님에게도 해는 비춘다'는 비유를 설하고 있다.

태어날 때부터 눈이 보이지 않는 사람은 해가 떠도 햇빛을 볼 수 없다. 그러나 태어날 때부터 장님이었을지라도 햇빛의 은혜를 받고 있다.

음식물의 재료를 얻을 수 있게 해주고, 한기를 없애 따뜻하게 해주며, 폐병 등의 병에 걸리지 않고 편안한 즐거움에 잠기게 하는 것은 모두 햇빛 덕분인 것이다.

부처님의 지혜 광명이 이 세상에 나타남도 이것과 마찬가지다. 지혜가 없어 삿된 생각만을 갖고 있는 사람들은 부처님의 지혜 광명을 본 적이 없지만, 그러나 그러한 사람들도 또한 부처님의 지혜 광명에 의해 모든 괴로움을 없애고 번뇌를 끊을 수 있다는 것이다. 태어날 때부터 지혜가 없는 사람은 어째서 부처님의 지혜 광명을 볼 수 없을까? 그것은 믿음의 눈이 없기 때문이라고 한다. 믿음의 눈이 없는 사람에게는 부처님의 지혜 광명이 보이지 않을 뿐 아니라 부처님의 모습도 볼 수 없다.

필사적으로 〈보왕여래성기품〉을 독송한 혜소가 그의 눈으로 보살들의 모습을 볼 수 있었던 것은 바로 믿음의 눈이 있었기 때문이다.


## 부처님의 지혜 몸속에 있네

다음에는 부처님의 음성에 대해 설하고 있다 부처님의 음성은 한 가지이지만, 듣는 사람에 따라 그 음성이 다르게 들리는 것을 밝힌 것이다.

비유하면 물의 성품같이 모두 한 가지 맛이지만, 그릇에 따라 다르기 때문에 맛에 차별이 있습니다. 그러나 물은 '나는 여러 가지 맛을 낸다'는 생각이 없습니다.

물은 항상 같은 맛이지만 그릇이 다르면 맛에 차이가 생긴다. 밥그릇으로 마시는 물과 깨끗한 컵으로 마시는 물은 맛이 다르다.

예부터 '물은 네모난 그릇, 둥근 그릇을 따른다'라는 말이 있는 것처럼 물은 담는 그릇에 따라 둥글게도 네모나게도 되듯이 어떠한 형태로도 되는 것이다.

부처님의 음성도 물과 같아서 어떤 사람에게나 한 가지 맛의 음성으로 법을 설한다. 그러나 중생들은 자기의 능력에 맞게 받아들이므로 그 음성을 듣는 중생들에 따라 갖가지 차별이 생기는 것이다.

다음으로 보현보살은 부처님의 지혜는 한량없다고 설한다. 부처님의 지혜는 어떤 곳에도 두루 가득 차 있지만, 중생이 어리석어 부처님의 지혜를 알지 못하는 것뿐이라고 하듯이, 중생은 바른 견해에 의하지 않고, 미혹된 견해·그릇된 견해를 갖고 있기 때문에 끝없이 넓고 큰 부처님의 지혜를 볼 수 없는 것이다.

> 부처님의 지혜·모양이 없는 지혜·걸림이 없는 지혜는 모두 중생의 몸 속에 갖추어져 있지만, 어리석은 중생들은 바르지 못한 생각에 가려, 알지 못하고 보지 못하여 믿음을 내지 못하는 것뿐이네.

중생들은 본래 몸속에 부처님의 지혜를 갖추고 있으나, 어리석은 중생들은 미혹된 생각에 사로잡혀 그 부처님의 지혜를 알지도 보지도 못하고 있기 때문에 믿음을 낼 수도 없다는 것이다.

그때 부처님은 밝은 천안(天眼)으로 일체 중생들을 관찰하시고 다음과 같은 이야기를 하셨다.

이상하고 이상하구나. 부처님이 갖추고 있는 지혜가 몸 속에 있는데 어째서 알지도 보지도 못하는가. 나는 마땅히 저 중생들을 가르쳐 거룩한 도를 깨닫게 하고 모든 잘못된 견해와 망상의 속박에서 영원히 벗어나게 하고, 그들로 하여금 부처님의 지혜가 그 몸 속에 있어 부처님과 다르지 않음을 모두 깨닫게 하리라.

중생은 본래 부처님의 지혜를 갖추고 있지만 그것을 알지 못한다. 그래서 부처님은 중생을 가르쳐 너희들의 몸 속에는 부처의 지혜가 있는 것이라고 말하여, 중생과 부처가 다르지 않음을 알게 한다는 것이다.
어떠한 중생이라도 부처님의 지혜를 갖추고 있다는 이 〈보왕여래성기품〉의 주장은 후에 화엄학에서 중요시되었다. 화엄종의 제5조인 규봉(圭峯) 종밀(宗密, 780~841)은 사천(四川) 출신으로, 종남산 아래 초당사(草堂寺)에 머무르며 《원각경》의 이치를 널리 펴는 데 전 생애를 보낸 사람이지만, 그의 저서인 《원인론(原因論)》과 《선원제전집도서(禪源諸詮集都序)》에서도 이 '이상하구나' 이후의 문장을 당(唐)나라 때의 번역인 80《화엄경》의 〈여래출현품(如來出現品)〉에서 인용하고 있다. 종밀은 이 문장, 즉 중생들은 본래 부처님의 지혜를 갖추고 있다는 것을 인용하여 현시진소즉성교(顯示眞心卽性敎)의 성립 근거로 삼았다. 여기서 성기사상이 완전히 결실을 맺게 되는 것이다.(拙著,《禪源諸詮集都序》, 禪의 語錄 9, 恐摩書房, 昭和 46年, 참조)

〈보왕여래성기품〉을 독송하고 있던 혜소도 이 문장을 접하고 나서 온 몸과 마음을 〈보왕여래성기품〉에 기울인 것이 아니었을까? 혜소는 감격에 떨며 〈보왕여래성기품〉을 독송하는 일에 몰두하여 마침내 보살의 출현을 본 것이다.

## 부처님의 경계와 설법

다음에는 부처님의 경계(境界)를 설하고 있다.

> 일체 중생이 바로 부처님의 경계네.

중생이 바로 부처님의 경계인 것이다. 더구나 큰 바닷물이 용왕이 원하는 대로 생기는 것같이 부처님의 지혜의 바다도 큰 서원의 힘으로 생기는 것이다.

> 일체 대해의 물은 모두 용왕이 원하는 대로 생기며, 부처님의 지혜의
> 바다도 또한 그와 같아서 모두 큰 서원의 힘으로 생기네.

넓고 크고 한량없는 부처님의 지혜는 중생들을 구제한다는 큰 서원에 의해 생겨난다. 큰 서원의 힘이 아니면 넓고 큰 지혜는 생기지 않는 것이다. 그리고 부처님의 지혜의 바다는 헤아릴 수 없이 넓고 크기 때문

에 인간이 그것을 잘 생각할 수 없다고 한다.

다음에는 부처님의 행(行)을 설하고 있다.

부처님의 행도 또한 그와 같아서, 한량이 없고 얽매임도 없네.

부처님의 행은 크고 넓어서 모든 속박을 벗어났지만, 인간의 행동은 한정되어 있으므로 무엇인가에 반드시 얽매어 행동하고 있다. 인간의 행위는 어떤 목적으로 제한되어 있고, 다른 사람에 의해 구속되어 있으며, 돈에 얽매여 있는 것이다. 그것은 진실로 자유가 아니다. 그러나 부처님의 행은 자재롭고 헤아릴 수 없이 많다. 그것은 마치 새가 넓은 하늘을 나는 것과 같다. 새가 오랜 시간 날았던 공간은 측량할 수 없으며, 지금부터 날아갈 공간도 또한 예측할 수 없다. 왜냐하면 넓은 하늘(허공)에는 한계나 울타리가 없기 때문이다. 그만큼 부처님의 행은 넓고 크다. 인간의 행동이 지극히 제한되어 있다는 사실을 주시하면 할수록 부처님의 넓고 큰 행을 생각하게 된다. 인간이 하는 일이 조그만 것에 비해 허공이나 하늘, 우주 속은 넓고 크다. 아무리 우주선을 타고 수만 년 비행하여도 그 경계를 벗어날 수 없다. 한량이 없다는 것은 바로 이러한 것을 말하는 것이다.

태양이나 달이나 지구는 우주 속을 주기적으로 순환하고 있지만, 태양이나 달 자체는 '내가 우주 속의 어디에서 와 어디로 가는 것인가'하는 생각을 전혀 하지 않는다. 부처님도 또한 아무리 중생을 이익 되게 하여도 내가 어디에서 중생을 구제하였다는 생각을 갖지 않는다. 사람들은 무엇인가를 하면 반드시 내가 했다고 생각하지만 부처님에게는 그와 같은 생각이 전혀 없는 것이다.

보현보살은 계속해서 부처님의 보리(菩提)와 부처님이 법의 바퀴를 굴리는 것(轉法輪)에 대해 설하고 있다.

가령 일체 중생이 한꺼번에 바른 깨달음을 이루거나, 혹은 이루지 못하여도 보리에는 줄어듦과 늘어남이 없네.

중생들이 바른 깨달음을 이루거나 혹은 이루지 못하여도 보리는 줄어들거나 늘어나지 않는다는 것이다. 중생들이 깨닫든지 깨닫지 못하든지 간에는 전혀 관계가 없다. 인간의 자각과 부처님의 자각을 비교하면 전혀 문제가 되지 않는다. 인간이 아무리 깨달았다고 해도 그것은 인간이 깨달은 것이지 부처님이 깨달은 것은 아니다. 부처님이 성취한 바른 깨달음의 광대함이나 무량함과 비교해 보면 인간의 깨달음은 지극히 작다. 인간이 하는 일은 어떠한 것일지라도 지극히 자그마한 것이 아닐까.

부처님의 바른 깨달음뿐만 아니라 부처님이 굴리는 법의 바퀴도 헤아릴 수 없이 크다.

부처님이 굴리는 법 바퀴는 과거·현재·미래에 이르지 않는 곳 없네. 그러나 굴리는 바 없나니, 그것을 구해도 얻을 수 없네.
비유하면 모든 문자로써도 그것을 다 말할 수 없는 것처럼, 부처님의 열 가지 힘도 또한 그와 같아서 굴리는 법 바퀴 다함이 없네.

인간의 설법과 비교하여 부처님의 설법(轉法輪)은 시간적으로 공간적으로 끝이 없고 헤아릴 수 없이 많다고 한다. 더구나 문자로는 설명할 수 없을 만큼 끝이 없고 한량없는 것이 부처님의 설법인 것이다.

## 부처님의 출현

인도 쿠시나가라의 사라나무 아래서 그 생애를 마치신 부처님의 입멸·열반의 의미를 설한 경전이 많은데, 이 〈보왕여래성기품〉에서도 부처님의 열반에 대해 서술하고 있다.

> 이 보살마하살은 부처님의 열반을, 한량없이 넓고 법계를 다 성취했으며, 장애가 없고 생멸하지 않으며, 청정하기가 허공과 같아 실제(實際)에 편안히 머무르며, 중생들이 따르는 것에 알맞게 열반을 나타내 보이고, 본원(本願)을 갖게 하여, 일체의 중생·일체의 법을 버리지 않는 것이라 알고 있습니다.

부처님의 열반은 생멸(生滅)하지 않으며 청정하다. 〈보왕여래성기품〉의 입장에서 보면, 부처님의 "열반은 생멸하는 법이 아니네."라고 설하고 있듯이, 열반은 생겨나지도 않고 죽어 없어지지도 않는다. 그렇다면 부처님은 어째서 열반에 드신 것일까? 그것은 바로 중생들을 교화하기 위하여 열반을 나타내 보였을 뿐이었다. 즉 육신은 덧없다는 것과 부처님의 육신은 없어져도 그 법신은 영원히 죽지 않는다는 것을 가르치기 위해서였다.

믿음이 없는 중생들만이 부처님은 열반에 들었다고 하네.

믿음이 없는 중생들은 부처님이 진실로 열반에 들었다고 생각하지만 그것은 잘못이다. 믿음이 없는 중생은 열반이 생겨나지도 않고 죽어 없어지지도 않음을 알지 못하고 있는 것이다. 이 〈보왕여래성기품〉에서 설하는 가르침을 듣고 믿으며 받아 지녀서, 그것에 따라 실천하면 진실한 부처님의 제자가 된다.

이들은 진실한 부처님의 제자로서 부처님의 집에 태어나며, 모든 부처님의 경계에 깊이 들어갈 것이네.

이 가르침을 믿으면 진실한 부처님의 제자가 되어 부처님과 같은 경계에 들어갈 수 있다는 것이다.

이때 온 세계가 6가지로 진동하고 18가지 모양으로 움직였다. 부처님은 갖가지 꽃구름을 내려 온 세계에 충만하게 하였다. 그러자 한량없는 세계에서 부처님이 각각 몸을 나타내 한결 같이 보현보살을 칭찬하였다. 헤아릴 수 없이 많은 보살들도 보현이라는 이름으로 보광명(普光明)세계의 보승(普勝)부처님 곁에서 범행(梵行)을 닦았던 것이다.

그때 부처님의 위신력(威神力)을 받은 보현보살이 모든 보살들을 돌아보고 부처님 성품이 일어나게 하는 바른 법(如來性起의 正法)을 거듭 밝히기 위해 게송으로 설하였다.

　　만약 이 경전을 듣고 환희하며 공경하는 사람이 있으면, 이들은 과거에 이미 한량없는 부처님을 공양하며 모신 것이리.

　이 〈보왕여래성기품〉의 가르침을 듣고 마음으로 환희하며 이 경전을 공경하는 사람이 있으면, 그 사람은 과거 세상에서 헤아릴 수 없이 많은 부처님을 공양해 온 인연이 있으며, 많은 공덕을 쌓은 것이라고 한다.

　　이와 같은 사람은 모든 하늘이 언제나 찬탄하고, 일체의 부처님도 항상 제도하고 보호해 주시네.

　〈보왕여래성기품〉을 듣고 이것을 공경하는 사람에게는 모든 하늘도 부처님도 다 이 사람을 보호할 것이라고 설하고 있다. 전 생애를 걸고 〈보왕여래성기품〉을 독송하고 있던 숭복사의 혜소에게는 분명히 보살들이 나타나 혜소의 수행을 찬탄하였으며 혜소를 보호해 주었던 것이다.

　종남산 지상사(至相寺)에는 화엄을 믿고 배우려는 사람들이 모여들었으므로《화엄경》의 가르침을 널리 펴고 연구하게 되었다. 그것은 장안의 숭복사에서도 마찬가지였다. 그런데 혜소는 종남산 봉우리에 있는 한 암자에서 오로지 〈보왕여래성기품〉을 독송하는 수행을 계속하였다. 그 때문에 산신도 모든 천신도 감동하였으며, 마침내 보살이 출현하게 된 것이다.

보살의 출현을 눈으로 분명히 본 혜소는 〈보왕여래성기품〉의 가르침을 그대로 자신의 생명으로 삼았다. 누가 뭐라고 하든《화엄경》의 생명은 〈보왕여래성기품〉에 있다고 확신하였다. 화엄종의 제3조 법장(法藏), 제4조 징관(澄觀), 제5조 종밀(宗密)도 성기사상을 중요하게 생각하였는데, 새로 번역된 80《화엄경》에는 〈보왕여래성기품〉이 〈여래출현품〉으로 번역되어 있으므로 이들은 바로 부처님의 출현에서《화엄경》의 진수를 이해하려고 한 것이었다.

부처님이나 보살의 출현을 이 눈으로 확인하는 것은 쉽지 않다. 그러나 "그러므로 잘못된 생활에서 벗어나 언제나 일심으로 받들어 지녀야 하네."라는 〈보왕여래성기품〉의 마지막 말이 곧 부처님이나 보살의 출현을 이 눈으로 볼 수 있는 열쇠가 아닐까 생각한다.

# 제21화

# 청량의 심수

이세간품(離世間品)

십행의 일부와 십회향에 대한 설명으로
아뇩다라삼막삼보리에 들어가는 내용을 나타내고 있다.

## 오대산 청량사

동아시아의 불교성지인 오대산 금각사(金閣寺)에서 서쪽으로 들꽃이 온 산을 융단처럼 뒤덮고 있는 산봉우리를 넘어 얼마간 내려가면, 청량사(清涼寺)로 향하는 입구를 알리는 안내 표지가 세워져 있다. 여기서 좁은 길을 따라 쭉 가면 양옆으로 산들이 늘어서 있는 청량산 골짜기에 도착한다. 이 골짜기의 오른쪽 높은 평지에 자리한 것이 오대산 청량사이다.

문화혁명의 여파로 불상과 법당 등은 모두 파괴되고 오직 청량석(清涼石) 하나만이 고찰의 여운으로 남아 있다. 이 청량석은 절터의 한가운데 있는데, 길이 5미터, 폭 2미터, 두께 2미터, 둘레가 15미터인 장방형의 커다란 돌로서 색깔은 진한 푸른색이다. 이 청량석은 문수보살이 오대산의 기후를 바꾸기 위하여, 용왕에게서 빌려 온 커다란 돌이라고 한다.

청량사는 북위의 효문제 때 창건된 오래된 절이다. 여러 번 낡은 부분이 수리되었고, 중화민국시대에 다시 법당이 세워졌으며, 1956년에는 대웅전에 천수천안관음보살, 문수전(文殊殿)에 문수보살과 보현보살을 조각하였지만, 문화혁명 때에 모두 파괴되어 버렸다.

《광청량전》권상에는 청량사에 대해 다음과 같이 기록하고 있다

산에 의거하여 이름을 짓고 거처를 암반에 의탁한다. 앞은 깊은 골짜기로 통하고, 위는 구름과 무지개에 접한다.

청량사는 청량산 골짜기의 암반 위에 건립되어 있는데 절 앞으로는 계곡이 흐르며, 산봉우리에서는 구름이 솟아나고 무지개가 걸려 있다. 당나라 장안 2년(702) 7월 20일 대덕인 감(感)법사가 스님과 재가신자 천여 명과 함께 산꼭대기에 오르자 기이한 향기가 그윽하게 주위를 감돌고 오색구름 속에서 부처님의 손이 나타났다. 흰 털의 여우와 흰 사슴이 그 앞에서 노닐었고, 부처님이 설법하는 음성이 바람과 함께 산골짜기에 퍼져 왔다. 이윽고 영락으로 장식된 보살이 자비스런 모습으로 서쪽 봉우리에 나타났다. 감법사는 이 상황을 그림으로 그려, 측천무후에게 바쳤다고 한다. 북위시대의 영변(靈辨, 487 혹은 477~522)은 이 청량사에서 출가하고 수행하였으며《화엄론(華嚴論)》100권을 저술하였다.

## 《화엄론》 100권 — 영변

산서성 태원시의 서쪽으로 20킬로미터 되는 곳에 중국에서 가장 오래된 연등석탑이 있는 용산(龍山, 縣翁山)이 있는데 이곳에 영변이 살았

다. 영변은 진양(晉陽)사람으로 어려서부터 불도에 들어가 항상 대승경전을 읽었으며, 특히 보살행에 깊은 관심을 가지고 있었다. 그러던 어느 날《화엄경》을 읽게 되자 이 경전이 바로 대승불교의 최고의 가르침을 설한 경전임을 알았다. 이에 영변은 즉시《화엄경》을 받드는 오대산의 청량사로 찾아갔다. 영변은 청량사에서 어떠한 수행을 했을까?

> 이 경(《화엄경》)을 머리에 이고 부지런히 경을 외우며 돌았기 때문에 발이 터져 피가 흘렀다. 근면하고 성실하게 경전의 뜻을 이해했으므로 곧 이 경전을 분명히 깨달아 논(論) 백 권을 저술하였다.
>
> —《고청량전(古清涼傳)》권 상

문수보살의 가호로《화엄경》의 가르침을 분명히 이해하기 위해 오대산의 산봉우리를 돌면서 이 경을 일 년간 독송하였다. 발에서 피가 흘렀을 뿐만 아니라 살이 찢어져 뼈가 드러났다고《화엄경전기(華嚴經傳記)》는 기록하고 있다. 더욱이 무릎으로 걸어 불보살의 가호를 얻으려고 하였다. 이것은 신명을 아까워하지 않는 수행이었다.

그때 영변은 한 승려가 "여보게 그렇게 돌기만 하지 말고《화엄경》의 진수를 잘 사유해 보게."라고 하는 말을 들었다. 그래서 경전을 펴자 홀연히 크게 깨달았다. 이때가 북위의 희평 원년(516) 정월이었다.

영변은 붓을 들어《화엄경》을 썼다.《화엄경》의 참뜻을 밝히고, 경문(經文)의 심오함을 명확히 하기 위해 피나는 집필을 계속하였다. 청량사에서 일 년간 글을 쓴 뒤 다음 해 정월에는 용산의 숭암사(崇巖寺)로 옮겼지만 이 일은 쉬지 않고 계속하였다.

영변의 수행은 북위의 효명제(孝明帝)의 귀에 들어갔으며 효명제는 완고하게 사양하는 영변에게 여러 차례 요청하여 선광전(宣光殿)에서 《대품반야경》을 강의하도록 하였으며, 또한 식건전(式乾殿)에서 《화엄경》의 집필을 계속하도록 하였다. 신룡 3년(502) 9월에 드디어 《화엄경》 10질 100권을 완성하였다. 유례없는 쾌거였으며 중국불교사상 최초의 《화엄경》 대부(大部)의 주석이었다. 영변은 이 논을 저술하기 위해 자신의 온 정열을 다 쏟았기 때문에 정광 3년(522) 융각사(融覺寺)에서 46세의 나이로 세상을 떠났다.

효명제는 "이 논은 보살이 지은 것이기 때문에 경장(經藏)에 넣어 목록을 만들고 널리 퍼뜨려 유행시켜라."는 칙명을 내렸다. 영변의 제자 도창(道昶) · 영원(靈源) · 담현(曇顯) 등은 효명제의 뜻에 따라 사본을 만들어 세상에 유포시켰다.

이 《화엄론》이 전해진 곳은 산서(山西)지방에 국한되었으며, 장안 · 낙양에는 전해지지 않았기 때문에 장안에서 화엄학을 배우는 사람들은 이 책을 보고자 열망하였다. 당나라 영순 2년(683)에 종남산 지상사(至相寺)의 통현(通賢)법사와 현상(玄爽)의 두 거사(居士)가 함께 오대산에 갔을 때, 동자사(童子寺)에서 이 《화엄론》을 발견하고 서울로 가지고 와서 유통시켰다고 한다. 영변이 이 논을 완성시킨 뒤 백여 년이 지나서야 서울 사람의 눈에 띌 수 있게 되었던 것이다.

논(論)이란 보살이 쓴 것을 말하는데, 신라 원효의 《금강삼매경론》, 당나라 이통현(李通玄)의 《신화엄경론》과 함께 영변의 《화엄론》 백 권은 불멸의 대작이다. 현재 얼마 안 되는 단편만이 남아 있는 것은 참으로 유감스러운 일이다.

## 성지(聖地)의 장엄

제7회의 설법은 제2회의 설법과 마찬가지로 보광법당에서 열렸기 때문에 보광법당중회(重會)라고 한다. 이 보광법당중회는 일회(一會) 일품 (一品)으로서 〈이세간품(離世間品)〉만 설한다.

세존은 마가다국 적멸도량의 보광법당에서 연꽃으로 장식된 보배로운 사자좌에 앉아 정각을 이루셨다. 그때 헤아릴 수 없는 많은 보살들이 구름처럼 모여들었다. 보현보살은 부처님의 화엄삼매에 들어 있었는데, 이 삼매에서 나오자 보혜보살(普慧菩薩)이 보현보살에게 보살의 수행해야 할 방법에 대해 이백 가지 질문을 했다. 보현보살은 한 가지 질문에 대해 열 가지 대답을 했기 때문에 모두 이천 가지의 수행방법(行法)을 밝혔다. 이러한 이천 가지의 행법(行法)이란 십신(十信)·십주(十住)·십행(十行)·십회향(十廻向)·십지(十地)·과만구경위(果滿究竟位)에 이르는 수행에 순차적으로 오르는 것을 말한다.

여기서 보살의 열 가지 의지해야 할 과보(依果)·기특한 생각·선지식(善知識)·근수정진(勤修精進) 등은 도저히 지면 관계로 설명할 수 없으므로 특히 주의해야 할 보살의 행법에 대해서만 설명하기로 하자.

예를 들어 보살의 열 가지 행이란 다음과 같다.

① 일체 중생으로 하여금 오로지 바른 법(正法)을 구하게 하는 행.

② 선근(善根)을 완전히 성숙하게 하는 행.

③ 일체의 계율을 잘 배우는 행.

④ 일체의 선근을 기르는 행.

⑤ 산란하지 않은 일심으로 삼매를 닦는 행.

⑥ 일체 지혜를 분별하는 행.

⑦ 일체의 닦을 바를 닦아 익히는 행.

⑧ 일체의 세계를 장엄하는 행.

⑨ 선지식을 공경하고 공양하는 행.

⑩ 모든 부처님을 공경하고 공양하는 행.


이 열 가지 종류의 행을 실천하면 부처님이 닦은 행과 같은 수행을 완성할 수 있다고 한다. 계율을 익히고 선근을 쌓는 것도 중요하지만, 마음이 산란하거나 동요함이 없이 일심으로 삼매를 닦는 행을 하지 않으면 안 된다. 영변이 오대산 청량사에서 행한 것은 바로 동요함 없이 일심으로 《화엄경》을 독송하는 수행이었다. 일심으로 독송하는 것이야말로 삼매에 들어가는 수행인 것이다. 오대산의 산봉우리와 시냇물, 꽃밭 모두가 독송삼매(讀誦三昧) 안으로 빠져 들어간다. '일체 지혜를 분별하는 행'이란 독송삼매 후에 문수보살의 지시에 따라 《화엄경》의 깊은 뜻을 깨닫는 수행이었다. 삼매와 지혜가 다 구비되었으므로 처음으로 '일체의 세계를 장엄하는 행'이 완성된다. 청량사의 청량석을 중심으로 청량계곡이 이 세계의 정토(淨土)로 장엄되고, 다시 오대산의 다섯 봉우리도 또한 장엄되어 간다. 이렇게 장엄됨으로써 선지식과 보살과 부처님에게 공양하게 되는 것이다.

> 지금 이 산 아래에 청량부(淸涼府)가 있다. 산의 남쪽에 조그만 봉우리에 청량사가 있으며, 이 산을 오대산이라고도 부른다. 다섯 개의 높은 봉우리에는 모두 다 수목이 자랄 수 없고, 흙을 쌓은 것 같기 때문에 이것을 대(臺)라고 부른다. 산 주위는 사백 리나 되며 동쪽은 항악(恒嶽)과 연결되어 있다. 중대(中臺) 위에는 커다란 연못이 있는데 깊고 맑아서 갖가지 징험이 많으며, 또한 사찰과 석탑이 있다. 북대(北臺) 위에는 철로된 불상 두 개와 사리(舍利) 및 문수보살상이 있다. (중략) 그 찬란함이란 비단을 펼쳐 놓은 것 같고 그 붉기는 저녁 노을빛과 같다. 세속을 초월하고 청각을 초월하는 소리는 세상에서 듣기 힘든 것이다.
>
> ―《화엄경전기》권1

이와 같은 오대산에 대한 묘사를 보면, 오대산이 바로 '일체 세계를 장엄하는 행'에 의해 이루어진 청정한 세계임을 알 수 있다.

오대산 허리에서 정상까지는 나무가 전혀 없다. 단지 고산식물이 어지럽게 피어 있어 그 일대는 마치 고산식물의 꽃밭과 같다. 그 가운데는 샘물이 용솟음치는 연못이 자리잡고 있는데 대화지(大華池)도 그 중의 하나이다. 대(臺)의 정상에는 불탑과 사리탑·문수보살상이 있다. 바로 이곳이 정토이며, 시각과 청각을 초월한 절경인 것이다.

동요 없는 일심의 삼매와 《화엄경》의 연구로 오대산을 장엄하는 수행을 완성한 사람이 바로 영변이었다.


## 자재로운 출입

보현보살이 보혜보살의 이백 가지 질문에 대해 대답한 것 가운데
는 여러 가지 주제가 있다. 그 중의 하나로 열 가지 종류의 세계(十種世界)
에 들어가는 것이 있다. 열 가지 세계에 들어간다는 것은 다음과 같다.


    ① 더러운(不淨) 세계에 들어가고

    ② 청정(淸淨)한 세계에 들어가며,

    ③ 작은 세계(小世界)에 들어가고

    ④ 중간 세계(中世界)에 들어가며,

    ⑤ 미진(微塵)의 세계에 들어가고

    ⑥ 미세(微細)한 세계에 들어가며,

    ⑦ 내려다보는 세계에 들어가고

    ⑧ 올려다보는 세계에 들어가며,

    ⑨ 부처님이 있는 세계(有佛世界)에 들어가고

    ⑩ 부처님이 없는 세계(無佛世界)에 들어가는 것이다.


이러한 열 가지 세계는 청정한 세계와 부정한 세계와 같은 청정과
부정의 세계, 소세계와 중세계, 미진세계와 미세세계와 같은 크고 작은

384

세계, 내려다보는 세계와 올려다보는 세계와 같은 상하의 세계, 부처님이 있고 부처님이 없는 것과 같은 부처님의 존재 여부에 관계되는 세계로 성립되어 있다.

영변이 있던 오대산은 청정한 세계지만, 오대산의 경계를 나가면 부정한 세계이므로 부정한 세계로 둘러싸여 있는 것이 오대산이었다. 보살은 부정한 세계에 들어가 중생을 구제하는 일도 있지만, 청정한 불국토에 있으면서 부처님을 찬탄하는 일도 있다. 보살은 청정한 부정이라는 두 가지 세계를 자유자재로 출입하는 것이다.

세계의 크기도 여러 가지다. 오대산에 비유해서 말하면, 중세계란 중대(中臺)·남대(南臺) 등의 한 봉우리에 해당되고, 소세계는 청량사·죽림사(竹林寺) 등에 해당되며, 미진세계는 산꼭대기의 작은 돌들에 해당되고, 미세세계는 고산식물의 꽃잎 한 개에 해당된다. 내려다보는 세계는 산봉우리에서 내려다보면 한없이 깊은 계곡이고, 올려다보는 세계는 산꼭대기에서 우러러 보이는 무한한 하늘이다. 오대산의 경계 안에는 부처님이 있는 세계가 펼쳐져 있지만, 오대산 밖에는 부처님이 없는 세계가 펼쳐져 있다.

당나라 선승(禪僧)인 임제의현(臨濟義玄)은 바른 깨달음의 경계에 대해 질문을 받았을 때 다음과 같이 대답하였다.

그대들은 단지 일체의 범속(凡俗)한 세계에 들어가고 성스러운 세계에 들어가며, 더러운 세계에 들어가고 청정한 세계에 들어가며, 모든 부처님의 국토에 들어가고 미륵(彌勒)의 누각(樓閣)에 들어가며, 비로자나부처님의 법계에 들어가 곳곳에 국토를 나투어서 성주괴공(城住壞空)한다.

—《임제록(臨濟錄)》

우리들은 그대로 범속한 세계에도 들어가고 성스러운 세계에도 들어가며, 부정(不淨)한 세계에도 들어가고 청정한 세계에도 들어가며, 모든 부처님의 국토에도 들어가고 미륵불(彌勒佛)의 법당에도 들어가며, 비로자나불의 법계(法界)에도 들어갈 수 있다고 한다. 가는 곳마다 각각의 국토를 나타내고, 더구나 세계가 생멸하고 변화하는 것을 알고 있다는 것이다. 자유자재로 모든 국토에 출입할 수 있는 사람이 바로 달인(達人)인 것이다. 《화엄경》의 〈입법계품〉에서는 선재동자가 모든 국토의 선지식을 방문하는 것을 설하고 있지만, 〈이세간품〉에서는 보살이 여러 세계에 자재로이 들어갈 수 있는 것을 설하고 있다.

## 열 가지의 자유자재

또한 〈이세간품〉에서는 열 가지의 자재(自在)를 설하고 있다. 그것은 ①수명(壽命)자재, ②심(心)자재, ③장엄(莊嚴)자재, ④업(業)자재, ⑤수생(受生)자재, ⑥해탈(解脫)자재, ⑦원(願)자재, ⑧신력(神力)자재, ⑨법(法)자재, ⑩지(智)자재라는 열 가지이다.

①수명자재란 영원히 수명을 유지할 수 있는 것을 말한다. 인간은 반

드시 죽지만 보살의 수명은 무한하다. 영변은 불과 46세의 나이로 죽었지만, 그가 저술한《화엄론》100권은 영원한 생명을 얻고 있다.

②심자재란 무한한 삼매에 의해 깊은 지혜를 얻는 것을 말한다. 영변은 오대산에 들어가《화엄경》을 1년 동안 머리에 이고 돌면서 독송삼매에 철저했다고 한다. 이러한 수행이 없었다면《화엄경》을 이해할 수 있는 지혜는 생기지 않았을 것이다.

③장엄자재란 일체의 국토를 장엄하는 것을 말한다. 오대산 자체가 불·보살과 사원과 불탑에 의해 장엄된 성지이다.

④업자재란 수시로 과보(果報)를 받는 것을 말한다. 영변은 문수보살의 가호를 받아 홀연히 깨달았는데, 그것은 수행의 결과로 얻어지는 과보였다.

⑤수생자재란 일체의 국토에 태어나 그 모습을 나타내는 것을 말한다. 문수보살이 오대산의 도처에 모습을 나타내는 것은 보통 사람이 할 수 있는 일이 아니다. 불타바리(佛陀波利)가 오대산에 입산하려고 했을 때, 우연히 한 노인을 만나《불정존승다라니경(佛頂尊勝陀羅尼經)》을 가지고 돌아가라는 지시를 받았는데, 그 노인은 문수보살의 화신이었다. 영변에게 "그대는 그렇게 돌기만 하지 말고《화엄경》의 진수를 잘 사유해 보라."고 말해 준 사람도 또한 문수보살의 화신이었다. 오대산에서 문수보살의 화신과 만난 사람이 많다는 것은《광청량전》이나 엔닌(圓仁)의《입당순례행기(入唐巡禮行記)》등에 기록되어 있는 것과 같다.

⑥해탈자재란 일체의 세계에 모든 부처님이 충만해 있는 것을 보는 것이다. 이것은 오대산의 다섯 대(臺)나 성스러운 유적에 종종 신기하고

상서로운 일이 있었던 것과 같다.

⑦원자재란 때와 장소에 응하여 깨달음을 완성시키는 것을 말한다. 인간은 일생 동안 어느 때·어느 장소에서건 무엇인가를 하고 있으므로, 수행의 힘에 의해 어느 때·어느 장소에서나 깨달음을 얻을 수 있다. 깨달음만큼 어마어마하게 훌륭한 것은 아니더라도 어느 때·어느 장소에서 무엇인가가 갑자기 일어나는 일은 늘 있을 수 있는 것이다.

⑧신력자재란 일체의 큰 변화를 나타내는 것을 말한다. 종교인에게 기이하고 불가사의한 일이 일어나는 것은 흔히 있는 일이다. 모든 수행을 완성하겠다는 의지나 기력(氣力)에 의해 큰 변화가 나타날 수 있는 것이다.

⑨법자재란 무량한 법문을 나타내 보이는 것을 말한다. 〈이세간품〉 안에는 이백 가지 질문에 대한 보현보살의 대답이 모두 실려 있으며, 무량한 가르침이 설해져 있다. 영변도 또한《화엄론》100권이라는 대부(大部)의 법문을 써서 남겼던 것이다.

⑩지자재란 한 생각에 부처님의 열 가지 힘(十力)과 네 가지의 두려움 없는 지혜(四無所畏)를 깨닫는 것을 말한다. 부처님만이 갖춘 열 가지 힘과 네 가지의 두려움 없는 지혜를 한 생각에 깨닫는 것이다. 위에서 서술한 열 가지 종류의 자재를 얻으면 일체지(一切智)의 자재를 얻을 수 있다고 한다.

## 청량의 달

〈이세간품〉에는 유명한 구절이 많은데 그 중의 몇 가지를 들어보자. 먼저 열 가지 종류의 인욕 가운데 그 첫 번째에 대해 다음과 같이 설하고 있다.

> 만일 누가 꾸짖고 욕하더라도 모두 잘 참고 인내하나니, 그의 마음을 아끼기 때문이네.

아무리 타인에게 욕설을 듣고 치욕을 당해도 잘 참고 견디지 않으면 안 된다고 설한다. 더구나 그와 같이 참고 견디는 것이 중요한 이유는 타인의 마음을 사랑하고 아끼기 때문이다. 그것은 자신의 수행임은 물론, 상대의 마음을 아껴 주는 것이다. 상대방으로부터 욕설을 듣고 그것에 맞서 대항하면 반드시 다툼이 생기며, 상대방은 더욱 화낼 것이 틀림없다. 그렇게 되지 않기 위해 인내하는 것이다. 또한 "만약 누가 칼이나 막대기로 해치더라도 잘 인내하나니, 그와 나를 다 아끼기 때문이네."라는 구절도 있다. 상대방이 칼이나 막대기로 해치려고 해도 잘 인내하라는 것이다. 이것은 실제로는 불가능한 일이지만 보살이 이것을 실행할 수 없으면 보살의 자격을 잃게 된다. 이 두 이야기는 좌우명(座右銘)이 되는 유명한 구절이다.

〈이세간품〉에는 다음과 같은 유명한 구절도 있다.

번뇌와 어리석음이 중생의 눈을 가려 모두 장님이 되어 있다. 이제 나의 지혜가 자재로워지면 마땅히 널리 중생을 깨우쳐 지혜의 눈을 뜨고 청정해지도록 하리라.

이 가운데 특히 앞의 구절이 마음에 든다. 번뇌나 어리석음이 중생의 눈을 가리고 있기 때문에 중생의 눈은 보이지 않는다는 것이다. 눈은 본래 맑은 것이지만 그것을 흐리게 하는 것은 번뇌나 어리석음이라고 한다. 번뇌의 업의 불에 가려진 중생의 눈과는 반대로 보살의 마음은 청량(淸凉)의 달에 비유된다.

보살의 청량의 달은 필경공(畢竟空)에 노닐고, 빛을 드리워 삼계(三界)를 비추며, 심법(心法)을 나타내지 않음이 없네.

청량의 달이라고 하는 청량이란 〈보살주처품〉에서 나온 청량산의 청량과 같다. 《광청량전》 권상에는 오대산을 청량산이라 부르는 이유에 대해, 산이 춥고 우수한 공덕이 있기 때문에 붙여진 이름이라고 한다.

한 가지는 산의 추위로 인하고 또한 다섯 가지 봉우리가 있으며, 다른 한 가지는 이곳이 곧 문수보살이 화현하는 경계로서 그 밖의 선인(仙聖)이 머무르는 곳과는 다르다.

—《광청량전》 권상

오대산은 한랭하고 다섯 개의 봉우리가 있으며, 다른 성인이 아닌 문수보살이 화현(化現)하는 곳이기 때문에 청량산이라 부른다고 한다. 청량의 달을 보기 위해 영변은 청량산의 청량사에 입산하여 문수보살의 가호를 구하였다. 이와 관련하여 조동종(曹洞宗)의 회향문(回向文: 죽은 사람의 명복을 비는 축문) 가운데 "보살의 청량의 달은 필경공에 노닐고, 중생의 마음이 물처럼 깨끗하면, 보리의 그림자가 그 속에 나타나네."라는 구절이 있다. 이것은 《화엄경》에서 그 뜻을 취하여 만든 문장이다.

마음이란 도대체 무엇인가?

마음은 숙련된 환술사처럼 온갖 일을 나타내고 오음(五陰)을 잘 분별하지만 그 마음에 집착함이 없다.

마음은 환술사처럼 여러 가지 일을 나타내거나, 색(色)·수(受)·상(想)·행(行)·식(識)과 같이 신체와 정신의 움직임을 나누어 생각하기는 해도 그 마음의 본 모습은 집착함이 없이 맑은 물처럼 다만 그림자를 비추고 있을 뿐이다.

우리들의 마음도 보살의 청량의 달처럼 아주 맑은 투명한 마음이 되고 싶은 것이다. 영변이 청량산의 청량사에 입산하여 문수보살을 만나 《화엄론》 100권을 완성할 수 있었던 것도 마음이 완전히 청량한 물처럼 되었기 때문이었다. 세간을 떠난 〈이세간품〉의 교설은 세간의 모든 번뇌를 버리고 오로지 청량한 마음이 되게 하는 가르침이다.

# 제22화

# 선재동자의 구법

입법계품(入法界品) Ⅰ

복성의 수많은 사람들이 대탑이 있는 곳에 모여
문수사리보살에게 보살행에 대해 설법을 듣고 있다.

# 오대산 죽림사 - 법조

산서성 대회진(臺懷鎭)에서 서남쪽으로 6킬로미터 떨어진 죽림사촌(竹林寺村)의 서쪽에 오대산 죽림사가 있다. 이 죽림사는 당나라 고승 법조(法照)가 세웠는데, 일본의 엔닌(圓仁)도 방문한 적이 있는 유명한 절이다.

옛날에는 천왕전(天王殿)·종각·대웅보전·선원(禪院) 등의 건물이 있었지만 모두 폐허가 되었으며, 명나라 홍치(弘治) 연간(1488~1505)에 세운 높이 25미터의 5층 흰 탑만 남아 있다. 1985년에 내가 처음 답사했을 때는 흰 탑과 일본 천태종의 승려가 1942년에 세운 '원인자각대사어연찬의 영적(圓仁慈覺大師御研鑽之靈迹)'이라는 이름의 석비만 있는 것을 보았는데 지금은 새로 훌륭한 법당이 복원되어 있다.

당나라 대력 2년(767) 2월 13일의 일이었다. 장강(長江)에서 멀리 남쪽에 있는 남악형산(南嶽衡山)의 운봉사(雲峰寺) 식당에서 죽을 먹고 있는 법조의 죽그릇 속에 아직 한번도 가보지 못한 오대산 불광사의 전경이 나타났다. 그 모습이 너무도 생생하여 법조는 마치 불광사에 있는 듯한 착각에 빠졌다. 그곳에서 동북쪽으로 1리쯤 떨어진 산 아래 계곡 북쪽에 이르니 돌로 된 문이 있었다. 그 문을 지나 다시 5리쯤 가니 대성죽림사(大聖竹林寺)라는 사찰에 도착하였는데, 갑자기 그 영상이 사라져 버렸다.

그 달 27일 아침에도 죽그릇 안에 오대산 화엄사 등 여러 사찰과 연못과 망루가 금색으로 빛나고, 문수보살을 위시하여 일만의 보살이 그 안에 있는 것이 보였다.

또한 법조가 형주(衡州) 상동사(湘東寺)의 높은 누각에 있는 염불도량에서 염불하고 있을 때도 오색구름 사이로 수십 명의 인도 승려와 아미타부처님 그리고 문수·보현 등 만 명의 보살이 나타났다가 사라졌다. 법조가 염불도량 밖으로 나오자 한 노인과 마주쳤다. 그 노인은 법조에게 오대산으로 가도록 권했으므로 대력 4년 가을에 뜻을 같이하는 열 사람과 함께 남악을 출발하여 다음 해 4월에 오대현(五臺縣)에 도착하였다. 남쪽으로 멀리 떨어진 불광사를 바라보니 수십 갈래의 광채가 비치고 있었다. 다음 날 불광사에 도착하니, 전에 죽그릇에서 보았던 절과 완전히 같은 모습이었다.

법조는 그날 밤에 한 갈래 빛이 북쪽 산에서 내려오는 것을 보았다. 그는 이것이 바로 문수보살의 불가사의한 빛임을 깨닫고, 그 빛을 따라 약 1리 정도 가자 산 아래 계곡에 당도하였다. 계곡의 북쪽에는 돌문이 하나 있었으며, 푸른 옷을 입은 동자 두 명이 서 있었다. 나이는 8, 9세 정도로 보였으며 얼굴은 매우 단정하였다. 한 사람은 선재(善財), 다른 한 사람은 난타(難陀)라고 했다.

두 사람은 법조를 보고 기뻐하며 예배하고 그를 문 안으로 인도하였다. 북쪽으로 5리쯤 따라 들어가니 갑자기 높이 백 척 정도의 금으로 된

문이 앞을 가로막았다. 문을 지나 절이 하나 있었는데 그 앞에 있는 금으로 된 다리에는 '대성죽림사'라고 쓰여 있었다. 그 절의 둘레는 20리였고 그 속에 120개의 사원이 있었으며, 사원 안에는 각각 황금으로 장엄된 보탑(寶塔)이 있었다. 땅은 황금으로 장식되어 있었으며 맑은 물이 흐르고 꽃밭이 있었다. 법조가 법당에 들어가 보니 서쪽에는 문수가, 동쪽에는 보현이 만여 명의 보살과 함께 있었다. 법조가 두 보살에게 성불하는 방법을 가르쳐 달라고 요청하자 모든 법의 왕인 염불을 닦으라고 가르쳐 주었다. 문수보살은 이것을 다시 게송으로 설명하였는데, 마음을 청정하게 해서 애욕을 떠나고, 오직 마음의 도리를 깨달으며, 인욕과 성내지 않는 수행을 하는 것이 중요하다고 말하였다.

법조는 문수보살의 가르침을 듣고 모든 의문을 없앨 수 있었으므로 환희에 차 예배하고 합장하려고 하자 문수보살은 법조에게 모든 보살의 사원을 순례하라고 명하였다. 법조는 모든 사원을 순례하고 칠보과원(七寶果園)에 이르렀으며, 그곳에서 과일을 먹고 다시 문수보살 앞에 돌아와 예배하고 물러났다. 두 명의 동자가 법조를 문 밖에서 전송하였다. 법조가 이별의 인사를 하고 고개를 들자 두 명의 동자와 돌문은 모두 사라져 보이지 않았다고 한다.《광청량전》권中)

죽림사를 창건한 법조의 불가사의한 이야기에 나오는 두 명의 동자 가운데 한 사람이 선재동자였다. 이 선재동자가 바로《화엄경》〈입법계품〉의 주인공인 것이다.

## 문수보살과 선재동자 - 위없는 만남

선재동자의 구도 이야기를 설하는 〈입법계품〉의 제8서다림회(逝多林會)는 사위성의 중각강당에서 열린다. 〈입법계품〉은 《화엄경》의 마지막 품이지만, 분량은 제45권에서 제60권까지 60권이나 되며, 〈십지품〉과 마찬가지로 중요한 부분이다. 〈입법계품〉에서는 선재동자가 보리심을 내어 선지식을 두루 찾아다니며 가르침을 받아 수행을 완성하여, 마침내 깨달음에 이르는 과정을 묘사하고 있다.

〈입법계품〉은 보현보살과 문수보살을 상수(上首)로 하는 오백 명의 보살과 오백 명의 성문과 여러 천왕들이 모인 집회에서 시작된다. 그때 부처님은 사자분신삼매(師子奮迅三昧)에 들어가 불가사의한 변화의 세계를 나타내 보였다. 그러나 사리불 · 마하가섭 · 난타 등의 성문(聲聞)은 부처님의 자재로운 힘을 볼 수 없었다. 참고로 난타는 죽림사의 돌문 앞에서 선재동자와 함께 법조를 맞이한 동자의 이름이다.

그때 명정원광(明淨願光)보살 등 10명의 보살이 게송으로 부처님의 덕을 찬탄하였다. 찬탄이 끝나자 보현보살은 사자분신삼매의 내용을 설명하였다. 그러자 부처님은 모든 보살이 사자분신삼매에 들어갈 수 있도록 미간의 백호상(白毫相)에서 빛을 놓아 일체의 세계를 비추었다. 집회에 모인 보살들은 갖가지 삼매에 들어갈 수 있었다.

그때 문수사리보살이 부처님의 신력을 받들어 시방(十方)을 관찰하고 기원림(祈洹林) 안의 무량한 장엄을 찬탄하기 위해 게송을 설하였다.

부처님의 자재한 힘으로 일체의 경계에서 무량한 공덕의 구름을 내네.

이처럼 부처님은 공덕의 구름을 나타낼 수 있다. 법조가 형주의 염불도량에서 본 오색 구름은 바로 부처님이 만들어낸 상서로운 구름이었다. 또한 보살도 하나하나의 모공에서 광명을 놓아 그 광명의 끝에 수없이 많은 보살을 출현시킬 수 있다. 법조가 불광사에서 본 한줄기 빛도 문수보살이 낸 광명이었다.

드디어 여기에서 문수보살이 금강역사(金剛力士)의 수호를 받으며 무대의 주역으로 나타나, 기원림을 나와 남방으로 구도여행을 떠나는 것이다. 사리불은 문수보살의 공덕과 장엄을 찬탄하고 비구들과 함께 문수보살 앞으로 나아가 예배하였다. 그러자 문수보살은 비구들에게 광대한 마음을 완성하면 부처님의 집에 태어날 수 있다고 말하였다. 비구들은 이 가르침을 듣고 정안삼매(淨眼三昧)를 얻었다. 눈을 씻었다는 것이다. 문수보살은 비구들에게 보현행(普賢行)을 닦으라고 권하였다.

문수보살은 시자들과 함께 남방을 여행하다가 각성(覺城)의 동쪽 장엄당사라림(莊嚴幢娑羅林)에 있는 큰 탑에 들어갔다. 이곳은 과거의 모든 부처님이 고행을 한 곳이다. 문수보살이 이곳에서 설법하자, 큰 바다의 용왕이 권속을 이끌고 와서 가르침을 들었으며, 만 명의 용왕이 깨달음을 이룰 수 있었다. 법조가 죽림사에서 가르침을 받았을 때에도 문수보살의 좌우에는 만여 명의 보살이 따르고 있었다.

이 큰 탑에는 천 명의 남자 재가신자와 천 명의 여자 재가신자 및 오백 명의 동자와 동녀(童女)가 모여들었다. 오백 명의 동자 가운데 선재동자 · 선행(善行)동자 · 선심(善心)동자 · 선안(善眼)동자 등이 있었다.

여러 사람들에게 가르침을 설하려고 했던 문수보살은 선재동자를 주목하였다. 선재가 태어난 집에는 오백 가지의 보배그릇이 갖추어져 있고, 갖가지 보물이 창고에 가득 차 있었다. 그 때문에 점술사가 '선재(善財)'라고 이름짓는 것이 좋겠다고 말하였다. 선재동자는 일찍이 모든 부처님을 공양하고 선근을 심었으며, 선지식과 친근하게 지내고 신(身) · 구(口) · 의(意)를 청정하게 했으며, 보살도를 닦은 훌륭한 구도자였다.

문수보살은 선재동자를 천천히 바라보며 "그대를 위해 미묘한 가르침을 설하리라."고 말하였다. 선재동자는 남방으로 여행하는 문수보살을 따라가며 가르침을 구하였다. 그러자 문수보살이 선재동자에게 "선지식을 구하여 친근히 하고 공경 · 공양하며, 보살의 행이란 무엇인가를 배우도록 하라."고 일러 주었다. 선재동자는 이 이야기를 듣고 뛸 듯이 기뻐하며 선지식을 찾아다니며 보살도를 완성시키겠다고 결심하였다. 문수보살은 선재동자에게 보현보살의 행을 다 갖추고 위없는 도(道)를 완성하도록 격려하였다.

## 53명의 선지식

문수보살은 선재동자에게 가락국(可樂國)의 화합산(和合山)에 있는 공덕운(功德雲)비구를 제일 먼저 방문하여, 보살행에 대한 가르침을 구하라고 권하였다. 그 후로 선재동자는 문수보살을 포함하여 55곳과 53명의 선지식을 방문하여 가르침을 구했던 것이다.

　53명의 선지식은 다음과 같다.


　　① 문수사리(文殊師利)보살

　　② 공덕운(功德雲) 비구

　　③ 해운(海雲)비구

　　④ 선주(善住)비구

　　⑤ 좋은 의사인 미가(彌伽)

　　⑥ 해탈(解脫)장자

　　⑦ 해당(海幢)비구

　　⑧ 휴사(休舍)우바이

　　⑨ 비목다라(毘目多羅)선인

　　⑩ 방편명(方便命)바라문

　　⑪ 미다라니(彌多羅尼)동녀(童女)

　　⑫ 선현(善現)비구

　　⑬ 석천주(釋天主)동자

　　⑭ 자재(自在)우바이

　　⑮ 감로정(甘露頂)장자

　　⑯ 법보주라(法寶周羅)장자

　　⑰ 보안묘향(普眼妙香)장자

　　⑱ 만족(滿足)왕

⑲ 대광(大光)왕

⑳ 부동(不動)우바이

㉑ 일체중생을 수순(隨順)하는 외도(外道)

㉒ 청연화향(靑蓮華香)장자

㉓ 뱃사공 자재(自在)

㉔ 무상승(無上勝)장자

㉕ 사자분신(師子奮迅)비구니

㉖ 바수밀다(婆須蜜多)여인

㉗ 안주(安住)장자

㉘ 관세음(觀世音)보살

㉙ 정취(正趣)보살

㉚ 대왕천(大王天)

㉛ 안주(安住)라는 도량지신(道場地神)

㉜ 바사바타(婆娑婆陀)야신(夜神)

㉝ 심심묘덕이구광명(甚深妙德離垢光明)야신

㉞ 희목관찰중생(喜目觀察衆生)야신

㉟ 묘덕구호중생(妙德救護衆生)야신

㊱ 적정음(寂靜音)야신

㊲ 묘덕수호제성(妙德守護諸城)야신

㊳ 개부수화(開敷樹華)야신

㊴ 원용광명수호중생(願勇光明守護衆生)야신

㊵ 묘덕원만신(妙德圓滿神)

㊶ 구이(瞿夷: 여자)

㊷ 마야(摩耶)부인

㊸ 천주광(天主光)동녀

㊹ 동자의 스승인 변우(遍友)

㊺ 선지중예(善知衆藝)동자

㊻ 현승(賢勝)우바이

㊼ 견고해탈(堅固解脫)장자

㊽ 묘월(妙月)장자

㊾ 무승군(無勝軍)장자

㊿ 시비최승(尸毘最勝)바라문

(51) 덕생(德生)동자

(52) 유덕(有德)동녀

(53) 미륵(彌勒)보살

(54) 문수사리(文殊師利)보살

(55) 보현(普賢)보살

이 55명의 선지식 가운데 ㊹변우는 설법하지 않았기 때문에 제외하고, ①과 (54)의 문수보살은 두 번 나오기 때문에 53명의 선지식이 된다.

동대사(東大寺)에 소장되어 있는 '화엄오십오소회권(華嚴五十五所繪卷)'은 선재동자가 선지식을 찾아다니는 모습을 그린 두루마리로 된 그림이다. 또한 '화엄해회선지식도(華嚴海會善知識圖)'는 54구획으로 나누어진 각각에 선지식이 있고 선재동자가 그곳을 방문하고 있는 그림이다.(石田尙

## 선지식 만나기 어렵다

선재동자는 2번째로 공덕운비구에게서 염불삼매를 배웠다. 일찍이
법조도 염불도량에서 염불삼매에 들었을 때 아미타불과 보현보살, 문
수보살 등을 보았다.

3번째로 해문국의 해운비구가 있는 곳에서는《보안경(普眼經)》의 가
르침을 들었다. 참고로 이 해운비구는 오대산에 그 모습을 나타내고 있
다.《고청량전》권下〈遊行感通〉條)

4번째로 해안국의 선주비구에게서는 걸림없는 법문을 배웠다. 걸림
이 없음이란 모든 일에 장애 받지 않고 무엇에도 집착하지 않는 것이다.

5번째는 자재국의 주약성(呪藥城)의 좋은 의사인 미가가 있는 곳이다.
미가는《윤자장엄광경(輪子莊嚴光經)》를 설하였으며, 보살은 대지이고 큰
바다이며, 해 · 달 · 불 · 구름이라고 하였다.

6번째는 주림국의 해탈장자에게서 부처님의 장엄한 걸림없는 법문
을 들었다. 그리고 보살의 걸림없는 경계는 모두 자기의 마음으로 만들
어 가는 것임을 깨달았다.

7번째는 장엄염부제정국의 해당비구에게서 청정광명반야바라밀삼
매의 법문을 들었다. 그 가르침 가운데는 "일체 만물은 모두 다 꿈과 같
으며, 오욕의 즐거움은 깊은 맛이 없네."라는 것이 있었다. 반야의 지혜

404

로 보면, 일체의 존재는 꿈과 같고 욕망의 쾌락도 즐거움이 아님, 쾌락을 채우는 것은 괴로움에 지나지 않는다고 설한 것이다.

8번째의 해조국 보장엄원림(普莊嚴園林)의 휴사우바이가 있는 곳에서는 근심을 떠난 안온한 법문을 배웠다. 그 법문은 한 중생의 번뇌를 끊기 위해 보리심을 일으키는 것이 아니라, 일체 중생의 번뇌를 끊고 일체 중생을 구제하기 위해 보리심을 일으킨다고 설하였다. 또한 "모든 대보살은 곧 좋은 약(良藥)이므로, 만약에 그를 보는 사람이 있으면 번뇌를 없애버리네."라고 하여, 대보살은 좋은 약이기 때문에 만약 보살을 보면 번뇌를 없앨 수 있다고 설하였다. 법조가 대성죽림사에서 문수보살의 모습을 볼 수 있었던 것은 뜻 깊은 일이었다. 많은 구도자들이 문수보살을 만나기 위해 오대산을 방문한 것은 당연한 일이었다. 그것은 오직 대보살의 모습을 보기 위해서였다.

9번째는 해조국의 비목다라선인 곁에서 보살의 무너지지 않는 지혜의 법문을 깨달았다. 이 선인은 큰 숲속에 앉아 있었다. 선인은 나무껍질로 만든 옷을 입고 풀 위에 앉아 있었으며, 만 명의 선인과 함께 전단나무 숲에 둘러싸여 있었다. 선인이 오른손으로 선재동자의 머리를 쓰다듬은 후 그의 손을 잡자 선재동자는 자기가 무수한 부처님의 처소에 있음을 깨달았다. 부처님의 세계에 들어간 것이다. 그러나 선인이 다시 선재동자의 손을 놓자, 동자는 자신이 본래의 처소에 들어와 있음을 알았다.

10번째는 진구국의 방편명바라문에게서 보살의 무한한 법문을 배웠다. 선재동자는 높고 험준한 칼산에 올라가 불 속으로 들어가면 모든 보살행이 다 청정해질 것이라고 들었기 때문에 스스로 칼산에 올라가 불구덩이에 몸을 던져 보살의 편안히 머무르는 삼매(安住三昧)를 얻을 수 있었다. 그 가르침 가운데 다음과 같은 내용이 있다.

사람의 몸을 얻기 어렵고 모든 고난을 떠나기 어려우며,

아무런 고난도 얻기 어렵고 깨끗한 법을 얻기도 어려우며,

부처님 세상을 만나기 어렵고 모든 근을 갖추기 어려우며,

부처님의 법을 듣기 어렵고 선지식을 만나기 어려우며,

선지식과 함께 살기 어렵고 바른 가르침을 듣기 어려우며,

바른 생활을 하기 어렵고 바른 법을 따라가기 어렵다.

인간으로서 이 세상에 태어나는 것, 부처님의 법을 듣는 것, 선지식을 만나는 것, 바른 가르침을 듣는 것이 얼마나 어려운 일인가를 설명한 것이다.

## 여인의 법열

11번째로 방문한 것은 사자분신성의 미다라니동녀였다. 미다라니동녀는 반야바라밀로 두루 장엄한 법문을 설하였다. 그 동녀의 몸은 황금과 같고 눈과 머리카락은 짙은 남색이었으며 사자좌에 앉아 있었다. 이 법문을 깨달은 동녀는 무수한 다라니문(陀羅尼門)을 알고 있었다. 여기

서는 여자도 가르침을 설할 수 있음을 보여 주고 있다.

12번째는 구도국의 선현비구에게서 수순보살등명(隨順菩薩燈明)의 법문을 받았다. 선현비구는 숲속에서 경전을 외우며 걷고 있었는데 그 모습은 단정했으며 얼굴의 생김새도 훌륭하였다.

13번째는 수나국의 석천주동자에게로 갔다. 선재동자는 그곳에서 일체교술지혜(一切巧術智慧)의 법문을 배웠다. 석천주동자는 선성문(善城門) 밖 강가에서 만 명의 동자와 함께 모래를 가지고 놀고 있었다. 이 동자는 문수보살에게서 산수(算數)를 배웠기 때문에 교묘한 지혜의 가르침을 얻을 수 있었던 것이다. 그러므로 그는 한량없는 모래가 있어도 그 개수를 셀 수 있는 능력을 갖출 수 있었다. 그것은 이미 〈아승지품〉에서 설한 대로이다. 석천주동자는 무한한 수량을 셀 수 있었다.

다음에 14번째로 방문한 것은 해주성의 자재우바이였다. 우바이란 세속에 있는 여자 불교신자를 말한다. 여자 신자라도 선지식이 될 수 있다. 남자나 여자, 어떤 직업을 가진 사람이라도 인생의 스승이 될 수 있는 것이다. 누가 이야기를 하건 듣고 싶은 마음만 가지고 있으면 그것은 훌륭한 가르침이 된다.

선지식은 달과 같아 능히 청량한 교법의 광명으로써 모든 번뇌를 없 애네.

선지식은 모든 중생의 고뇌를 없애 준다. 선지식은 해와 달, 염부수의 꽃과 열매 등에 비유된다. 이 여자 신자는 "한창 젊은 나이에 아름다움이 있다."고 하므로 여자로서 한창 아름다울 때였다. 몸에서 발하는 광명은 부처님과 보살을 제외하고는 아무도 따를 사람이 없었다. 여성 가운데 가장 아름다운 사람이었다. 마치 오대산 남선사와 불광사에 있는 보살상의 얼굴 같았다. 자재우바이의 몸에서는 묘한 향기가 감돌았고, 누구라도 이 향기를 맡으면 탐욕과 욕망이 사라져 버렸으며, 그 소리를 들으면 즐거움으로 가득 넘쳤고, 그 모습을 보면 욕심을 버릴 수 있었다고 한다.

선재동자는 이 자재우바이에게서 무진공덕장장엄(無盡功德藏莊嚴)의 법문을 받았다. 그것은 "한 그릇 밥으로 백 명의 중생에게 보시하되 그 욕심을 따라 다 만족시키고, …… 내지 말할 수 없이 많은 부처님 국토의 티끌 수와 같은 중생에게 그 욕심을 따라 모두 만족시켜도 줄어들지 않네."라는 것이었다. 한 공기의 밥으로 백 명의 사람들에게 보시하여도 그 백 사람 모두가 만족한다는 것이다. 게다가 한 공기의 밥으로 천·만·억·백억 명의 무수한 사람들에게 보시하여도 일체의 사람들이 만족할 수 있다고 한다. 더구나 "이 모든 보살들은 자기 밥그릇을 가지고 한 찰나 사이에 시방을 두루 다니며 일체의 성문·연각·보살과 모든 부처님께 공양하고, 또 아귀들에게 베풀어 모두 만족시키지만, 그 그릇의 밥은 조금도 줄어들지 않네."라고 설하는 것처럼, 보살은 한 공기의 밥으로 모든 보살과 부처님께 공양하고, 심지어 아귀에게도 베풀어 만족시키지만 공기의 밥은 줄어드는 일이 없다는 것이다. 아귀에게 시식(施食)하는 행사는 중국에서는 아귀를 종이 인형으로 만들어 구체적인 모습을 나타내어 아귀에게 시식하는 유가염구(瑜伽焰口)라는 의례를 행하고, 한국에서는 제사 시식을 할 때 항상 아귀 등 잡귀들에게 베푼다. 일본에서는 여름에 백중을 전후로 사원의 본당에 아귀에게 시식하는 단을 설치하고 단의 한 가운데 삼계의 모든 귀신에게 공양하는 탑을 세워 차 · 음식 · 향 · 꽃 등을 공양한다.

공양이라는 말에는 여러 가지 의미가 있다. 존경하는 마음으로 부처님을 섬기기도 하고 예배하기도 하며, 부처님에게 향과 꽃 그리고 음식을 올리는 것도 모두 공양이라고 한다. 《유마경(維摩經)》의 〈법공양품(法供養品)〉에 "법의 공양이란 모든 부처님이 설하신 깊은 경전이다."라고 한 것처럼, 깊은 가르침을 설한 경전을 공양하는 것이 법공양이다.

한 공기의 밥을 공양하자 모든 사람들이 만족했다는 것은 사실을 말한 것이 아니라 법공양을 상징적으로 서술한 것이다. 불법의 진리를 일체의 사람들에게 설하면 모든 사람들의 마음이 만족하고 법열의 환희를 얻을 수 있다. "그릇의 밥은 조금도 줄지 않는다."고 하는 것처럼, 불법의 가르침을 아무리 많은 사람들에게 설명하고 가르쳐도 그 가르침은 전혀 줄어들거나 없어지지 않는다는 것이다.

선재동자가 자재우바이의 궁전 안을 보니 그곳에는 만여 명의 여자들이 앉아 있었다. 더구나 모든 여자들의 얼굴은 법열로 빛나고 있었다.

"공덕의 등불은 탐욕의 어둠을 없애는 까닭에……"라고 설하는 것처럼, 한 공기 밥을 공양한 공덕은 등불이 되어 어두운 밤을 밝혀 준다.

법조는 또한 오대산에서 보현보살로부터 가르침을 받았는데, 그것은 보현보살의 가르침에 의해 일체 중생이 모두 환희하고 위없는 보리심을 내는 것이었다. "만약 이 말에 따라 수행하면 티끌같이 많은 부처님의 국토가 마음속에 나타난다."《광청량전》권中, 〈法照和尙條〉는 것처럼, 법공양을 받은 사람들의 마음속에는 불국토가 나타나는 것이다. 법조가 죽그릇 안에 오대산 불광사의 전경이 비치는 것을 본 것도 문수보살에게서 받은 법공양의 하나였으며, 불광사에서 본 광명도 법공양의 하나였다.

제23화

# 유일한 법문

입법계품(入法界品) Ⅱ

波須蜜女善知識

入天仙人善知識

女住主地神善知識

선재동자가 바순밀다 여인 등 일곱 선지식을 만나 법을 듣는 모습이다.
위쪽에 관음보살과 정취보살도 보인다.

## 선재동자의 합장 모습 – 법해사 벽화

북경시 석경산구(石景山區) 취미산의 남쪽 기슭에 법해사(法海寺)가 있다. 이 사찰은 명나라 정통 연간(1436~1449)에 건립된 것으로서 현재도 여전히 산문(山門)과 대웅보전이 보존되어 있으며, 무엇보다도 대웅보전 안에 있는 7개의 커다란 벽화가 이 사찰의 가치를 더 높이고 있다. 그 벽화에는 위타천 · 대자재천 · 범천 · 제석천 · 광목천 등의 여러 천신과 귀자모신(鬼子母神) · 보현행자(普賢行者) · 최승노인(最勝老人) 등과 함께 선재동자가 그려져 있다.

선재동자는 대웅보전 중앙에 있는 수월관음(水月觀音)의 왼쪽에 있다. 손을 모아 합장한 선재동자의 살결은 아름답고, 옷무늬는 섬세한 선으로 신중하게 묘사되어 있으며, 전체적인 인상은 동자처럼 천진난만한 정취로 가득 차 있다.

《화엄경》〈입법계품〉의 주역은 선재동자이지만, 동자에게 구법여행을 떠나도록 지시한 것은 스승인 문수보살이다. 선재동자는 복성(福城)에 살고 있는 장자의 오백 동자 가운데 한 사람으로서, 복성의 동쪽 장엄 당사라림 속에 있던 문수보살의 처소로 가서 발심하고, 그 가르침을 따라 남쪽으로 여행하며 53명의 선지식을 찾아뵙고 마침내 깨달음을 열었다. 이와 같이 선재동자가 두루 여행하고 수행하는 것을 그리고, 그 각각에 찬탄하는 문장을 붙인 책으로 《문수지남도찬(文殊指南圖讃)》이 있다.

이 《문수지남도찬》(《大正大藏經》제45권 수록)은 송나라의 불국선사(佛國禪師) 유백(惟白)이 저술한 것으로서, 책머리에 중서거사(中書居士) 장상영(張商英)이 쓴 서문이 있다. 서문에 의하면 《화엄경》의 깊은 뜻을 밝힌 책이 중국에 네 권이 있다고 한다. 그 네 권이란 이통현(李通玄)의 《화엄경론》 40권, 징관(澄觀)의 《화엄경연의초(華嚴經演義鈔)》 100권, 용수(龍樹)의 《이십만게(二十萬偈)》, 불국선사의 《오십사찬(五十四讃)》(즉 《문수지남도찬》)을 말한다. 특히 《문수지남도찬》은 《화엄경》의 요체를 추하여 법계의 강목(講目)을 나누고, 선지식의 모습과 선재동자의 깨달음을 상세히 서술하고 있으며, 문장이 극히 간결하다고 한다.

《문수지남도찬》에는 각각 중앙에 53선지식에게 나아가 가르침을 구하는 선재동자의 모습과 선지식이 있는 국토 · 궁성 · 전당(殿堂)의 풍경이 훌륭하게 그려져 있으며, 53개의 그림이 모두 각기 다른 정경이므로 그림을 보기만 해도 즐거워진다. 그리고 마지막인 제54번째 그림에는 불국선사 자신의 깨달은 모습이 그려져 있다.

참고로 이 《문수지남도찬》을 쓴 유백은 북송 말기의 사람으로서, 운문종(雲門宗) 법운법수(法雲法秀)의 제자가 되어 변경(汴京)의 법운사에 머물렀는데, 그가 죽자 시호를 불국선사(佛國禪師)라 하였다. 북송의 건중정국 원년(1101) 8월에 《건중정국속등록(建中靖國續燈錄)》 30권을 찬술하여 황제가 친필한 서문을 받았으며, 이 책은 대장경에 편입되었다.

# 마음의 병을 없애다

〈입법계품〉은 제15 감로정장자로부터 시작된다.

15번째로 대홍성의 감로정장자에게서 여의공덕보장(如意功德寶藏)의 법문을 배웠다.

16번째는 사자중각성의 법보주라장자에게서 큰 서원을 만족하는 법문을 얻었다.

17번째로 보문성의 보안묘광장자에게서는 모든 중생을 환희하게 하는 법문을 얻었으며, 보안묘광장자는 모든 사람들의 병을 알고 있었다.

> 선남자여 나는 일체 중생들의 병을 알 수 있으며, ……이 같은 여러 종류의 모든 병을 다 알고, 그 증세를 따라 모두 치료할 수 있느니라.

모든 사람들의 병을 알 수 있기 때문에 그 병을 치료하는 일도 가능하다. 《유마경》의 〈문질품(問疾品)〉에서는 "병이란 왜 생기는가?"라는 질문에 대해 다음과 같이 설명하고 있다.

> 사대(四大)가 화합하기 때문에 거짓으로 이름지어 몸(身)이라 한다. 사대에는 주인이 없으며 몸 또한 나(我)가 없다. 또한 이 병이 생기는 원인은 모두 나에 집착하기 때문이다.

우리의 몸(身)은 지(地)·수(水)·화(火)·풍(風)의 사대가 합하여 생긴 것으로서, 신체는 인연에 의해 성립되는 것에 지나지 않는다. 여기에서 말하고 있는 병이란 마음의 병이며,《화엄경》에서도 그것은 마찬가지이다. 중생의 병 가운데는 육체적인 질병도 있지만, 문제가 되는 것은 번뇌로 인한 마음의 병이다. 〈입법계품〉에서는 "탐욕이 많은 사람에게는 부정관(不淨觀)을 가르치고, 성냄이 많은 사람에게는 자심관(慈心觀)을 가르치며, 어리석음이 많은 사람에게는 법상관(法相觀)을 가르치네."라고 설하여, 탐욕과 성냄과 어리석음이라는 세 가지 독(三毒)의 병에 걸린 사람에게 각각 부정관, 자심관, 법상관을 가르친다고 설명하고 있다.

먼저 탐욕이 많은 사람에게 부정관을 가르친다. 육체의 구멍이나 입에서는 더러운 것이 나오고 죽으면 구더기가 끓게 되므로, 인간의 육체는 깨끗한 것이 아니다. 그것을 알면 탐욕의 마음도 사라지는 것이다.

성내는 사람에게는 자심관을 가르친다. 자비로운 마음이 귀중하고 고마운 것임을 알면 성내는 마음은 가라앉는다.《법구경(法句經)》에 다음과 같은 이야기가 있다.

노여움을 버리고 교만을 떠나며, 일체의 속박을 초월하라. 정신과 물질에 집착하지 않는 무소유(無所有)의 사람에게는 모든 괴로움이 따르지 않네.

노여움과 교만한 마음과 일체의 번뇌를 버리라고 설하고 있다. 마음에도 육체에도 집착하지 않는 사람에게는 모든 괴로움이 없어진다고 한다. 보통 사람은 살아있는 한 마음과 육체에 집착하지 않을 수 없지만, 수양을 하면 조금씩 노여움과 교만한 마음을 억제할 수 있다. 노여움이 육체를 망친다는 것은 새삼스레 말하지 않아도 알고 있는 일이다.

어리석은 사람에게는 법상관을 가르친다고 한다. 법상관이란 법의 모습(相)을 바르게 관찰하는 것을 말하는데, 법이란 사물이므로 모든 사물의 진실한 모습을 살피는 것이다. 사물의 진실한 모습은 언제나 변화하여 일정한 모양이 없으므로, 이러한 사실을 깨달으면 어리석은 마음도 없어진다. 잠깐 일에 대해 아무리 어리석음을 한탄해 보았자, 과거는 다시 돌아오지 않으므로 어찌할 도리가 없고, 미래는 아직 발생하지 않았으므로 명확하지 않으며, 현재도 또한 시시각각으로 지나가고 있다. 특히 과거의 일에 대하여 어리석음을 한탄하여도 어찌할 수 없는 것이다.

## 번뇌의 큰 바다

다음으로, 18번째는 만당성의 만족왕에게서 보살환화(菩薩幻化)의 법문을 들었다. 그 가르침 가운데 "나는 몸과 입과 뜻으로, 심지어 개미 새끼에 이르기까지도 해치려는 마음을 내지 않거늘, 하물며 사람에게 있어서랴. 사람은 바로 복밭으로서 온갖 선근을 기른다."라고 하는 내용이 있다. 자신의 육체와 마음과 말로써 아무리 작은 개미라 할지라도 결코 해치려는 마음을 가져서는 안 된다는 것이다. 여기서 생명을 갖고 사는 모든 것을 해치지 않는 사상을 엿볼 수 있다.

사람은 복밭이므로 특히 사람에게 해치려는 마음을 먹어서는 안 된다. 사람은 곧 온갖 공덕을 낳는 모태이기 때문이다. 인도불교에서는 살아있는 생명 가운데서도 특히 사람을 중요시하고, 사람을 해치려는 마음을 가져서는 안 된다고 설하고 있다.

다음에 19번째로 선광성의 대광왕에게서 보살의 대자당행삼매(大慈幢行三昧)의 법문을 들었다. 보살의 대자당행삼매란 어떠한 것일까?

> 모든 대보살들은 대자비의 일심으로 일체 중생을 두루 덮어 보호하고, 상·중·하급의 중생들을 평등하게 관찰하며, 자비는 대지(大地)와 같아 중생들을 다 성장시킨다.

이 삼매란 대자비행을 말한다. 대자비의 우산으로 모든 중생들을 감싸는 것이다. 사람들의 능력에는 상·중·하가 있어도, 부처님의 자비로운 마음은 상·중·하를 구별하지 않고 모두에게 평등한 자비를 베푸신다. 자비는 바로 대지이므로, 대지에서 모든 식물이 자라나는 것처럼 사람도 대자비라는 대지에서 성장할 수 있는 것이다.

20번째는 안주성의 부동우바이에게서 보살의 무너지지 않는 법문을 들었다. 우바이란 여자 불교신자를 말한다.

21번째는 지족성의 일체 중생을 수순하는 외도에게서 보살이 모든 선정에 도달하는 수행의 법문을 들었다.

22번째는 감로미국의 청련화향장자에게서 일체의 모든 향기를 아는 법문을 들었다.

> 선남자여, 나는 오직 이 향기를 알 뿐이다. …… 일체 세간에 물들지
> 않고 걸림없는 계율의 향기를 다 갖추어 성취하며, 모든 장애를 없
> 애고 지혜의 경계는 통달하여 막힘이 없으며, 마음은 언제나 평등
> 하느니라.

이 장자는 향기의 공덕을 알고 있었다. 계율의 향기란, 계율을 지키
면 그 공덕이 사방으로 풍기므로 그것을 향기에 비유하여 말한 것이다.
계율을 지키면 지혜가 자재로워지고, 마음은 항상 평정하여 외부의 상
황에 의해 움직이는 일이 없어진다.

23번째로 누각성의 뱃사공인 자재(自在)에게서 대비당정행(大悲幢淨行)
의 법문을 들었다. 그 가르침은 태어나고 죽는 번뇌의 큰 바다 속에 있
더라도 결코 물들거나 집착하지 않는다는 것을 말하였다. 번뇌의 큰 바
다에 떠내려가는 보통 사람들은 그것에 집착하여 떠날 수 없다. 그러나
번뇌의 한가운데에 있으면서도 그것에 물들지 않는다는 것은 대단히
어려운 일이다.

## 천녀의 포옹

24번째는 가락성의 무상승장자에게서 일체의 과보에 이르는 보살

의 정행장엄(淨行莊嚴) 법문을 들었다.

25번째는 가릉가바제성의 사자분신비구니에게서 보살의 모든 지혜법문을 배웠다. 이 비구니는 국왕의 동산인 일광림(日光林)에 머무르며 불법을 설하여 모든 중생을 이익되게 하였다.

26번째로 보장엄성의 바수밀다라는 여인에게서는 욕심을 떠난 실제(實際)의 청정한 법문을 들었다. 이 바수밀다는 굉장한 여성이다.

만약 하늘이 나를 보면 나는 천녀가 되고, 사람이 나를 보면 나는 여인이 되며, 비인(非人)이 나를 보면 나는 비인녀(非人女)가 되네.

라고 설하는 것처럼, 이 여성은 보는 사람에 따라 모습을 자재롭게 변화시킬 수 있었다. 하늘이 보면 천녀로 보이고, 사람이 보면 여인으로 보이며, 귀신이 보면 귀녀(鬼女)로 보이고, 비인(非人)이 보면 비인녀(非人女)로 보인다는 것이다. 더욱이 "만약 나와 이야기하는 중생이 있으면 그는 걸림없는 묘한 음성삼매를 얻고, 만약 내 손을 잡는 중생이 있으면 그는 모든 부처님의 국토에 나아가는 삼매를 얻느니라."라고 설하고 있다. 이 바수밀다여인과 말하면 묘한 음성으로 가득 찬 세계에 들어갈 수 있으며, 이 여인의 손을 잡으면 불국토에 들어갈 수 있다. 또한 경전에서는 이 여성과 함께 거처하는 것·이 여성의 눈을 보는 것·이 여성의 찡그린 얼굴을 보는 것·이 여성과 포옹하는 것·이 여성과 입맞춤함으로써 훌륭한 삼매의 세계와 자기를 잊는 세계에 들어갈 수 있다고 설한다. 남성에게 있어서 천녀 같은 여성이란 이 바수밀다와 같은 여인을 가리킬 것이다. 이 여성을 보거나 포옹하거나 입맞춤함으로써 남성은 도리어 욕망에서 벗어날 수 있다고 하므로 대단한 여성인 것이다. 틀림없이 선재동자도 바수밀다여인의 설법을 듣고 깨달았을 것이다.

인도불교에는 이와 같은 애욕의 정화(淨化)가 설해져 있지만, 중국불교에서는 "눈으로 여인을 보지 말라."는 것이 수행 중에서도 중요한 항목이다. 이것에서 유교윤리를 표면에 내세우는 중국인들의 의식상태를 엿볼 수 있다.

이 바수밀다여인은 어떤 여성일까? 경전에서는 다음과 같이 묘사하고 있다.

> 몸은 순금과 같고 눈썹은 짙은 푸른색이며, 길거나 짧지도 않고 희거나 검지도 않은 몸의 각 부분을 다 원만하게 구족하였으므로, 일체의 욕심세계에서 함께 대등할 사람이 없거늘, 하물며 더 뛰어난 사람이 있겠는가. …… 끝이 없는 공덕의 보배창고를 다 갖추고, 몸에서 광명을 내어 널리 일체를 비춘다.

신체는 금빛이고 눈썹은 짙은 푸른색이며, 신체의 각 부분은 잘 갖추어져 조화로우므로 욕심세계의 여성으로서는 이 여인보다 훌륭한 사람이 없다고 한다. 신체에서 광명을 발하며, 이 광명을 받는 사람은 커다란 환희에 가득 차게 되고, 비참한 번뇌의 불꽃이 모두 없어진다고 설한 것이다. 바수밀다는 바로 천인이 내려온 것이라고 할 수 있는 여성이다.

## 광명산의 관세음보살

27번째는 수바파라성의 안주장자에게서 멸도(滅度)에 드는 일이 없는 보살의 법문을 배웠다 이 가르침은 일념(一念)에 과거 · 현재 · 미래의 모든 법을 아는 것이다. 일념의 념(念)이란 '현재(今)의 마음(心)'을 말한다. 다시 말하면 현재의 마음이 가장 중요한 것으로서, 이 현재에 생기는 마음 · 지금 집중하는 마음이 중요함을 뜻하는 것이다.

28번째는 광명산의 관세음보살에게서 대자비법문광명의 행을 닦았다. 경전에서는 관세음보살이 머물고 있는 곳에 대하여 "이 남쪽 바다 위에 산이 있으니 이름하여 광명이라 하고, 그 산에 보살이 있으니 관세음이라 부른다."라고 설명하고 있다. 이 남쪽 바다 위에 있는 광명산은 중국에서는 주산열도(舟山列島)의 보타산(普陀山)에 해당된다.

선재동자는 광명산에 올라가 관세음보살을 만났는데, 경전에서 그 상황을 다음과 같이 설명하고 있다.

점차 여행하여 광명산에 이르렀으며, 그 산 위에 올라가 관세음보살을 두루 찾으니, 그가 산 서쪽 언덕에 있음을 발견하였다. 곳곳에 흐르는 샘물과 연못이 있고, 숲은 무성하게 우거졌으며, 풀은 부드러웠다. 관세음보살은 가부좌를 하고 금강보좌에 앉아 있었다.

관세음보살은 광명산 서쪽 언덕의 금강보좌에 가부좌하고 앉아 있었다. 광명산에는 샘물이 용솟음치고 연못이 있으며, 수목이 무성하고 부드러운 풀로 뒤덮여 있어서 정말로 이 세계의 극락 같은 풍경이었다. 그곳에서 관세음보살은 《대자비경(大慈悲經)》을 설하고 계셨다.

관세음보살은 큰 서원(誓願)을 세웠으며, 그 서원은 모든 중생을 구제하겠다는 것이다. 모든 중생의 갖가지 공포와 근심을 모두 없애 주겠다는 서원인 것이다.

29번째는 금강산의 정취보살에게서 보살보문속행(普門速行)의 법문을 배웠다.

30번째는 바라파제성의 대왕천(大王天)에게서 보살운망(雲網)의 법문을 받았다. 그 가르침으로서 "모든 보살의 물은 번뇌의 불을 끄고, 모든 보살의 불은 일체 중생의 탐애를 다 태우며, 모든 보살의 바람은 일체 중생의 집착하는 마음을 다 흩어 버리고, 보살의 금강(金剛)은 일체의 '나'라는 생각을 없애 버린다."라고 설명하는 것처럼, 보살의 물 · 불 · 바람 · 금강은 중생의 번뇌와 탐애 · 집착, 그리고 '나'라는 생각을 사라지게 할 수 있다고 한다.

31번째는 마가다국의 도량지신인 안주(安住)에게서 보살의 무너지지 않는 창고(不可壞藏)의 법문을 배웠다.

32번째는 가비라성의 바사바타야신에게서 보살의 광명이 모든 법을 두루 비추어 중생들의 어리석음을 무너뜨리는 법문을 얻었다. 이 야신은 가르침을 다시 게송으로 반복하여 설명하였다.

한량없고 수없는 겁 동안에 나는 언제나 큰 자비를 닦아 모든 중생들을 두루 감싸 주나니, 선재여 빨리 갖추어야 하네.

이 야신은 큰 자비를 닦아 중생들을 구제하려고 하였다. 그리하여 "선남자여, 그대도 그와 같이 하구려."라고 설한 것이다. 이 야신이 훌륭한 대자비를 갖추게 된 것은 많은 부처님을 모시고 오랫동안 공양한 결과였다고 한다.

33번째는 염부제 마가다국의 심심묘덕이구광명(甚深妙德離垢光明)이라는 야신으로부터 적멸정락정진(寂滅定樂精進)의 법문을 받았다. 이 야신은 제1선(禪)에서 제4선까지의 깊은 선정을 되풀이하여 체험하였으며, 선재동자에게 좌선을 하도록 권하였다.

## 선지식이 곧 보리 · 정진 · 무너뜨릴 수 없는 힘

다음에 방문한 사람도 또한 야신이었다. 34번째는 희목관찰중생(喜目觀察衆生)이라는 야신에게서 보살의 보광희당(普光喜幢) 법문을 배웠다. 선재동자는, 선지식은 보기 어렵고 만나기 어렵다고 한탄하면서 더욱더 선지식을 구하기로 결심한다. 선지식이 바로 보리이고 정진이며, 무너뜨릴 수 없는 힘이라는 것을 확신하게 된 것이다. 걸핏하면 좌절하거나 게으름을 피우기 때문에 자기 혼자 수행하여 도를 구하기는 어렵다. 그러나 선지식을 만나거나 선지식을 보면 용맹심이 솟아나 마음과 기력이 하나가 되어 수행하고자 하는 마음이 생기는 것이다. 서너 명의 선지식을 방문하여 가르침을 구하게 되자 선재동자는 새삼스레 더욱더 선지식을 방문하여 가르침을 받을 결의를 새롭게 한 것이었다.

희목천(喜目天)은 집착이 없어 모든 허망함을 없애 버리고, 세간의 즐거움에 집착하는 중생들을 위해 부처님의 법력(法力)을 나타내 보이네.

이 야신은 전혀 집착하지 않지만, 우리 중생들은 세상의 갖가지 일에 집착하고 애착하여 그 망상을 없앨 수 없다. 그러나 부처님은 그 중생들을 불쌍히 여기고 법의 힘으로 가르침을 연설하여 중생들의 집착을 소멸시켜 주는 것이다. 선재동자는 희목천같이 집착하지 않는 사람이 되겠다고 맹세하였다.

다음에도 마가다국의 같은 법회에 있었다. 35번째는 묘덕구호중생(妙德救護衆生)이라는 야신에게서 보살이 중생들을 교화하는 법문을 깨달았다. 선재동자는 이 야신에게 가서 보살의 더러움을 떠난 원만한 삼매를 얻을 수 있었다.

선재는 합장하고 머물러, 잘 관찰하여 만족하지 않음이 없었으며, 한량없는 신력을 보고 그 마음은 크게 환희하였다.

선재동자는 이 야신 곁에서 합장한 채 물끄러미 야신의 모습을 바라보고 있었다. 그러는 사이 야신에게서 나오는 신비한 힘을 보고 환희하여 마음이 떨렸던 것이다. 법해사의 벽화에 있는 선재동자도,《문수도찬》에 그려진 선재동자도 이 경전의 구절처럼 합장하고 마음이 환희로 충만한 모습을 하고 있다.

36번째로 선재동자는 거듭 이 염부제의 마가다국 도량에 있는 적정음(寂靜音)이라는 야신에게서 한량없는 환희장엄의 법문을 받았다. 야신은 중생들 속에서 화내는 사람에게는 인내를, 게으른 사람에게는 정진을, 마음이 산란한 사람에게는 선정을, 어리석은 사람에게는 지혜를 가르쳐 각각 그 사람에게 적합한 육바라밀(六波羅密) 가운데 하나를 설명해 주었다.

야신은 이 법문을 허공·상서로운 구름·밝게 비치는 해·만월 등에 비유하였다. 선재동자가 적정음야신에게 무엇을 수행하여 이 법문을 얻은 것인지 묻자, 야신은 열 가지 바라밀을 닦으면 얻을 수 있다고 대답하였다.

적정음야신은 다른 야신들처럼 이런 수승한 법문을 체득하기까지 오랜 시간이 걸렸으며, 그 동안에 많은 부처님을 공양하였는데, 여기에서 최후에 노사나부처님을 공양하고 있는 것이 공통적인 특징이다. 어떠한 가르침을 체득한다는 것은 결코 쉬운 일이 아니다. 오랜 세월 수행하지 않으면 하나의 가르침조차 체득하지 못할 것이다.

지금까지 36명의 선지식에게서 가르침을 받아 왔는데, 어느 선지식이나 선재동자에게 "선남자여 나는 다만 이 법문을 알고 있을 뿐이니……."라고 말하며 자신이 체득한 어려운 이름이 붙은 법문을 가르쳐 주었으므로, 선재동자는 그 사람이 전 생애를 걸쳐 습득한 가르침을 받아 그것을 자신의 것으로 삼았다. 인간이 전 생애에 걸쳐서 뛰어난 가르침을 단지 하나라도 체득한다면 좋은 일이다. 또한 사고방식을 바꾸면 어떠한 인생을 걷든지 그 사람됨에 따라 무엇인가 하나쯤은 틀림없이 습득할 수 있을 것이다. 가르침이라고 말할 수 있을 만큼 고급이 아니어도 좋다. 진지하게 인생을 살아 나가면, 오직 하나 다른 사람들과는 바꿀 수 없는 무엇인가를 체득할 수 있을 것이다. 선재동자는 그처럼 존귀한 피눈물로 얻은 가르침을 53명의 선지식에게서 받았던 것이다.

제 24 화

# 끝없는 구도

입법계품(入法界品) III

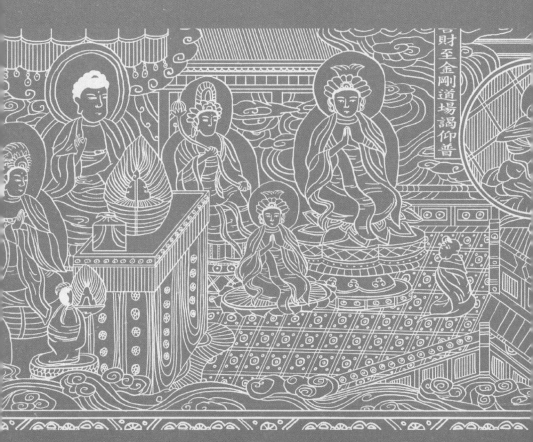

문수사리보살이 110유순(由旬)을 지나 선재의 이마를 만지며 수기하는 장면과
보현보살을 만나 불과(佛果)를 증득하고 있다.

## 종남산의 화엄행자 - 보안

중국의 섬서성 서안시 남쪽 근교인 신화원(神禾原)은 종남산에서 흘러나온 휼하(潏河)와 호하(鎬河)가 합류하는 곳에 펼쳐진 고원지대이므로 안개가 많아서 종남산 전체의 모습이 시야에 들어오는 날이 드물다. 나는 일찍이 성수사(聖壽寺)의 수탑(隋塔)을 보기 위해 종남산의 한 봉우리인 오대산의 남쪽에 간 적이 있었다.

성수사로 가기 위해서는 좁은 산길의 가파른 언덕을 오르지 않으면 안 된다. 언덕을 오르는 도중에 성수사의 주지인 전심(傳心) 법사를 만났다. 노스님은 지팡이를 짚으며 한 걸음씩 천천히 올라갔다. 나이는 70세이며, 20살 때부터 이 종남산의 성수사에 머무르고 있었다고 하므로 진정 종남산의 수행자였다. 이 전심법사와 이미지가 같은 사람으로서 화엄력(華嚴力)의 행자인 보안(普安, 530~609)이 있다. 보안은 북주(北周)에서 수나라시대에 걸쳐 종남산의 사찰에 머물고 있었으니, 바로 성수사의 수탑이 건립될 무렵 이 산에 머물고 있었던 것이다.

성수사의 대웅전은 문화혁명의 여파에 휩쓸려 불상이 모두 파괴되어 버렸으므로 전심법사는 고심하며 불상을 제작하고 있었다. 보안도 또한 북주 무제의 폐불로 철저히 탄압을 받았다. 그러나 골짜기의 물은 북주시대 불교탄압의 여파도, 문화혁명 때 파괴의 여파도 아랑곳하지 않으며 지금도 끊임없이 흐르고 있다.

보안의 전기는《속고승전》권27에 있다. 그는 소년 시절부터 각고의 노력으로 두타행(頭陀行)을 닦았으며, 또한 북주 무제의 불교탄압 때에 종남산에서 장렬하게 할복자살하여 자신의 창자를 소나무에 매단 정애(靜藹)에게《화엄경》을 사사하고, 밤을 새워《화엄경》을 독송하였다고 한다.

북주시대의 불교탄압 때에 보안은 경재곡(梗梓谷)에 은거하였다. 심림(深林)·천석(泉石) 등과 교제하였으며, 고행에 전념하여 어떤 때에는 모기와 등에에게 자신의 육체를 보시하였기 때문에 전신에 피가 흘렀다. 또한 죽은 척하기 위해 누워서 호랑이에게 몸을 주려고 했지만 호랑이는 냄새만 맡을 뿐 먹는 일이 없었다고 한다.

북주 무제의 승려탄압은 극히 참혹하였다. 승려 한 명을 붙잡으면 상으로 포목 5필을 주었으므로 승려들은 숨는 데 급급하였지만, 보안은 평소처럼 사람들 앞에 모습을 드러냈다. 그러나 사람들은 보안의 태연자약한 태도에 기가 꺾이어 포박하는 자가 없었다. 보안이 어려움을 겪지 않은 것은 모두《화엄경》의 힘 때문이라고 한다.

수나라 문제(文帝)가 다시 불교를 일으키자 종남산으로 도망가 있던 승려들은 산을 내려와 나라에서 관할하는 사찰에 머물렀다. 그러나 보안은 하산하지 않았으며, 종남산의 깊은 숲속에 있는 암자를 떠나는 일이 없었다.

보안은 여러 가지 기이한 상서를 나타냈다. 예를 들면 삭두타(素頭陀)라는 악한 사람이 보안을 질투하여 살해하려고 노리고 있었다. 어느 날 삭두타는 활과 칼을 가지고 세 명의 시종과 함께 보안의 처소에 나타났다. 삭두타가 활시위를 당겨 활을 쏘려고 했으나 화살은 활시위를 떠나지 않았으며, 오히려 그의 손은 활시위를 당기고 있고, 눈은 부릅떴으며, 혀를 빼어 물고 오랫동안 선 채로 꼼짝 못하고 있었다. 한참 후 삭두타가 큰 소리를 외쳤으므로 근처의 마을 사람들이 모여들었다. 마을 사람들은 보안에게 머리를 조아리며 그를 구제해 주기를 부탁하였다. 그러자 보안은 "어째서 그렇게 된 것인지 모르겠지만 아마 화엄의 힘에 의한 것이 아닐까요. 만약 구제되기를 바란다면 진심으로 참회하십시오."라고 대답하였다. 삭두타는 보안의 말대로 참회하자 원래의 상태로 되돌아 갈 수 있었다.

보안은 이러한 신통력을 나타내 보인 일이 여러 번 있었는데, 그것들은 모두 화엄의 힘에 의해 발현된 것이었다. 화엄의 힘이 어떻게 그에게 갖추어 졌을까? 그것은 보안이 끊임없이《화엄경》을 독송하고 있었기 때문이었다. 독송은 삼매로 이끌기도 하지만, 산란하지 않은 한 마음으로 정신을 집중하여 경전을 독송하면 강한 의지력을 낼 수 있게 되는 것이다.

《화엄경》을 독송함으로써 강렬한 화엄의 힘을 얻은 보안은 장안의 대사(大寺)에 초청되었지만 그것을 사양하고 변함없이 종남산의 깊은 숲속 암자에 머물렀으며, 수(隋)의 대업 5년(609) 11월 5일 80세의 나이로 생애를 마쳤다. 그의 유해는 화엄종의 성지인 종남산 지상사(至相寺) 옆에 묻혔다고 한다.


## 선지식은 자애로운 어머니

제37번째의 훌륭한 덕으로 모든 성(城)을 수호하는 야신을 비롯하여 많은 선지식에게서 가르침을 받으며 구도의 여행을 계속하는 선재동자는 마지막으로 미륵보살과 문수보살의 가르침에 의해 수행을 완성한다.

37번째는 훌륭한 덕으로 모든 성을 수호하는 야신에게서 깊고 훌륭한 덕으로 자재로운 음성의 법문을 들었다.

> 불자여, 일체 중생들은 오랜 세월 생사의 무명 속에서 잠자지만 오직 나만 홀로 깨어 있네.

이처럼 이 야신은 홀로 깨어 있었다.

38번째는 모든 나무에 꽃을 피우는 야신에게서 무량한 환희로 만족할 줄 아는 광명의 법문을 들었다.

이후로 어느 선지식에게서 어떠한 법문(가르침)을 들었는가에 대해서는 다음과 같다.

39번째는 큰 서원에 의해 용맹정진하는 광명으로 중생들을 수호하는 야신에게서 응화(應化)에 따라 중생들을 각성시키고 선근을 기르는 법문을 들었다.

40번째는 룸비니동산의 훌륭한 덕이 원만한 천신에게서 태어나는 것이 자재한 법문을 들었다. 여기서 천신은 열 가지 태어나는 법을 설명하였는데, 이 법을 닦으면 여래의 집에 태어날 수 있다고 한다.

41번째는 가비라성의 여인 구이(瞿夷)에게서 일체 보살의 삼매 바다를 분별하고 관찰하는 법문을 들었다.

42번째는 가비라성의 마야부인에게서 큰 서원과 지혜·환술의 법문을 들었다. 이 가르침을 닦은 마야부인은 노사나부처님의 어머니가 되어 싯다르타태자를 낳을 수 있었다고 한다. 이 마야부인은 모든 부처님의 어머니이기도 하였다.

43번째는 천주광동녀로부터 걸림 없이 자재롭게 청정한 장엄을 생각하는 법문을 들었다.

44번째는 가비라성의 동자들과 친한 변우동자는 아무것도 설하지 않고, 모든 예술을 잘 아는 동자들을 소개할 뿐이었다. 한마디도 설법하지 않는 선지식이 바로 진정한 선지식일지도 모른다.

45번째는 모든 예술을 잘 아는 동자로부터 42자(字)의 반야바라밀 법문을 들었다.

46번째는 마가다국의 현승우바이로부터 의지할 곳 없는 도량의 법문을 들었다.

47번째는 옥전성의 견고한 해탈장자에게서 집착하지 않는 청정한 생각의 법문을 들었다

48번째는 묘월장자에게서 깨끗한 지혜광명의 법문을 들었다.

49번째는 출생성의 무승군장자에게서 다함이 없는 모양의 법문을

들었다.

50번째는 출생성 남쪽의 법(法)이라는 촌락의 시비최승바라문에게서 성원어(誠願語)의 법문을 들었다. 성원어란 진실하고도 허망하지 않은 말이라는 뜻인데, 이 가르침에 의해 무량한 공덕이 생긴다고 한다. 이것은 또한 불퇴전의 법문인, "이전에 물러난 적도 없고, 현재에도 물러나지도 않으며, 앞으로 물러날 일도 없다"는 가르침이다.

51번째와 52번째는 묘의화문성의 덕생동자와 유덕동자에게서 환주(幻住)의 법문을 들었다. 이 세상과 중생과 일체의 모든 것이 덧없이 머무르고 있음을 밝힌 것이다.

일체 중생의 생멸(生滅)인 태어나고 늙고 병들어 죽음과, 근심·슬픔·고통·괴로움은 모두 덧없이 머무르나니, 허망한 분별로 일어난 것이기 때문이네.

인간의 생로병사와 근심·슬픔·괴로움 등은 모두 덧없이 사라지는 것에 불과하므로 이렇게 관찰하면 괴로움에서 벗어날 수 있다고 설하고 있다. 인간은 과연 이렇게 체념할 수 있는 것일까? 보안같이 《화엄경》을 실천하는 사람이라면 생로병사는 덧없는 꿈에 지나지 않는다고 관찰할 수 있을 것이다. 인간은 열심히 사는 한 걱정도 괴로움도 한 때의 일로 여겨 극복할 수 있는 것이 아닐까? 갑자기 부인이 죽거나 자식이 죽어도 그것을 덧없음이라 관찰하고, 그래도 역시 살아갈 기력을 차리지 않으면 안 되는 것이 인생인 것이다.

덕생동자와 유덕동녀는 다시 선지식이란 무엇인가에 대해 선재동자에게 간절하게 가르침을 설하였다.

　　선지식은 곧 자애로운 어머니이니, 부처님의 집에 태어나기 때문이
　　요, 선지식은 곧 자애로운 아버지이니, 한량없는 일로 중생들을 이익
　　되게 하기 때문이네.

선지식은 자애로운 아버지이고 자애로운 어머니이며, 큰 스승이고 좋은 길로 인도하는 스승이며, 훌륭한 의사이고 뱃사공이라는 등으로 되풀이하여 설명하였다. 선재동자는 지금까지 52명의 선지식과 만난 일을 회상하고 틀림없이 이 가르침을 실감하였을 것이다.

인생에서 선지식이라고 부를 수 있는 사람을 만나는 것은 지극히 어려운 일이다. 오직 한 사람이라도 좋다. 진정한 선지식을 만날 수만 있다면 그 선지식에 의해 우리는 자신의 운명을 바꿀 수 있을 것이다. 《법구경》의 "악한 친구와 어울리지 말고, 비천하고 졸렬한 사람과 벗하지 말게. 착한 친구와 어울리고 훌륭한 스승을 벗하여야 하네."라는 말처럼, 선지식과 착한 친구를 만나는 것이 얼마나 중요한가를 알 수 있다.


## 도를 구함은 머리에 붙은 불을 끄는 것과 같다 - 미륵보살

선재동자는 남쪽의 해간국(海澗國) 대장엄장원림(大莊嚴藏園林) 속에 있

는 미륵의 누각으로 갔다. 선재동자는 이 누각에 있는 보살들을 모두 찬탄한 후 합장·예배하며 미륵보살을 만나 뵙고, "어떻게 보살의 행을 배우고 보살의 도를 닦는 것이 좋습니까?"라고 물었다.

그러자 미륵보살은 선재동자를 보며 그의 물러나지 않는 수행을 칭찬한 후 이 동자는 끊임없이 정진하고 여기저기 돌아다니며 많은 선지식을 구했다고 말하였다. 그리고는 그것은 항상 "마음에 싫증내지 않고 머리에 붙은 불을 끄는 것과 같다"라고 하며 선지식을 가까이 한 것을 칭찬하였다. 머리에 붙은 불을 끈다고 하면, 바로 도겐(道元)의《학도용심집(學道用心集)》의 한 구절을 회상하게 된다.

진실로 그 무상함을 관찰하는 때에 나라는 마음을 내지 않고, 명예와 이익에 대한 생각도 일으키지 않으며, 시간이 빨리 흐르는 것을 두려워한다. 그러므로 도(道)를 구함은 머리에 붙은 불을 끄는 것같이 긴급하다.

인생은 긴듯 하지만 한순간이며, 이 한순간을 어떻게 불태울 수 있을 것인가가 중요하다. 선재동자도 또한 머리에 붙은 불을 끄는 것같이 선지식에게 가르침을 구하였으니, 곧 '지치고 게으른 마음없이' 오로지 가르침을 구하여 마침내 미륵보살이 계신 곳에 온 것이다.

미륵보살은 선재동자의 훌륭한 공덕을 찬탄하여 모든 사람들에게 도를 구하는 마음을 일으키게 하고, 다시 선재동자에게 이야기하였다. 선재동자가 사람의 몸으로 생명을 얻어 모든 부처님을 만나고 문수보살을 만날 수 있었던 것은 보리심(菩提心: 깨달음 구하려는 마음)이 있었기 때문이라고 하였다. 미륵보살은 그 보리심에 대하여 다음과 같이 설명하였다.

> 보리심은 곧 이 모든 부처님의 종자이니, 능히 모든 부처님의 법을 일으키기 때문이네.

또한 보리심은 좋은 밭이고 대지이며, 맑은 물이고 큰 바람이라는 등 온갖 것에 비유하여 보리심의 공덕을 밝히고 있다.

보리심을 얻으면 다섯 가지 공포를 없앨 수 있다고 한다. 다섯 가지 공포를 없애는 것이란 "불도 태울 수 없고, 물도 빠뜨릴 수 없으며, 독도 침범할 수 없고, 칼도 상처 낼 수 없다."는 것을 말한다. 마치 보안이 화엄의 힘을 가지고 있었기 때문에 어떠한 위험이 있어도 수명을 다할 수 있었던 것처럼, 보리심을 일으키면 어떠한 곤란이나 위험이 닥쳐도 전혀 동요하는 일이 없다고 한다. 이것은 보리심이 바로 가장 중요한 것임을 되풀이하여 설명한 것이다.

끝으로 미륵보살은 선재동자에게 이 장엄된 큰 누각에 들어가면 진정한 보살행과 보살도를 배울 수 있다고 말하였다.

## 번성한 것은 반드시 쇠멸한다는 가르침

그때 선재동자는 미륵보살의 주위를 돌고 합장하며, "부디 바라옵건대 누각의 문을 열어 제가 안으로 들어가게 해 주십시오."라고 말했다. 미륵보살은 오른손 손가락을 튕기자 문이 저절로 열려, 선재동자는 곧 문 안으로 들어갈 수 있었으며 들어가자마자 문이 원래대로 닫혔다.

선재동자가 누각을 관찰하니 넓기가 허공과 같았다. 땅은 보배로 되어 있고 누각에는 칠보로 장식된 창문과 난간이 있으며, 수없이 많은 깃발이 즐비하게 서 있고, 허공에는 꽃구름이 길게 뻗쳐 있으며, 모든 새들이 춤추고, 하늘에서 갖가지 꽃잎이 흩날리고 있었다.

너무나 아름다운 누각의 장관을 본 선재동자는 커다란 환희에 잠기었다. 누각에는 부처님들이 대중들에게 둘러싸여 있었다. 미륵보살이 선재동자에게 "동자여, 그대는 누각 안에 있는 보살들의 불가사의한 자재력을 보았는가?"라고 묻자, 선재동자는 "잘 보았습니다."라고 대답하였다. 그것은 꿈 속에서 산림 · 강 · 연못 · 대해 · 궁전 등의 모든 것을 보고 있는 것 같았다.

선재동자는 미륵보살에게, 이 불가사의함을 나타내 보이는 법문과 보살이 어디에서 온 것이며, 보살이 어느 곳에서 태어났는가 등을 질문하였다. 보살이 태어나는 곳이란 보리심 · 정직한 마음 · 모든 땅에서 편안히 머무는 것 · 큰 원을 내는 것 · 대자비 · 진실하게 법을 관찰하는 것 · 대승 · 중생을 교화하는 것 · 지혜와 방편 · 모든 법을 따라 행하는 것이라는 열 가지를 설명하였다.

미륵보살은 다시 "삶과 죽음은 모두 다 꿈과 같고, 오온은 모두 다 허깨비 같네."라는 것을 깨닫는 일이 중요하다고 가르쳤다. 삶과 죽음은 꿈이며, 이 육체는 덧없는 것임을 확실하게 주시하면 삶과 죽음에 속박되지 않는다고 하는 것이다. 또한 "일체 만물은 모두 덧없다"는 사실을 알게 하여, "번성한 것은 반드시 쇠멸한다."는 이치를 깨닫게 하였다. '제행무상(諸行無常)', '성자필쇠(盛者必衰)'라는 말이《화엄경》에서도 나오는 것이다.

번성한 것은 반드시 쇠멸한다는 것은 인생의 경우만이 아니라 자연계를 포함하여 모든 것에 해당되는 진리이다. 절정기에 이른 것은 반드시 쇠퇴한다. 인간의 일생도 바로 그와 같아서 한창 때가 언제까지나 지속되는 것이 아니므로 이 진리를 자기 자신에게 잘 타일러 명심해야 한다.

미륵보살은 선재동자에게 문수보살의 처소에 가서 가르침을 구하도록 권하였다. 그 이유는 문수보살이 바로 보살의 서원과 수행을 완성한 분이고, 모든 부처님의 어머니이며 보살들의 스승이고, 중생들을 교화하고 있는 훌륭한 보살이기 때문에 그곳으로 가서 가르침을 받으라고 한 것이다.

　　　문수보살은 그대의 선지식이니…….

이렇게 단정하신 미륵보살의 말씀을 따라 선재동자는 문수보살 곁으로 갔다.

## 지혜의 완성 – 보현보살

선재동자는 미륵보살에게 예배하고 그의 주위를 돌며 물러났다.

선재동자는 지금까지 111개의 성을 지나 마지막으로 보문성(普門城)에 도착할 수 있었다. 선재동자가 일심으로 문수보살을 만나 그 자애로운 얼굴을 보고 싶다고 생각하자 그러한 마음의 힘이 통한 것인지, 문수보살이 보문성에 나타나 오른손을 뻗어 선재동자의 이마를 쓰다듬으며 믿는 마음이 중요하다고 가르쳐 주었다. 그리고 믿는 마음이 없으면 마음은 근심에 빠지고 정진할 마음도 없어지며, 보살행을 실천할 수 없게 되고 부처님 법의 진리를 깨달을 수 없다고 설명하였다.

이 가르침을 들은 선재동자는 환희하며 보현보살의 도량에 들어갈 수 있었으며 문수보살은 그대로 자태를 감추었다. 선재동자가 보현보살을 만나 뵙고 싶다고 생각하여 일심으로 염원하자 열 가지 상서로운 모양이 나타났다.

나는 이제 반드시 보현보살을 만나 뵙고 선근을 더욱 자라게 하고, 보살의 훌륭한 수행을 다 갖추어 모든 부처님을 볼 것이며, 만약 보현보살을 보면 모든 지혜를 얻을 것입니다.

이렇게 생각하자 보현보살을 볼 수 있었다.

금강장(金剛藏) 도량에 계시는 55번째의 보현보살은 낱낱의 모공에서 한량없는 광명을 놓아 모든 세계를 비추고 있었다. 선재동자는 보현보살의 불가사의한 신통력을 보았으므로, 열 가지 무너뜨릴 수 없는 지혜의 법문을 들을 수 있었다. 열 가지 법문이란 ①잠깐 동안에 모든 국토에 몸을 두루 나타내는 것, ②모든 부처님을 공양하는 것, ③바른 법을 듣고 받아 지니는 것, ④부처님의 법륜(法輪)을 생각하는 지혜바라밀 법문, ⑤자재한 지혜바라밀 법문, ⑥끝없는 변재의 지혜 법문, ⑦반야바라밀로 모든 법을 관찰하는 법문, ⑧일체 법계의 큰 방편바라밀 법문, ⑨ 중생들의 바라는 마음을 아는 지혜바라밀 법문, ⑩보현보살의 지혜바라밀 법문을 얻는 것을 말한다. 간단히 말해서 부처님의 가르침을 받아 지혜와 방편의 바라밀을 얻었다는 것이다.

그때 보현보살이 오른손으로 선재동자의 머리를 쓰다듬자 동자는 한량없는 삼매문(三昧門)을 얻을 수 있었다. 보현보살이 "동자여, 나의 불가사의하고 자재로운 신통력을 보았는가?"라고 묻자, 선재동자는 "네, 보았습니다."라고 대답하였다. 또한 보현보살은 "나의 청정한 법신을 관찰하여라."고 선재동자에게 말했으며, 계속해서 가르침을 설하였다.

이 보현보살의 가르침 중에는 몇 개의 중요한 가르침이 설명되어 있다. 예를 들면 다음과 같다.

비유하면 정교한 환술사가 갖가지 일을 잘 나타내는 것같이, 부처님은 중생들을 교화하기 위하여 갖가지 몸을 나타내 보이시네.

환술을 이용하여 갖가지 기이한 상서를 나타내거나 불가사의한 일을 사람들에게 보이는 것처럼, 부처님은 중생들을 구제하기 위해 갖가지 형상으로 변하여 모습을 나타낸다고 한다.《관음경》에서도 관음보살이 33가지의 모습을 나타낸다고 설하고 있다. 부처님은 모습을 바꾸어 무엇으로든지 나타낼 수 있으므로, 이와 같이 생각하면 모든 사람은 바로 부처님이 변하여 나타난 것이라 할 수 있다. 그러므로 누구에게나 합장하지 않으면 안 되는 것이다.

> 비유하면, 밝고 맑은 해가 세상의 어둠을 비추어 없애는 것같이, 부처님의 맑은 지혜의 해는 과거 · 현재 · 미래의 어둠을 모두 없애네.

태양이 어둠을 비추는 것처럼 부처님의 맑은 지혜는 과거 · 현재 · 미래의 어두운 밤을 없애준다. 그러므로 과거에 지은 업 속에서 괴로워하는 사람에게 부처님의 존재는 진실로 태양과 같은 것이다.
《화엄경》의 〈입법계품〉은 다음과 같은 말로 끝맺고 있다.

> 이 법을 듣고 환희하며, 마음으로 믿어 의심하는 일이 없는 사람은 위없는 도(道)를 빨리 성취하여 모든 부처님과 동등해지네.

이 가르침을 듣고 환희하며 믿어 의심하지 않는 사람은 부처님의 가르침을 다 이루어 부처님과 동등해질 수 있다고 한다. 즉 어떤 사람이라도《화엄경》의 가르침을 믿고 그 가르침을 실천하면 부처가 될 수 있지만, 조금이라도 의심하는 마음이 있으면 부처가 될 수 없다는 것이다.
《화엄경》은《법화경》등에 비해 대단히 광대하고, 또한 60권 혹은

80권으로 분량도 많으므로 전부 읽기 어려우며, 독송만 하는 것도 쉬운 일이 아니다. 그러나 앞에서 서술한 것처럼 화엄의 힘을 발휘한 보안 같은 화엄행자는 매일매일 독송하고 보현행을 실천했으며, 고민하는 많은 중생들을 구제하였다. 그러므로 보안은 어둠을 밝히는 태양 같은 존재였다.

보안을 위시하여 이 책에 나오는 사람들은 모두《화엄경》의 가르침을 일심으로 믿어서 의심하는 일이 없는 사람들이었다. 그 사람들의 실천을 보면 부처님과 다름없는 듯한 인격을 갖고 있음을 알 수 있다.《화엄경》의 마지막에 믿어 의심하지 않는 사람은 반드시 성불할 수 있다고 설한 보현보살의 가르침은 참으로 무게 있는 말인 것이다.

중국 사천성의 대족(大足)석굴이나 안악(安岳)석굴, 중룡(重龍)석굴 등에 가면 그곳에는 화엄삼성상(華嚴三聖像)이 모셔져 있다. 화엄삼성상이란 중앙에 비로자나부처님을 모시고 그 양 옆에 각각 문수보살과 보현보살을 모신 상을 말한다. 안악현(安岳縣) 화엄동(華嚴洞)의 삼성(三聖)은 높이가 5.2미터나 되는 거대한 상이기도 하다.

사천성의 유명한 불교성지인 아미산(峨眉山) 만년사(萬年寺)에는 흰 코끼리에 올라타고 있는 보현보살이 모셔져 있는데, 이 아미산은 보현보살의 성지이다. 또한 산서성 오대산에는 문수보살의 성지가 있다. 그러므로《화엄경》의 뒷부분에 등장하는 두 보살은 지금까지 중국의 영험 있는 산에 모셔져 일반 대중들의 신앙대상이 된 것이다.

〈입법계품〉의 주역인 선재동자의 조각은 사찰의 뒤쪽에 모셔져 있는 관음전에서 자주 볼 수 있다. 선재동자가 합장하며 경전한 태도로 구도하는 자태는 끝없는 애정을 품게 해주므로, 우리들도 선재동자의 끝없는 구도의 모습을 배워 이 고난의 인생을 개척해 나가고자 서원해야 할 것이다.

# 한 권으로 읽는 화엄경 이야기

1판 1쇄 발행  2015년 11월 20일
1판 3쇄 발행  2020년  3월  3일

**지은이**  카마타 시게오
**옮긴이**  장휘옥
**펴낸이**  이규만

**펴낸곳**  불교시대사
**출판등록**  1991년 3월 20일(제1-1188호)
**주소**  서울시 종로구 인사동 7길 12 백상빌딩 1305호
**전화**  (02) 730-2500
**팩스**  (02) 723-5961
**e-mail**  kyoon1003@hanmail.net

ISBN 978-89-8002-150-5  03220